城市轨道交通职业技能培训统编教材

城市轨道交通列车检修工

中国城市轨道交通协会　编

西南交通大学出版社
·成都·

图书在版编目（CIP）数据

城市轨道交通列车检修工 / 中国城市轨道交通协会编. —成都：西南交通大学出版社，2018.7
ISBN 978-7-5643-6219-5

Ⅰ. ①城… Ⅱ. ①中… Ⅲ. ①城市铁路 – 铁路交通 – 列车 – 车辆检修 Ⅳ. ①U239.5

中国版本图书馆 CIP 数据核字（2018）第 119902 号

城市轨道交通列车检修工 | 中国城市轨道交通协会 编 | 责任编辑 李 伟 封面设计 何东琳设计工作室

印张：16.25 字数：397 千
成品尺寸：185 mm × 260 mm
版次：2018 年 7 月第 1 版
印次：2018 年 7 月第 1 次
印刷：四川森林印务有限责任公司
书号：ISBN 978-7-5643-6219-5

出版发行：西南交通大学出版社
网址：http://www.xnjdcbs.com
地址：四川省成都市二环路北一段 111 号
西南交通大学创新大厦 21 楼
邮政编码：610031
发行部电话：028-87600564 028-87600533
定价：49.80 元

课件咨询电话：028-87600533

城市轨道交通职业技能培训统编教材

编委会

《城市轨道交通列车检修工》

编写人员

主　编　杜晓红（上海申通地铁集团有限公司）

副主编　孙沪澄（上海申通地铁集团有限公司）

程　望（重庆市轨道交通（集团）有限公司）

王　强（苏州高新有轨电车有限公司）

主　审　周　晔（北京市地铁运营有限公司）

参　编　丁亚琦（上海申通地铁集团有限公司）

朱皓青（上海申通地铁集团有限公司）

刘俊艳（上海申通地铁集团有限公司）

周　健（上海申通地铁集团有限公司）

吴　晶（重庆市轨道交通（集团）有限公司）

张佳慧（苏州高新有轨电车有限公司）

徐华俊（苏州高新有轨电车有限公司）

袁　航（苏州高新有轨电车有限公司）

序

sequence

城市轨道交通职业技能培训统编教材终于同广大读者见面了。这套教材是城市轨道交通行业第一部技能人才培养的统编教材，填补了城市轨道交通行业的空白，满足了人才培训的急需，对于正处在大规模快速发展时期的城市轨道交通而言具有重要意义。

（一）

进入 21 世纪以来，得益于经济高速发展、城镇化快速推进、国家政策的规范和完善、实施装备国产化带来的建设成本下降和建设周期的缩短，我国城市轨道交通开始进入快速发展时期：21 世纪以来的头 15 年，每五年年均新建投运里程接连攀上 80 km、200 km、400 km；“十三五”期间的 2016 年迈过了 500 km，2017 年更是迈上 800 km 大台阶。到 2017 年年底，我国内地共有 34 个城市开通城市轨道交通，运营线路里程 5 033 km，客运量达到 180 亿人次，在建线路 6 200 多千米，62 个城市规划线路 7 300 多千米。运营、建设和规划城市轨道交通的城市之多、规模之大、线路之长，世界少有。

在城市轨道交通快速发展的同时，人才资源的问题始终困扰着该行业。其中既有人才供给不足的问题，又有人才能力欠缺的挑战。仅“十三五”期间，我国就预计五年需新增城市轨道交通从业人员 24 万人，而现有教育能力仅能满足一半左右。人才能力方面，我们面临的现实是：一方面，乘客提出人性化、个性化、多样化等更高的服务需求；另一方面，城市轨道交通发展提出网络化、智能化等更高的技术需求。这对从业者提出了全新的要求。因此，大力加强人才培养和储备，提供更多更优的管理人员、技术人员和生产人员，已经成为行业上下共同关注的重要课题。

值此城市轨道交通大发展之际、城市轨道交通人才紧缺之时，统编教材的出版可以说生逢其时，将拥有广阔的应用空间。

（二）

2015 年，国务院印发了《关于加快发展现代职业教育的决定》，将职业教育的重要性提升到了战略的高度。城市轨道交通技能型、操作型人才占整个人才队伍的 85%左右，是行业发展的基础性人才，是职业教育的主要对象。国家对职业教育的重视，为城市轨道交通人才培养提供了难得的机遇和环境。2017 年，国家发展和改革委员会、教育部、人力资源和社会保障部联合印发了《关于加强城市轨道交通人才建设的指导意见》，提出了加强城市轨道交通人才建设的总体思路和具体措施，是城市轨道交通人才队伍建设的纲领性、指导性文件，有力促进了行业人才培养工作的开展。中国城市轨道交通协会作为城市轨道交通行业唯一的国家一级协会，持续开展了行业人才培养的专题研究、规划制定、标准研制、师资培训等工作，夯实了工作基础，弥补了行业空白。这套教材就是协会人才培养工作的重要内容之一。北京、上海、广州、重庆、深圳等地的城市轨道交通业主单位，依据自身需求，建设了培训资源，摸索了工作体系，并培养了一批专业人才。北京交通大学、西南交通大学、广州城市轨道交通培训学院等教育机构纷纷设立城市轨道交通相关专业，以积极适应城市轨道交通快速发展的需要。

良好的政策环境和行业各方的高度重视，有效推动了城市轨道交通人才培养工作，也为统编教材的诞生奠定了坚实的基础。

（三）

这套统编教材由中国城市轨道交通协会组织，北京市地铁运营有限公司、上海申通地铁集团有限公司、广州地铁集团有限公司、重庆市轨道交通（集团）有限公司、深圳市地铁集团有限公司、苏州高新有轨电车有限公司等企业共同研究编制而成，最后由西南交通大学牵头统稿并出版，前后历时三年。这套教材立足实践，着眼行业，以各城市轨道交通企业优秀的专业岗位培训教材为蓝本，并广泛吸收高等院校、职业学校和培训机构的建议和意见，集各家之所长。

这套教材源于城市轨道交通一线实践，各项知识点、技能点的深度、难度、广度较好地匹配了企业的实际需求，具有较强的针对性。这套教材根据最新的国家技术标准和协会有关工种岗位标准编写内容，具有权威性、科学性、规范性。这套教材注重跟踪城市轨道交通最新发展趋势，内容包括了城市轨道交通新知识、新技术、新设备、新材料等方面的创新成果。这套教材针对技能型人才培养的特点，注重实践技能培养，做到了理论知识与技能训练一体化，能够有效满足初次上岗培训等的需要。

统编教材凝聚了编写组同志们的心血，是参编单位在协会统筹下，充分交流、分享、协同、共进的结果；是参编单位在协会大旗下，求同存异，在更高水平上实现规范统一的成果；是各家城市轨道交通企业人才培养优秀实践经验的凝练和总结。

最后，希望这套教材能够物尽其用，充分发挥好基础性、支撑性作用，促进城市轨道交通技能人才培养质量的提高，服务城市轨道交通持续健康发展。

包叙定

2018 年 5 月

前　言

PREFACE

进入 21 世纪，我国城市轨道交通建设进入快速发展阶段。随着轨道交通的快速发展、车辆专业技术的不断更新和维修技术的不断深化，对专业岗位的技术技能要求也在不断提高。现有的列车检修队伍已不能完全满足日益发展的轨道交通网络化运营的实际需要，因此生产现状迫切需要我们迅速形成一支既有丰富实践经验，又有较扎实理论基础的高技能人才队伍。

2017 年，中国城市轨道交通协会统筹，制定完成了《城市轨道交通列车检修工职业标准》，但缺乏培训教材，市面上较早开发的教材内容覆盖范围不全，针对性不强，因此急需编写具有较强针对性的《城市轨道交通列车检修工》岗位教材。

城市轨道交通列车检修工是城市轨道交通系统中从事列车接收、检修及调试的人员，负责处理列车机械系统关键部件检查、修复、更换以及测试等，处理列车系统故障；检查电气系统各部件电路接线，检查更换故障电气设备，根据综合线路图分析和处理电气系统控制回路故障，以保障列车安全、正常、准点运行。本书是针对行业从业人员岗位培训开发的培训教材，教材从强化培养理论知识、操作能力、掌握实用技术的角度出发，对提高城市轨道交通列车检修工从业人员的基本素质、掌握该职业岗位的核心知识和技能有直接的帮助和指导作用。

全书共分八章。其中，孙沪澄编写第一章和第五章；孙沪澄、丁亚琦、朱皓青编写第二章；刘俊艳编写第三章；周健编写第四章；程望、吴晶编写第六章；王强、张佳慧、徐华俊、袁航编写第七章和第八章。全书由杜晓红统稿。在本书编写过程中，编者参阅了大量专业书籍和实训手册。书中列出了参考文献，在此向所有作者表示衷心感谢。

为编写此套教材，中国城市轨道交通协会与上海地铁深入研究教材定位与写作框架，选派专业技术骨干进行教材编写，并由中国城市轨道交通协会、上海申通地铁集团、北京地铁公司、苏州地铁公司、重庆地铁公司等专业部门的领导与专家层层审核教材内容，力求尽善尽美。本次教材编写工作得到了中国城市轨道交通协会、各城市地铁公司的大力支持和帮助，凝聚了广大编者的努力，在此衷心地表示感谢。

由于技术的不断进步以及编者的视野局限，本书难免有不足和疏漏之处，恳请各位读者提出宝贵意见，以便在以后的教材编写中加以改正和完善，共同推进城市轨道交通人才培养水平的不断提升。

编 者

2018 年 3 月

目　录
CONTENTS

第一章　列车检修生产组织要求

【学习目标】

1. 了解城市轨道交通发展状况；
2. 了解城市轨道交通列车检修工岗位要求；
3. 了解城市轨道交通列车检修生产安全要求。

【知识要求与技能要求】

1. 掌握列车检修工所具备的岗位素质与技能；
2. 掌握列车检修工的岗位职责；
3. 掌握列车检修作业中的安全注意事项。

第一节　城市轨道交通发展现状

我国国家标准《城市公共交通常用名词术语》，将城市轨道交通定义为“通常以电能为动力，采取轮轨运转方式的快速大运量公共交通的总称”。城市轨道交通一般包括地铁、轻轨列车、有轨电车等。

城市轨道交通具有节能、省地、运量大、全天候、无污染（或少污染）、安全等特点，属于绿色环保交通体系，符合可持续发展的原则，因此成为城市公共交通的骨干。

城市轨道交通是一种独立、封闭、自成体系的有轨交通系统，其运行不受其他因素的影响，能够按设计的能力正常运行，完成快捷、安全、舒适地运送乘客的任务。由于城市轨道交通采用电力牵引，效率高，能够实现大运量运输的要求，因此具有良好的社会效益和经济效益。尽管城市轨道交通建设周期长、投资大、技术要求高，但其优越性也是目前其他交通模式所无法比拟的，因此还是受到人们的青睐，成为市民出行的首选交通工具。

我国城市普遍有：少土地、多人口、高密度、小规划、窄交通、高发展等特点。城市轨道交通的出现，很好地为城市生活开辟了第二空间。城市轨道交通低能耗、绿色、环保的特点，不但可以减轻由私人小汽车发展引起的高耗能、污染环境的问题，同时还可以结合城市发展规划，改善市民居住环境。城市轨道交通的大运量、低成本、小污染、高速度、少用地等特点，对改善城市交通阻塞状况，改善投资环境、生态环境、城市环境，提高人民的生活质量无疑大有裨益。

我国城市轨道交通建设虽然起步较晚，但随着改革开放和国民经济的发展也得到大力发展，建设速度惊人。自 1971 年我国第一条地铁在北京投入运营后，城市轨道交通在天津、上海、广州、深圳、南京、成都等城市也相继建成和投运。随着国内“拉动内需，大力发展城市基础建设”方针的推行，结合城市改造，我国许多大城市在结合城市规划、改善城市形象和提高市民生活质量的前提下，掀起了城市轨道交通建设的新高潮：截止到 2017 年年底，中国大陆地区共 34 个城市开通城市轨道交通运营，共计 156 条线路，运营线路总长度达 5 033 km。其中，地铁 3 884 km，占 77.2%；其他制式城轨交通运营线路长度 1 149 km，占 22.8%。2016 年，线路长度增长首次超过 500 km，达到 535 km，2017 年线路长度增长又突破 800 km。2017 年，全年累计完成客运量 185 亿人次，同比增长 14.9%。拥有两条及以上城轨交通运营线路的城市增加至 26 个，占已开通城轨交通城市的 76.5%。运营线路增多、客流持续增长、系统制式多元化、运营线路网络化的发展趋势更加明显，城市轨道交通建设已成为城市基础交通设施中最有市场的产业。

随着我国城市化进程的加快，城市轨道交通建设已成为 21 世纪中国城市为解决市民出行难的有效手段，这既是历史的选择，也是中国经济发展的必然结果。

第二节　列车检修工岗位要求

城市轨道交通列车检修工是负责轨道列车各系统的检测、检修、调试、保养工作，负责列车故障处理的人员，是“地铁的保健医生”；需定期或不定期地对列车进行日检、周检、月检、定修、架大修、临修等工作。作为一名城市轨道交通列车检修工，应该具备如下素质与技能：

（1）具有中等职业技术学校以上学历和机电一体化等相关专业技术背景。

（2）持有城市轨道交通列车检修工工种技能等级证书、上岗操作证和低压电工操作证等。

（3）掌握一定的计算机使用、操作技能。

（4）熟悉机电一体化的工作流程和设备维护规程。

（5）了解综合线路知识，熟悉城轨列车机电设备的性能、构造和作用等。

城市轨道交通检修工岗位职责应该包括如下要求：

1. 综合要求

（1）工作积极性强，能吃苦耐劳。

（2）具有计划、组织、领导、协调与沟通能力。

（3）责任意识、纪律意识、团队意识强，具有良好的执行力和人际沟通能力。

2. 工作要求

（1）须经相关专业培训，并持有效作业操作证方可上岗。

（2）严格遵守电工操作规范进行生产。

（3）负责列车电气、机械设备的日常检查、维修及保养作业。

（4）负责正线运营列车的巡视、检查及维修，并协助及时处理列车故障。

（5）负责列车整改的电气、机械部件安装及调试工作。

（6）执行列车各检修规程及各项技术要求制度。

（7）按工艺要求及操作规程进行安全生产，确保生产质量及生产中无安全事故发生。

（8）规范使用各类工器具，作业完成后应对其进行保养，并按指定位置摆放各类工器具。

（9）遵守公司各项规章制度、劳动纪律。

第三节　列车检修生产安全要求

为了规范城市轨道交通列车检修工的安全管理，控制和消除生产作业过程中的潜在风险，实现安全生产，各公司都会制定相应的生产安全管理规定，如《检修作业生产安全规定》《事故处置管理规定》《触网断送电安全操作规定》《消防安全管理规定》《危险品安全管理规定》等。作为列车检修人员，为了避免设备或人员伤害，在日常检修作业中应严格执行相关规定。在检修作业中，检修人员应时刻注意以下安全事项：

1. 工作前的安全注意事项

（1）班前工作布置，提醒当日生产及安全工作要点。

（2）针对不同工位作业特点，确认规范穿戴好劳防用品。

（3）确认需要使用的各类工具、电器用具完好，设施、设备工作正常。

（4）确认工作场地无危险源。

（5）按规定办理生产作业登记，领取作业车辆号牌。

（6）作业车辆两端司机室挂好车辆禁动牌。

2. 车顶作业安全注意事项

（1）确认断电作业已完成，禁止合闸和禁动牌已挂好。

（2）确认安全带无异常，车顶作业人员已正确使用。

（3）车顶作业注意防滑，防止踩踏空及工器具掉落。

（4）作业结束，确认所有盖板、螺栓牢固锁紧。

（5）作业结束，工完场清。

（6）关好安全护栏及平台作业通道安全铁门。

3. 车内作业安全注意事项

（1）确认生产作业登记手续已完成，确认两端司机室禁动牌挂好。

（2）客室内进行吹灰作业时，需戴好护目镜和口罩。

（3）电气柜、设备柜清洁检查完毕，柜门关闭锁紧，确认紧固无松动。

（4）检查司机室时，严禁推牵引手柄。

（5）车门开、关测试前先在客室广播警示语，防止人员跌落。

（6）进行贯通道折棚、解钩等作业时，听从作业负责人指挥，注意脚底，防止踩踏空。

（7）调整车门间隙作业完毕，注意将盖板牢固锁紧。

（8）作业结束，工完场清。

4. 车底作业安全注意事项

（1）确认生产作业登记手续已完成，确认两端司机室禁动牌挂好。

（2）检查劳防用品、安全帽已正确穿戴，吹灰作业时需戴好护目镜和口罩。

（3）检查地沟内无异物，照明灯工作正常，地沟下排水铁盖板平整。

（4）车底作业期间保持思想集中，注意防止头部碰伤。

（5）电气作业前，先将辅助逆变器和牵引箱接地开关置接地位，等待放电 10 min 以上后方可开箱。作业结束恢复该开关。

（6）作业过程中，若需使用拖线盘、电吹风等电气用具，需先确认其安全可靠。

（7）检查各箱盖、盖板螺丝数量准确，作业完毕确认紧固无松动。

（8）使用工具时，防止打滑伤人，工具不能放在钢轨上。

（9）换油、注油作业时，应将滴落油液迅速擦净，防止过往人员滑跤。

（10）两侧作业检查时，注意邻近车道车辆进出。

（11）作业结束，工完场清。

复习思考题

1. 城市轨道交通列车检修工的工作职责是什么？
2. 城市轨道交通列车检修工应该具备哪些素质与技能？
3. 城市轨道交通列车检修生产安全应注意哪些事项？

第二章　列车机械系统

【学习目标】

1. 了解列车机械系统的组成和作用；
2. 了解列车机械系统各子系统的类型和结构；
3. 了解列车机械系统各子系统的布置要求。

【知识要求与技能要求】

1. 掌握列车机械系统各子系统的重要技术参数；
2. 掌握列车机械系统状态检查和基本尺寸测量；
3. 掌握列车机械系统零部件更换；
4. 掌握列车机械系统常见故障的判断和处置。

第一节　车　体

一、车体的基本类型和特征

车体是指除去转向架后的车辆上部结构，它是城市轨道交通列车的主体。车体的主要功能是运载旅客，承受和传递载荷，安装传动机构、电气设备和内部设施。城市轨道交通列车车体结构设计的疲劳寿命一般均大于30年。

1. 车体的特征

城市轨道交通列车是大城市公共交通或近郊客运所选择的特殊运输工具，因而其车体有独有的特征：

（1）城市轨道交通列车大都采用3节以上的编组形式，一般为4节、6节或8节车编组的电动车组。

（2）由于服务于市内公共交通，车内座位较少、车门较多且开度大，客室内服务于乘客的设备较简单。

（3）严格限制质量、轴重轻，以降低高架线路的工程投资。

（4）由于地铁车辆在地下隧道运行，一旦发生火灾，后果不堪设想，因此对车体有严格的防火要求。车体内装饰、设备等使用的各种非金属材料都最大限度地采用了防火阻燃、低烟和低毒的材料。

（5）对车体的降噪和隔音有严格要求，须最大限度地降低车辆噪声对乘客和沿线居民的影响。

（6）车体采用轻量化概念设计，故车体承载结构一般采用大型中空截面铝合金挤压型材、高强度复合材料或不锈钢。

（7）由于服务于市内公共交通，车体的外观造型和色彩须美观，并与城市景观相协调。

2. 车体的编组形式

车辆编组是指将各独立的车辆连接起来，成为一个运行整体。车辆编组一般应考虑线路坡度、运营密度、站间距离、舒适度、安全可靠性、工程投资、客流大小等因素。

（1）按车辆有无动力编组。

根据列车编组中动车数量，车辆编组又可分为全动车编组和动、拖混编二类。

全部由具有动力的车辆连接而成的列车，称为全动车编组列车。这种编组的优点是摘编方便、灵活，可以充分发挥再生制动或电阻制动的作用，减少基础制动带来的粉尘污染。由于整车功率大，提高了列车起动加速度和制动减速度，缩短了起动和制动时间，有利于提高列车运行效率和运行图兑现。但是全动车编组列车的投资相对较高。

由具有动力的车辆和不具有动力的拖车混合连接而成的列车，称为动、拖混编组列车。这种编组形式虽然由于动车数量减少，而降低了列车的整体功率，但起动和制动的加、减速度仍能满足客运量及行车间隔的要求。由于动车数量的减少，可以有效节省投资、降低运行成本和维修费用。

目前，国内城市轨道交通基本上都采用动、拖混编的列车编组方式。一般动、拖混编采用“四动两拖”“三动三拖”或“六动两拖”的连接方式。

（2）按车厢数量编组。

城市轨道交通大都采用 3 节车厢以上的编组形式，目前多为 4 节编组、6 节编组和 8 节编组。一组独立运行的列车编组，基本由 Tc 车、Mp 车和 M 车三种类型的车体组成。

3. 车体的基本类型

从功能上而言，车体有多种类型，如图 2-1 所示。

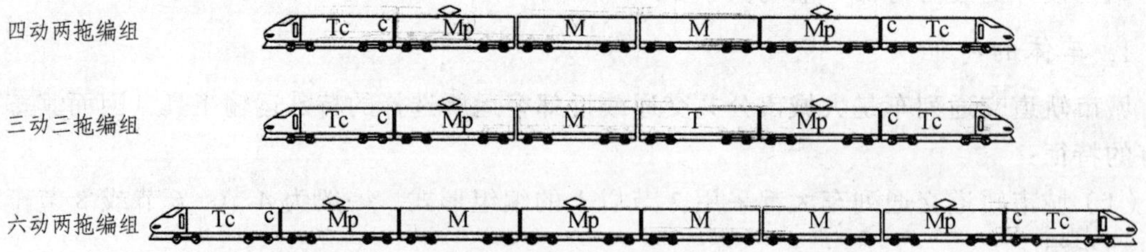

图 2-1 编组列车示意图

（1）T 车车体，表示不带司机室的拖车。

（2）Tc 车车体，表示带司机室的拖车。

（3）Mp 车车体，表示带受电弓的动车。

（4）M 车车体，表示不带受电弓的动车。

（5）Mc 车车体，表示带司机室的动车。

（6）Mcp 车车体，表示带司机室和受电弓的动车。

二、车体的基本结构

车体按结构和功能的不同，基本上可分为车体结构、司机室、车窗和贯通道等部分。

（一）车体结构

1. 车体材质

城市轨道交通列车的车体材质一般为钢结构、不锈钢和铝合金。近代的高速列车、地铁车辆和轻轨车上多采用大型中空截面铝合金型材的车体结构，这是由于铝合金质量轻，并具有耐腐蚀、容易挤压成型的优点。

车体承载结构的轻量化设计，不仅可以节约制造材料，而且在相同客流的条件下可以降低牵引动力的消耗，同时也可以减小车辆走行部和线路的磨耗，延长轮对的使用寿命，从而带来巨大的经济效益。

2. 车体组成

车体主要由底架、侧墙、端墙和车顶四大模块组成，如图 2-2 所示。各模块制造完成后再进行整车组装。每个模块的铝合金型材结构本身采用焊接，而各个模块之间的总成采用铆接或其他机械连接。这从强度上保证了乘客安全，也减轻了车辆自重。

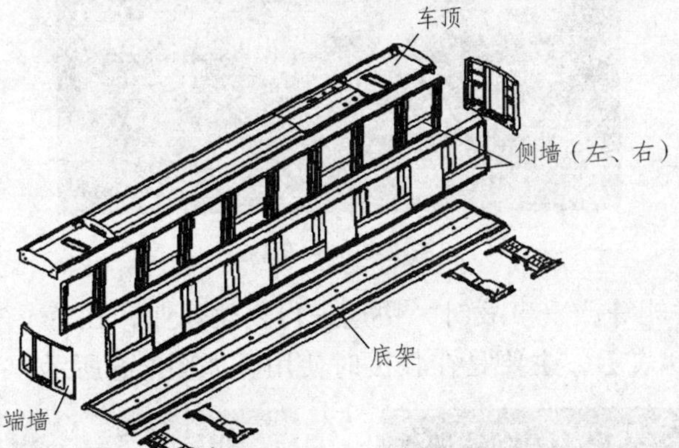

图 2-2　车体结构图

3. 其他部件

（1）防爬装置。

车体端部设有防爬装置，如图 2-3 所示。防爬装置是由低合金高强度钢制成的，多筋式可折弯型结构，可承受垂向力和纵向力。防爬装置不仅可以起到车辆之间防爬的作用，且具有吸收能量的双重功能，通过对防爬器内部剪切部件的破坏实现能量的吸收，起到保护司机、乘客和车体的作用。两车相撞时，若车钩缓冲装置破坏以后，由于防爬装置突出于车体头部，因此先于车体头部相互接触、撞击，通过防爬装置的相互挤压和破坏挤压区，阻止了车体的互爬。

图 2-3　防爬装置

（2）架车位和顶车位。

为了使用架车机抬升车体，便于检修车底设备，在列车每节车厢底架边梁处设置有多个架车位，分布在车辆两侧。架车点用表示，主要是在修理时使用，如图 2-4 所示。

图 2-4　架车位

为了在列车发生脱轨等严重事故时，快速进行复轨作业，在每节车厢底架两端设置有多个顶车位。顶车点用表示，主要是在救援时使用，如图 2-5 所示。

图 2-5　顶车位

（二）司机室

司机室内设备布置因车型不同而略有差异，但都遵循一定的规律，一般由驾驶台、司机室侧门、紧急逃生门、通道门、司机室座椅、电器控制柜等组成，如图 2-6 和图 2-7 所示。

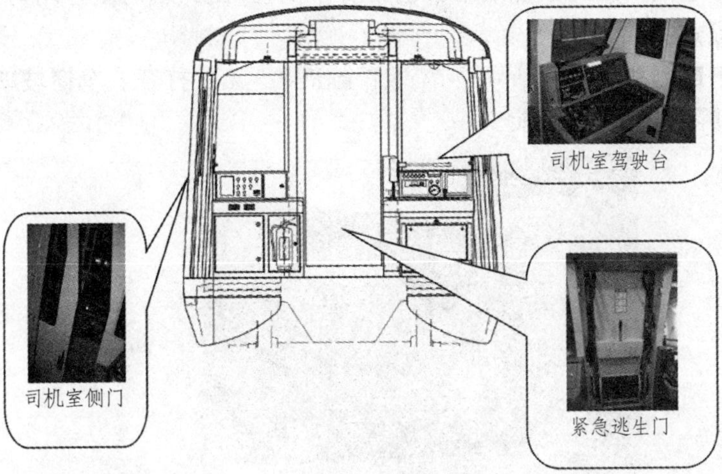

图 2-6　司机室正面示意图

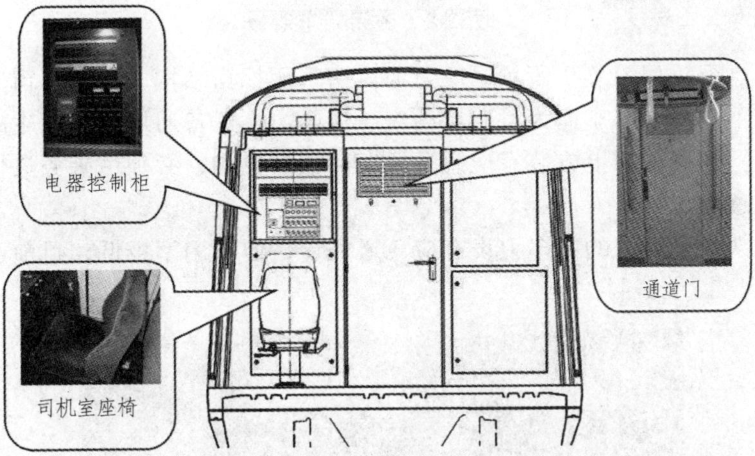

图 2-7　司机室背面示意图

驾驶台位于司机室前方的右侧，驾驶台上设有牵引和制动控制手柄、相关仪表、指示灯、各种按钮和显示屏等。司机室的左右两侧墙设有侧门，一般为滑动门，便于司机登车以及进行开关门作业时出入司机室监护站台安全。司机室侧墙上安装有侧墙设备，主要有客室侧门开关按钮、刮雨器开关、紧急制动按钮等。司机室前端设有紧急逃生门，司机室与客室之间隔墙的正当中设有通道门，因此在通道门至紧急逃生门之间无任何路障，以备紧急情况时，作为乘客疏散的通道。通道门的两侧安装有电器控制柜。驾驶台的正前方安装有挡风玻璃，玻璃采用双层中空的钢化玻璃，在玻璃内预设电加热丝，在冬季可进行加热除霜；在挡风玻璃外侧装有 1 套气动或电动刮雨器。司机室座椅按人体工程学原理进行设计，座椅设有中心弹簧和液压减振器，形状及硬度符合人体工程学，座椅靠背的倾斜角度可以根据司机需要进行调整，满足司机乘坐的舒适性。

（三）车　窗

一般在两个客室侧门之间或侧墙端部会设有车窗,因此列车两侧各均匀布置有多扇车窗。车窗有以下几种形式:

（1）密闭式车窗，如图 2-8 所示。车窗完全密封，无法打开。车窗玻璃为双层中空钢化玻璃，具有良好的隔热、隔音性能。

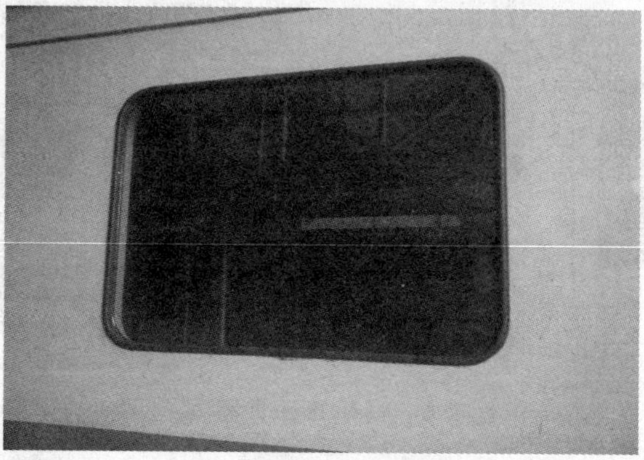

图 2-8　密闭式车窗

（2）应急通风窗，如图 2-9 所示。应急通风窗采用楣窗结构，客室车窗分为上、下部。下部车窗为固定不动；上部车窗为可开启的应急通风窗，以备通风设备发生故障时开启，进行紧急自然通风。在窗框的上方装有应急通风窗的锁紧机构，必须由乘务员使用方孔钥匙开启，乘客不得随意操作。

国内部分地铁最早引进的列车上设有应急通风窗，但使用率极低，目前已被密闭式车窗所取代。

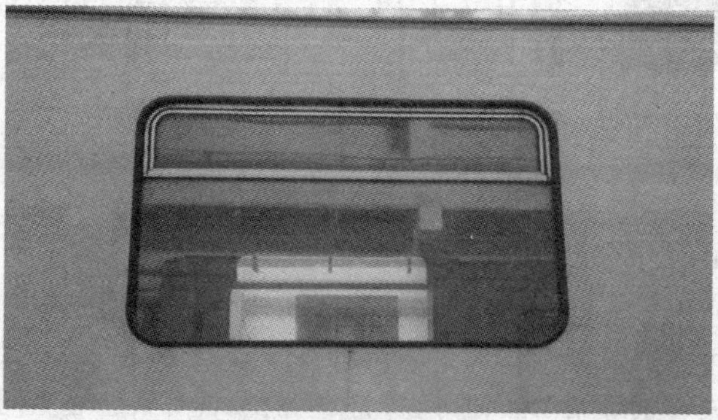

图 2-9　应急通风窗

（四）贯通道

在两节车辆的连接处设有贯通道，如图 2-10 所示。贯通道的功能主要是将两车体的客室内部贯通为一体。贯通道不承受纵向拉力，纵向拉力主要由车钩缓冲装置承担。

图 2-10　贯通道

1. 贯通道的作用

贯通道位于两节车厢的连接处，具有良好的防雨、防风、防尘、隔音、隔热等功能，还可适应车厢之间所有可能产生的相对位移，保证乘客自由穿行于两车厢之间。因此，贯通道在列车连挂和运行中起着非常重要的作用。

2. 贯通道的组成

贯通道主要由折棚、护墙板、车顶板和过渡板组成，如图 2-11 所示。

（1）折棚。折棚是用一种带有纤维底基的特殊橡胶制成的材料和钢制框架铆接而成，结构类似手风琴的风箱，可伸缩，实现了两车体的柔性连接。

（2）护墙板和顶板。护墙板和顶板即为贯通道的侧墙和顶板。它的作用是使贯通道更有安全感和更具美观，使人产生身处客室的感觉，因此护墙板和顶板选用的颜色与客室内装饰的颜色是一致的。

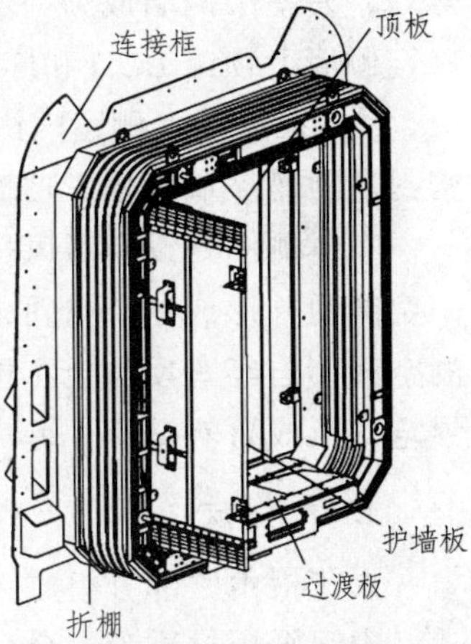

图 2-11　贯通道结构图

（3）过渡板。过渡板能在列车起动和制动时自由地伸缩，在列车通过曲线时也能自由旋转搭接。因此，过渡板的安装形式既能适应车体的各种运动变化，又能将两车体的地板平整地连接在一起。

三、车体的内装饰和设备

1. 地　板

客室内的地板布直接黏结在铝合金地板结构上，以降低整车质量。地板布有 PVC 塑料地板和橡胶地板等，地板布厚度约为 3 mm，具有耐磨、阻燃、防滑、易于维护、寿命长的特点。车体底架型材内部填有隔热棉，具有很好的隔热作用，如图 2-12 所示。

图 2-12　地板

2. 侧墙内装

客室侧墙板采用铝合金板或铝蜂窝板，并加装隔音隔热材料。材料均满足 DIN5510 的防火要求，具有很高的强度及隔音性能。内装侧墙板位于车辆的两侧，包裹门框、窗框和立柱等处，使整个侧墙成为一个整体。

侧墙上预留 LCD 和广告框的安装接口。由于侧墙内饰板的窗下部分放置有一个长客室座椅，因此在设计上侧墙内饰板无窗下部分。被客室座椅遮住的窗下侧墙内壁铺有用铝箔包裹、密封的阻燃玻璃丝棉。玻璃丝棉起到隔热、隔音的作用。

车体侧墙处设有通风排废设计，一般有两种形式：一种是在侧墙板与车辆壳体之间存在一定间距并形成一个空间，车内的空气可通过客室座椅下的通风板孔流至窗间壁与车辆壳体的空间，再经车顶与天花板的空间流入空调进风口或车顶通风器，最终通往外界空间，与外界空气形成自然交换；另一种是直接在侧墙窗框上方开设通风槽。

3. 天花板

天花板由三部分组成：中间平板、空调通风板和弧形翻板。

中间平板材质为铝合金板，平板上部放置有空调风道。平板两外侧为多孔的空调通风板，材质为铝合金板。空调通风板两外侧，即天花板最外侧为弧形翻板，材质为铝合金板。

弧形翻板上有安装客室照明灯和灯格栅的位置和结构。弧形翻板的开闭需使用方孔钥匙控制，便于客室侧门等零部件的检修和安装。

车顶与天花板之间的空间被分隔成几部分：车体前后的两个空间为空调回风的空间和通道，中间部分为通过车顶通风器与外界空气形成自然交换的空间和通道。

4. 客室座椅

为了适应城市轨道交通列车短途、大运量的特点，客室座椅采用靠侧墙纵向布置的方式，在相邻两车门之间设置一长条座椅，车厢的两端可以设置短座椅，也可设置轮椅停放位，如图 2-13 所示。

图 2-13　客室座椅

座椅采用整体的高阻燃性的玻璃钢材料或不锈钢材料，由橡胶垫减振，固定在侧墙上。客室座椅外形按人体工程学设计，长条座椅两端设安全挡板。从运营安全考虑，座椅下方可安装空气弹簧附加气室（储气缸）、气制动截止塞门、受电弓升弓脚踏泵（仅 Mp 车配备）、电加热器及灭火器等。

5. 立柱和扶手

为了方便站立乘客，在客室内设有立柱及纵向扶手。在每节车厢的纵向中心线处，均匀设置了多根立柱。在座椅的安全挡板处也设有立柱，以方便站立在车门区的乘客。同时在这些立柱上还装有纵向水平扶手。立柱与纵向扶手都是铝合金圆管型材，外表面进行阳极氧化处理。

6. 设备柜

设备柜设置在客室端部，其作用是放置车辆控制电器部件，并保证与乘客安全隔离，具有良好的通风散热功能。所有设备柜均嵌于端墙内，柜门使用专用方孔钥匙开闭。

设备柜外形基本相同，但根据功能有所区别。一般每节车厢设有空调设备柜、列车供电断路器及接触器设备柜和电子设备柜等。在 Tc 车上还会设有车载信号设备柜。

四、车体的主要技术参数

为了满足城市轨道交通不同的客流需求，适应不同的网络化运营要求，各地选用的城轨列车类型有所不同。按照车辆的尺寸大小和载客数量，普遍使用的城轨列车可分为 A 型、B 型和 C 型三种。以下列举了 3 种类型典型车辆的重要技术参数：

1. A 型列车的主要技术参数

A 型列车的主要技术参数如表 2-1 所示，其车体如图 2-14 所示。

表 2-1　A 型列车主要技术参数

参　数	数　值
Tc 车车体长度/mm	23 690
Mp 车和 M 车车体长度/mm	22 100
车体最大外宽/mm	3 000
车体内部高度/mm	2 100
车顶中心线距轨面高（新轮）/mm	3 800
客室地板面距轨面高度/mm	1 130
车钩水平中心线距轨面高/mm	720
贯通道最小宽度/mm	1 500
座位数	52
满载时乘客总数（按 6 人/m^2）	310
超载时乘客总数（按 9 人/m^2）	410

图 2-14　A 型列车的车体

2. B 型列车的主要技术参数

B 型列车的主要技术参数如表 2-2 所示，其车体如图 2-15 所示。

表 2-2　B 型列车主要技术参数

参　数	数　值
Tc 车车体长度/mm	19 000+Δ（Δ为司机室加长）
Mp 车和 M 车车体长度/mm	19 000
车体最大外宽/mm	2 800
车体内部高度/mm	2 100
车顶中心线距轨面高（新轮）/mm	3 800
客室地板面距轨面高度/mm	1 100
车钩水平中心线距轨面高/mm	660
贯通道最小宽度/mm	1 300
每辆座位数	36（带司机室）/42（不带司机室）
满载时乘客总数（按 6 人/m^2）	226（带司机室）/254（不带司机室）
超载时乘客总数（按 9 人/m^2）	327（带司机室）/352（不带司机室）

图 2-15　B 型列车的车体

3. C 型列车的主要技术参数

C 型列车的主要技术参数如表 2-3 所示，其车体如图 2-16 所示。

表 2-3　C 型列车主要技术参数

参　数	数　值
Tc 车车体长度/mm	19 440
Mp 车和 M 车车体长度/mm	19 460
车体最大外宽/mm	2 600
车体内部高度/mm	2 100
车顶中心线距轨面高（新轮）/mm	3 800
客室地板面距轨面高度/mm	1 140
车钩水平中心线距轨面高/mm	824
贯通道最小宽度/mm	1 300
座位数	40
满载时乘客总数（按 6 人/m^2）	210
超载时乘客总数（按 9 人/m^2）	310

图 2-16　C 型列车的车体

第二节　车　门

一、车门的种类

为了方便列车司机、乘客上下列车或在车厢内自由走动，城轨列车设置有种类较多的车门。根据功能的不同，车门类型可分为司机室侧门、紧急逃生门、司机室/客室通道门、客室侧门。

1. 司机室侧门

司机室侧门安装在司机室两侧侧墙上，采用单门板结构。司机室侧门有铰接门和侧滑门两种结构。铰接门由铰链固定在门框上，车门可朝司机室内侧开启，这种设计可减少开门所占用的空间。侧滑门固定在门框上下滑槽中，车门可沿车体横向移动，这种设计可使开关门轻便、门开度较大，方便进出，如图 2-17 所示。

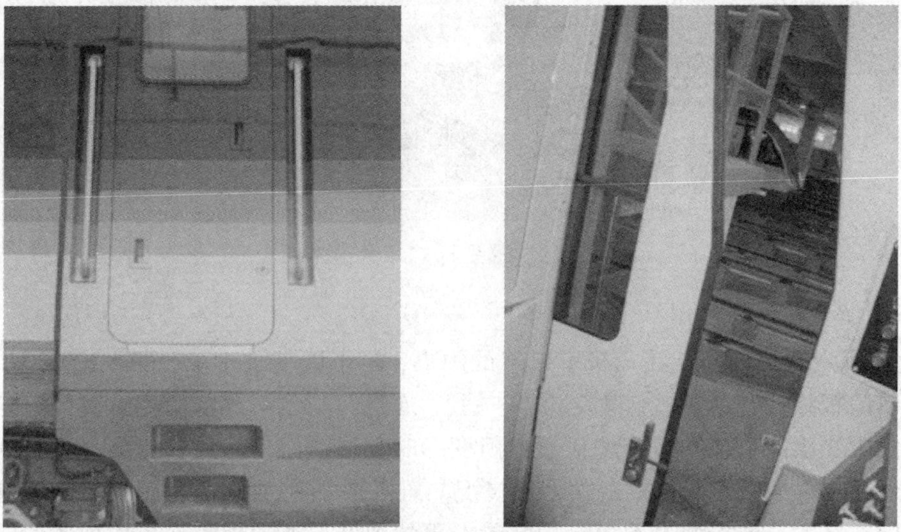

图 2-17　铰接门和侧滑门

司机室侧门上部安装有可垂直移动的玻璃窗，窗玻璃采用单层安全玻璃。

司机室侧门外侧安装有扶手，下部安装有脚凳，可以帮助司机从轨道爬上司机室。

2. 紧急逃生门

列车在隧道内运行一旦发生火灾或其他险性事故时，必须紧急疏散车上的乘客。这时司机可打开设在 Tc 车端部的紧急逃生门，引导乘客通过紧急逃生门走向路轨中央，然后向两端的车站疏散。紧急逃生门有坡道式和逃生梯式两种结构。

（1）坡道式紧急逃生门如图 2-18 所示。这种逃生门的门板和逃生梯为一体，可通过司机室内的手柄进行解锁，一旦门锁开启，车门能自动倒向路轨，门板成为连接车体地板与地面的逃生坡道。

（2）逃生梯式紧急逃生门如图 2-19 所示。这种逃生门的门板与逃生梯分离，逃生梯折叠放置在司机室并安装有保护罩。使用时，扳动手柄可将箱盖挪开；拉出钢丝绳使门板的下部向上、向外翻转，门板悬空；打开折叠扶梯，一头放在钢轨上，一头斜靠在车端，即可引导乘客走向路轨中央，然后向两端的车站疏散。

图 2-18　坡道式紧急逃生门

图 2-19　逃生梯式紧急逃生门

3. 司机室/客室通道门

司机室/客室通道门安装在司机室后墙的中央，是司机室通往客室的入口。通道门是铰接门，采用单门板结构，通过铰链固定在门框上。通道门是朝司机室一侧打开的，这种设计是为了保证发生小事故造成乘客拥堵或通道门变形时，通道门仍然能够正常打开。通道门上部安装有玻璃窗或猫眼，方便司机观察客室情况。司机室/客室通道门将司机室和客室连接在一起，通道门在客室一侧安装有紧急开门装置，可快速开启通道门。如果发生紧急情况，司机立即打开通道门后，乘客可以穿过通道门从紧急逃生门逃离，如图 2-20 所示。

图 2-20　司机室/客室通道门

4. 客室侧门

客室侧门安装在每节车厢两侧侧墙上，根据车体尺寸和客流量需求，每节车厢客室侧门安装有 6 扇、8 扇和 10 扇，两侧对称分布。客室侧门是一个复杂系统，既有机械传动装置，也有电气控制系统，如图 2-21 所示。下面将详细介绍客室侧门的相关知识。

图 2-21 客室侧门

二、客室侧门的类型及特点

1. 客室侧门的特点

轨道交通车辆的客室侧门结构和类型多种多样，但无论结构形式如何变化，都应满足城市轨道交通的特殊性。客室侧门应具有以下要求：

（1）要有足够的有效宽度。

（2）车门要均匀分布，以方便乘客上、下车。

（3）要有足够数量的车门，以使乘客上、下车时间满足运行密度的要求。

（4）车门附近要有足够的空间，方便乘客上、下车时周转。

（5）要确保乘客的安全。

（6）要具有较高的可靠性。

2. 客室侧门的分类

（1）按驱动方式分类。城轨列车的客室侧门按驱动方式可分为电动式车门和气动式车门。如果车门驱动系统的动力来源是直流或交流电动机，称为电动式车门；如果动力来源是驱动气缸，则称为气动式车门。

① 电动式车门。电动门通过电动机进行驱动，通过丝杆或齿带进行传动，主要由丝杆、左右螺母组件或齿轮齿带组成。

② 气动式车门。气动门通过气缸进行驱动，通过钢丝绳与滑轮进行传动，主要由钢丝绳、绳轮、左门驱动架、右门钢丝绳架组成。

（2）按运动轨迹分类。城轨列车的客室侧门按车门的运动轨迹以及与车体的安装方式的不同，可分为内藏移门、外挂移门、塞拉门三种。

3. 客室侧门的形式

（1）内藏移门。在车门开、关时，车门在车辆侧墙的外墙板与内饰板之间的夹层内移动，如图 2-22 所示。传动系统设于车厢内侧车门的顶部，装有导轮的车门可在导轨上移动，传动机构的钢丝绳、皮带或丝杆与车门相连接，气缸或电动机驱动传动机构，从而实现车门的往复开/关动作。

图 2-22　内藏移门

（2）外挂移门。与内藏移门的主要区别在于车门和悬挂机构始终位于侧墙的外侧，车门传动机构的工作原理与内藏移门完全相同，如图 2-23 所示。

图 2-23　外挂移门

（3）塞拉门。塞拉门是车门在开启状态时，车门贴靠在侧墙的外侧；车门在关闭状态时，车门外表面与车体外墙成一平面，如图 2-24 所示。塞拉门不仅使车辆外观美观，而且也有利于在高速行驶时减小空气阻力，车门不会因空气涡流产生噪声，也便于自动洗车装置对车体的清洗。塞拉门的开/关动作是借助车门上方安装的悬挂机构和导轨起导向作用，由电动机驱动机械传动机构使车门沿着导轨滑移。

图 2-24　塞拉门

三、客室侧门的基本结构

由于气动式车门逐渐被淘汰，电动式车门成为主流，以下将着重介绍电动式车门的相关知识。

电动式车门由驱动电动机、传动机构、承载驱动机构、门控电子单元（EDCU）、门板等组成，如图 2-25 所示。在门控电子单元控制下，驱动电动机带动传动机构动作（图 2-25 为丝杆传动方式），并驱动门板沿承载机构反向移动，完成车门的开、关动作。

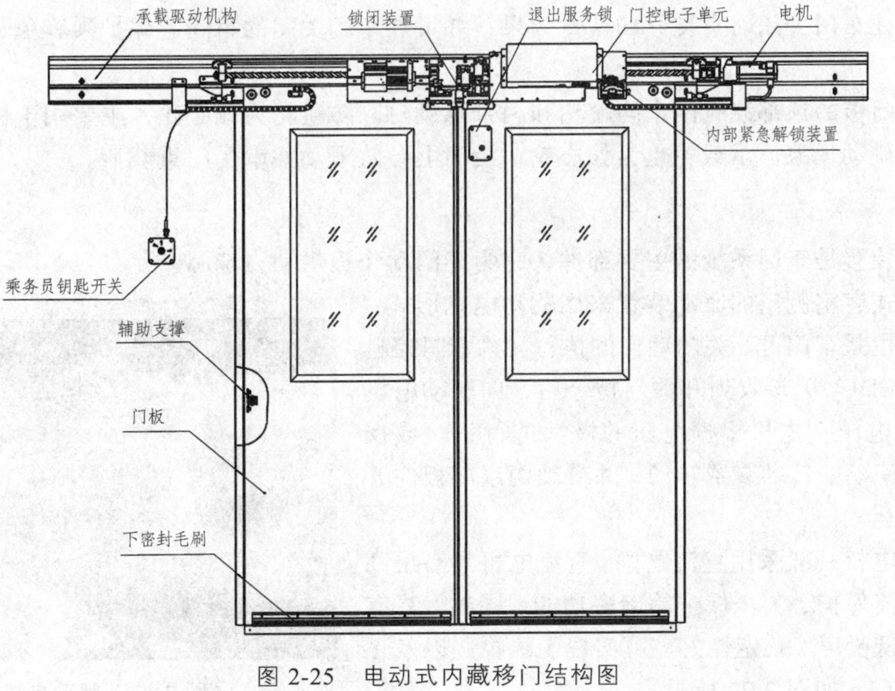

图 2-25　电动式内藏移门结构图

1. 门　板

每套客室侧门安装有两扇门板，门板为蜂窝状铝合金夹层结构，构架边缘包裹着凸缘形的铝薄板，如图 2-26 所示。

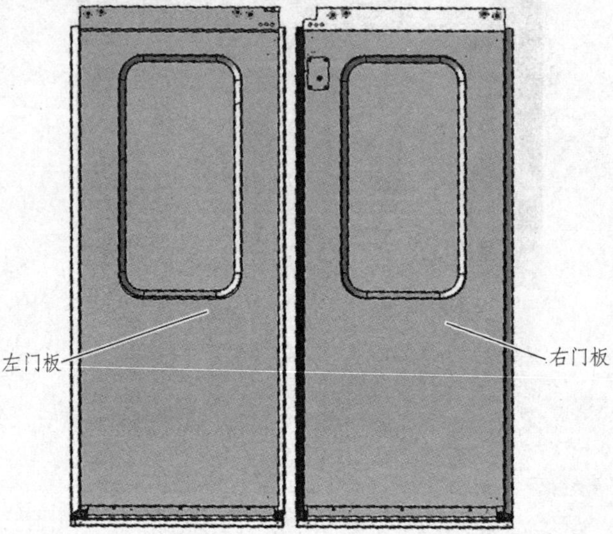

图 2-26　门板

门板框架由铝合金型材焊接而成，内、外门板为铝合金板，内部为铝箔构成的蜂窝结构，面板与蜂窝结构采用加温加压方法黏结成一体，以提高车门的抗弯刚度和减轻质量。

门板上部安装有由钢化玻璃及氯丁橡胶密封条组成的玻璃窗。车门的外侧立边装有氯丁橡胶密封条，主要起防尘、防风的作用。两门板中间结合处安装有护指橡胶条，该胶条呈凸凹状，保证车门关闭时有良好的密封效果，并可在车门关闭的瞬间起保护乘客免于被夹伤的作用。

每扇门板的顶部装有两个防跳轮和两个承载轮。防跳轮为偏心轮，主要用于控制车门在滑动时的跳动现象。承载轮也为偏心轮，沿门上导轨滑动并承受门重载荷。

2. 驱动装置

驱动装置是车门系统的主要部件，它为车门动作提供动力来源。

电动式客室侧门的驱动装置采用驱动电机形式，驱动电机也是车门开、关门动作的执行元件。门控电子单元（EDCU）接收到开关门指令后，向驱动电机提供输入电压，电机根据电压的极性进行正转或反转，从而使丝杆传动装置转动，并带动两扇门板向开关门方向运动。

驱动电机一般采用直流电机。直流电机具有最高限速、限流保护、欠压保护等诸多功能。同时，具有效率高、低噪声、稳定性好、可实现无级控制以及正反转的特点，如图 2-27 所示。

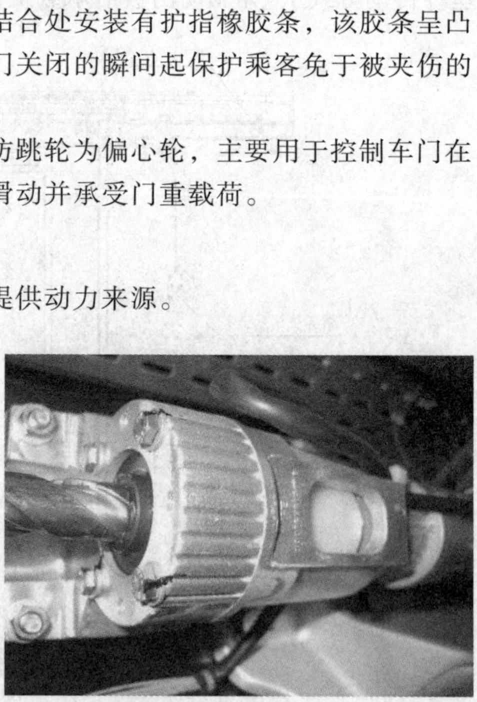

图 2-27　驱动电机

3. 机械传动装置

机械传动系统的作用是将驱动装置的运动传递至两扇门板,带动门板在上下导轨中移动。电动式客室侧门常用的传动结构为丝杆螺母传动结构和齿轮齿带传动结构。

（1）丝杠螺母传动结构。传动装置主要由丝杆、左右螺母组件组成，如图 2-28 所示。该结构具有传动安全可靠、效率高、寿命长、阻力小、噪声低、操作简单、维护工作量小的特性。

丝杆为左旋和右旋对称结构，即一半右旋，一半左旋；丝杆的一端与驱动电机相连，通过驱动元件的驱动，开关门时丝杆随着电机的正反向同步转动。同时，左右螺母组件安装在丝杆上，其中左螺母组件与左门板相连，右螺母组件与右门板相连；丝杆转动时，左右螺母组件做相反方向的运动，并实现两扇门板同步反向开关门动作。

图 2-28　丝杆螺母传动装置

（2）齿轮齿带传动结构。传动装置由驱动电机组成、齿带、齿带轮组成等零部件共同组成。具体形式如图 2-29 所示。

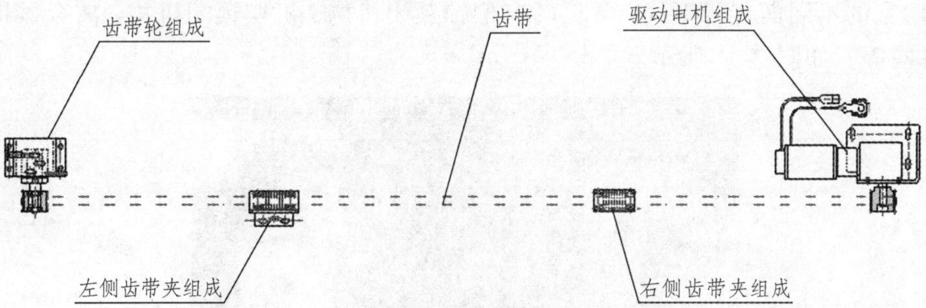

图 2-29　齿轮齿带传动示意图

驱动电机组成为一带有行星齿轮-锥齿轮减速机的直流电机。

传动装置的原理为：电机旋转，通过锥齿轮减速箱变向及减速，然后通过齿带轮和齿带转化为直线运动。齿形带在做直线运动的过程中，带动左右两个吊板部件在底板的上导轨中做方向相反而且同步的运动，进而将运动传递给门板，使其在门框范围内做运动。

4. 电气控制装置

电动式客室侧门的电气控制装置采用门控电子单元（EDCU），每扇客室侧门上均安装有一套门控电子单元（EDCU），如图 2-30 所示。其根据列车控制信号和门驱动机构上元件发出的信号，来控制车门开启和关闭、车门隔离、紧急开门、障碍物检测等功能；并根据技术要求监控车门的运行，能将所有检测到的故障进行分析、存储、下载，为维修人员提供方便。

图 2-30　门控电子单元（EDCU）

门控电子单元（EDCU）包括以下组件：

（1）输入、输出、电机转向、安全继电器、电源和出错指示发光二极管；

（2）维修按钮，可以在列车静止时开/关门；

（3）Rs232 接口，用于与便携式计算机的连接；

（4）Rs485 接口，门控系统与列车控制系统之间的数据交换。

5. 车门锁闭装置

车门锁闭装置是保证车门机构锁死，确保乘客安全的最终执行机构。车门锁闭机构根据每个车门厂家的不同而有所不同，常见的有槽锁锁闭机构、机摆锁闭机构、离合器锁闭机构、LS 锁闭机构等，如图 2-31 所示。

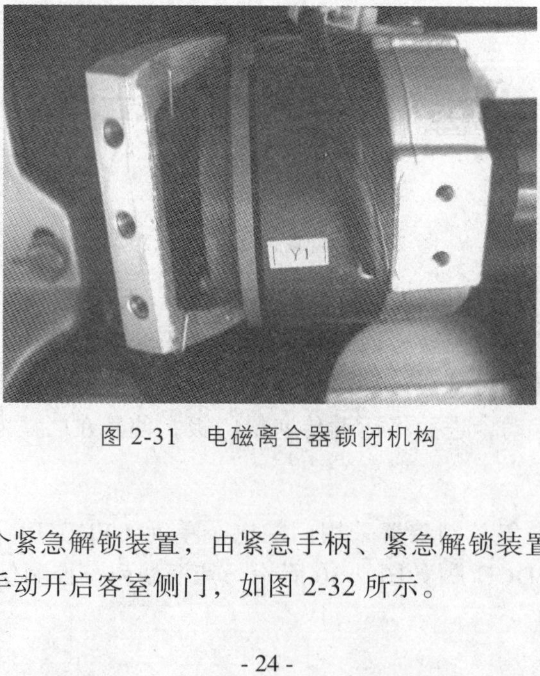

图 2-31　电磁离合器锁闭机构

6. 紧急解锁装置

每扇车门都设置一个紧急解锁装置，由紧急手柄、紧急解锁装置、紧急解锁限位开关组成，用来在紧急状态下手动开启客室侧门，如图 2-32 所示。

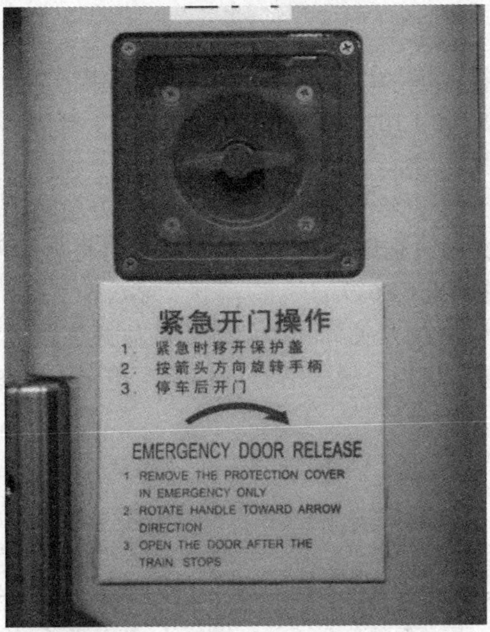

图 2-32　紧急解锁装置示意图

7. 行程开关

行程开关是反映车门开/关动作的限位开关，它把车门的机械动作变成电信号反映到车门的监控回路，使司机随时了解车门的开/关状态。

客室侧门上安装有四组行程开关，分别对门关到位、锁闭到位、门切除及紧急手柄位置进行监控和显示。

（1）门关到位行程开关，表示车门关闭与否的信息。

（2）锁闭到位行程开关，表示门锁闭装置锁定与否的信息。

（3）门切除行程开关，表示门退出服务锁功能是否被触发的信息。

（4）紧急解锁行程开关，表示门紧急开门手柄是否被触发的信息。

四、客室侧门的基本功能

（一）开关门功能

1. 开门功能

列车停稳后，车站列车自动控制（ATC）系统检测到这一情况，向车载列车自动防护（ATP）系统发送开门解锁指令。司机室“开门按钮”点亮，此时司机可进行开门操作。

按下“开门按钮”后，开门列车线向门控电子单元（EDCU）发送开门信号。门控电子单元接收到信号后，首先将车门锁闭装置解锁；随后，在电机驱动下，门板向开门方向移动。当车门开到位时，开门橡胶止挡与门框碰撞，从而减缓开门速度。

在开门过程中，车门顶部的黄色指示灯点亮，提醒乘客进出车厢。

司机台的“所有门锁闭”指示灯熄灭，表示列车车门已打开。

2. 关门功能

关门时，按下司机室“关门按钮”，关门列车线向门控电子单元（EDCU）发送关门信号。门控电子单元接收到信号后，车门上方的黄色指示灯闪烁，蜂鸣器以 2 Hz 的频率鸣叫，提醒乘客车门即将关闭。

大约 3 s 后，在电机驱动下，丝杆传动装置沿着关门方向转动，而门板向关门方向移动。此过程大约为 3 s。如果在关门过程中遇到障碍物，该车门将启动再开门功能，门板打开一定间隙之后再次关闭，总共能再开门 6 次。

车门关闭后，“门关到位限位开关”和“门锁闭限位开关”被触发。当所有车门关闭后，列车车门安全互锁回路导通；司机台的“所有门锁闭”指示灯点亮，表示列车车门已关闭，司机可起动列车。

如果要实现列车客室侧门关闭，车门控制需符合表 2-4 所列的任一条件。

表 2-4　关门控制状态

零速列车线	开门列车线	关门列车线	门的状态
0	0	0	关
0	0	1	关
0	1	1	关
0	1	0	关
1	0	0	关
1	0	1	关
1	1	1	关

备注：表格中“0”指列车线低电平；“1”指列车线高电平。

（二）紧急解锁功能

在车厢内每扇客室侧门旁的侧墙上有一个紧急解锁手柄，在紧急状态下使用该手柄能打开门板。紧急解锁手柄和紧急解锁装置之间通常由钢丝绳来进行连接，钢丝绳一端连接紧急手柄，另一端连接触发块。扳动紧急手柄后，钢丝绳被收紧，紧急解锁装置就通过钢丝绳被触发。

紧急解锁行程开关是电器元件，其作用是触发客室侧门的紧急开门功能，当手柄被扳动后，行程开关被触发，它向门控电子单元（EDCU）发出“紧急解锁车门”的操作信号；EDCU 接收到紧急开门信号后，允许紧急解锁装置被触发。

通过钢丝绳，车门锁闭机构被释放，当列车静止时，车门可以手动打开；如果列车的速度超过 3 km/h，驱动电机将始终施加关门力矩，使车门一直处于关闭状态，直到列车静止。将手柄复位后，车门恢复到正常状态。

（三）门隔离功能

当车门发生故障或需要进行切除车门处理时，司机可通过退出服务锁进行操作。

门板两侧都安装有退出服务锁，司机使用专用钥匙插入右门板上的退出服务锁孔，在车厢内顺时针转动钥匙 90°，或在车体外逆时针转动钥匙 90°。

转动钥匙后，锁舌从退出服务锁中伸出，触发安装在右侧门框上的门切除限位开关，如图 2-33 所示。

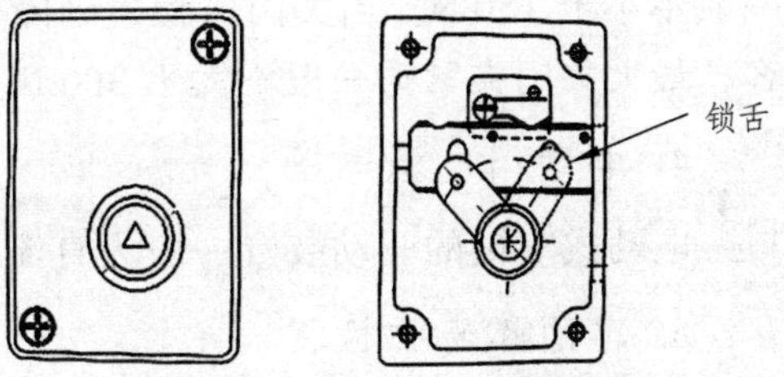

图 2-33　退出服务锁结构图

此时，门切除限位开关被触发后，门切除回路断开。由于门控电子单元（EDCU）未接收到电信号，因此认为车门已经切除。同时，门切除限位开关将门关到位限位开关和门锁闭限位开关短接，保证车门安全互锁回路导通。

门控电子单元（EDCU）接收到门切除指令后，门板上的红色指示灯点亮，提醒乘客此门故障。司机台上的司机显示单元运转界面显示车门已被切除。

（四）障碍物检测功能

当关门时，有障碍物夹在车门之间，障碍物检测功能被启动。车门障碍物检测功能有电机/电流监控和路程/时间监控两种方式。

1. 电机/电流监控

每次关门过程中，门控电子单元（EDCU）记录并存储电机正常关门的电流曲线；当障碍物挤压车门时，电机实际电流值超过额定电流值，障碍物检测功能启动。

2. 路程/时间监控

安装在电机上的门位置传感器将车门的运动分成数段距离，如果在额定时间内车门未通过相应的距离，障碍物检测功能启动。

障碍物检测功能启动后，电机会停止施加关门力矩，转而施加开门力矩，门板会适当打开；之后，电机再次施加关门力矩尝试再次关门。此过程可以重复多次（再开门次数可调，一般为 3 ~ 6 次），如果最后一次障碍物仍然没有移出，门板会打开至最大位置，等待司机再次关门。

五、客室侧门的主要技术参数

1. 车门净开度

车门净开度是指车门在完全开启状态下，两扇门板之间供乘客出入车厢的空间宽度，车门净开度是反映车门通行能力的一项重要指标。

城轨列车有 A 型车、B 型车和 C 型车之分，车门净开度也有所不同。A 型车的车门净开度为 1 400 mm，B 型车的车门净开度为 1 300 mm，C 型车的车门净开度为 1 300 mm。

2. 开、关门时间

开门时间是指客室侧门从完全关闭状态到完全开启状态所需的时间，而关门时间是指客室侧门在蜂鸣器报警后从完全开启状态到完全关闭状态所需的时间。开、关门时间是可调节的，可根据不同的运营需求而定。一般电动车门开、关门时间为（3 ± 0.5）s。

3. 关门夹紧力

关门夹紧力是指车门在关闭过程中的关门作用力。为了保证乘车安全，最小关门夹紧力一般不小于 150 N。当关门过程碰到障碍物受阻时，关门夹紧力会逐渐增大，为避免夹伤乘客，最大关门夹紧力一般不大于 300 N。

4. 电动门电源电压

电动式车门的驱动装置一般为直流驱动电动机，电源电压为 110 V 直流电。

5. 车门障碍物检测

车门日常维护中，可使用障碍物测试块来人为触发车门障碍物检测功能。该障碍物测试块尺寸为 30 mm × 60 mm。

第三节　车钩缓冲装置

一、车钩的作用和类型

（一）车钩的作用

车钩缓冲装置简称车钩，是车辆最基本的也是最重要的部件之一。它是用来连接列车中各车辆，使之彼此保持一定的距离，并且传递和缓和列车在运行中或在调车时所产生的纵向力或冲击力。

（二）车钩的类型

城轨列车的车钩缓冲装置共分三种：全自动车钩、半自动车钩和半永久车钩。

1. 全自动车钩

全自动车钩可以实现机械、气路、电路的自动连接。全自动车钩可以分成机械车钩和电气车钩两大部分，如图 2-34 所示。

图 2-34　全自动车钩

2. 半自动车钩

半自动车钩的机械连接、气路连接结构及作用基本与全自动车钩相同，但是电路则需要人工手动连接，目前多采用跨接线的电气连接方式，如图 2-35 所示。

图 2-35　半自动车钩

3. 半永久车钩

半永久车钩的机械、气路、电路的连接都需要人工手动操作，一般都在架修以上检修作业时才进行解钩，如图 2-36 所示。

图 2-36　半永久车钩

半永久车钩用于地铁车辆之间的永久连接，一套车钩由两个车钩组成，分别安装在 Mp 车和 M 车上。安装在 M 车上的车钩设有缓冲器，另一个车钩安装在 Mp 车上，是一个刚性的连接杆。它带有可以方便、快速拆卸的卡箍，使两节车辆刚性地、完好地连接起来。在连接中，销轴允许车辆之间相对移动，并可在竖曲线和水平曲线上运行。半永久车钩用人工操作，实现气路和电路的连接。

二、车钩的布置形式

根据列车编组方式不同，车钩缓冲装置的布置也有所不同，如图 2-37 所示。

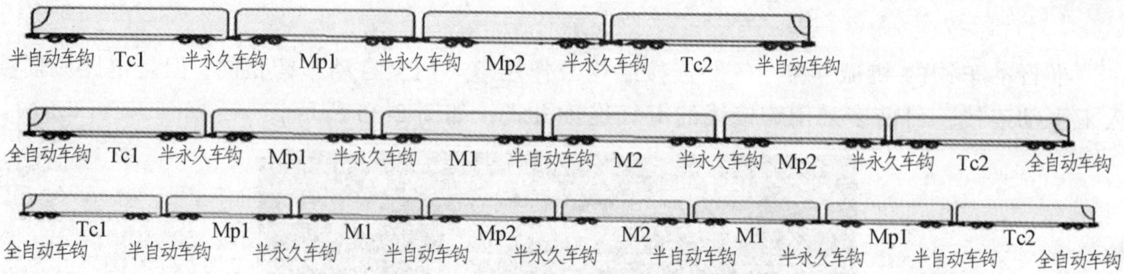

图 2-37 车钩缓冲装置布置图

（1）四节编组列车的车钩布置。Tc 车的司机室前端安装了半自动车钩，而各车厢之间安装了半永久车钩。

（2）六节编组列车的车钩布置。全自动车钩位于 Tc 车的司机室端，用于列车与列车之间的连挂。半自动车钩位于列车中间，用于两 M 车的连挂或列车两单元的连挂。半永久车钩位于其他客室端，用于列车内车辆之间的连挂。

（3）八节编组列车的车钩布置。全自动车钩位于 Tc 车的司机室端，其他车厢之间采用半自动车钩与半永久车钩交替布置的方式。

三、车钩的基本结构

城市轨道交通列车的车钩缓冲装置一般由钩头、缓冲装置、对中装置、钩尾冲击座四部分组成，如图 2-38 所示。

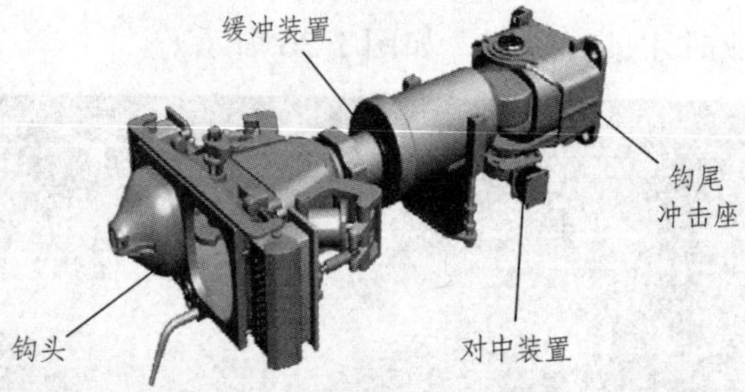

图 2-38 车钩结构图

1. 钩 头

钩头位于车钩缓冲装置的前端，其主要作用是保证两车钩的可靠连接。钩头由机械钩头、电气连接器和气路连接器三部分组成，如图 2-39 所示。

图 2-39 钩头

（1）机械钩头。机械钩头结构能保证在运行过程中接触面的紧密贴合和连挂，接合后自动锁定，钩头不会解锁和分离。

全自动车钩和半自动车钩的机构钩头由壳体、心轴、钩舌板、钩舌板连杆、钩舌弹簧、钩舌定位杆（或称棘爪）及弹簧、撞块及弹簧和解钩气缸组成，可实现车钩机械部分的自动连挂和分解。

半永久车钩的机械钩头相对较简单，主要由锥形钩头、锥形孔和卡箍组成，只能实现车钩机械部分的人工连挂和分解。

（2）电气连接器。在机械钩头的两侧或上下有电气连接器，在两车钩连挂时，可通过电气连接器传递动力电源和信号电源。

不同车钩类型因其功能不同，电气连接器的结构也各不相同。目前，车钩电气连接器采用电气连接箱和跨接电缆两种方式。

（3）气路连接器。气路连接部分设有总风管接头和解钩风管接头。气路连接器可使风管的接通和断开随车钩的连挂和解钩自动进行。解钩风管始终处于连通状态，由司机操纵电磁阀控制管路的通、断，达到自动解钩或连挂的目的。

2. 缓冲器

缓冲器的作用是用来缓和列车在运行中由于牵引力的变化或在起动、制动及调车连挂时车辆相互碰撞而引起的纵向冲击和振动。缓冲器有耗散、衰减车辆之间的冲击和振动的功能，从而减轻对车体结构的破坏作用，提高列车运行的平稳性和舒适度，如图 2-40 所示。

图 2-40　缓冲装置

城市轨道交通列车的缓冲器按形式可分为压溃管 + EFG3 橡胶缓冲器、钢摩擦弹簧缓冲器、液压缓冲器、气液缓冲器。其中，压溃管属于不可再生缓冲装置，其余为可再生缓冲装置。

（1）压溃管+EFG3 橡胶缓冲器。在列车正常的牵引和制动时，通过橡胶缓冲器的橡胶变形来吸收冲击能量。在列车相撞时，通过压溃管的永久变形来吸收冲击能量。压溃管与 EFG3 橡胶缓冲器的组合能满足较高速度下列车碰撞的能量吸收要求，是最佳的组合。

（2）钢摩擦弹簧缓冲器。钢摩擦弹簧缓冲器又称环弹簧缓冲器，弹簧安装在前后弹簧座之间，不论车钩受冲击或牵拉，环弹簧均受压缩作用。由于内、外环弹簧受压缩相互挤压时，外环扩胀，内环压缩，这样就产生了轴向变形，起到缓冲的作用。

（3）液压缓冲器。液压缓冲器主要依靠液压阻尼作用进行缓冲减速，是防止硬性碰撞导致机构损坏的安全缓冲装置。

（4）气液缓冲器。气液缓冲器内部由两个液室和一个气室组成，液室内充有液压油，气室内充有氮气。当车体发生冲击时，将冲击能转化为液压能。油液在压力作用下流经节流孔时会产生压力抵消液压能，达到吸收冲击能量的目的。

3. 对中装置

车钩对中装置的作用是确保在解钩的情况下，车钩保持在中心线上，防止车钩随意摆动。对中装置一般分为水平对中装置和垂向对中装置。水平对中装置又分气动对中装置和机械对中装置两种结构，垂向对中装置一般采用垂向支承。

（1）气动对中装置如图 2-41 所示。气动对中装置安装在缓冲器支承座的下方，缓冲器的尾部下方左、右还各设有一个对中气缸。当气缸充气时，车钩被固定无法转动，达到使车钩自动对中的目的。此时，车钩缓冲装置的中心线与车体中心线在一个垂直平面内，以便使两个钩头对准对方的车钩的钩坑。当气缸排气时，整个车钩缓冲装置在水平面内可绕销轴左右摆动 40°，在垂直面内可上下摆动 5°，以满足车辆运行水平曲线和竖曲线的要求。

（2）机械对中装置。机械对中装置是用弹簧代替了对中气缸，利用弹簧较大的挠度，限制车钩在水平方向的摆动角度。解钩时，车钩在水平面内可绕销轴左右摆动 30°，在垂直面内可上下摆动 5°，来实现车钩在直线和曲线段的正常连挂。

（3）垂向对中装置如图 2-42 所示。垂向对中装置采用垂向支承形式，通过调整该处的调节螺栓可以实现调节车钩端面中心线到轨道上表面的距离。车钩缓冲装置中心至轨面高度一般为 720 mm。

图 2-41　气动对中装置

图 2-42　垂向对中装置

4. 钩尾冲击座

钩尾冲击座呈球形，将车钩缓冲器的尾部与车体底架连接。钩尾冲击座采用过载保护螺栓的形式，用鼓形套筒来避免超过许用的载荷加载到车体上。当车辆在发生冲击事故时，过载保护环自行脱落，从而使车体的损坏得到控制。

四、车钩的“三态”定义

在全自动车钩和半自动车钩连挂时，车钩钩头自动完成机械连接。为了实现挂钩或解钩，使车辆连接或分离，车钩具有三种位置，也就是车钩的“三态”：待挂状态、连挂状态和解钩状态。

1. 待挂状态

待挂状态是车钩连挂前的准备状态，此时钩头内的钩舌板、定位杆、钩锁弹簧等部件都固定在待挂位置，如图 2-43 所示。

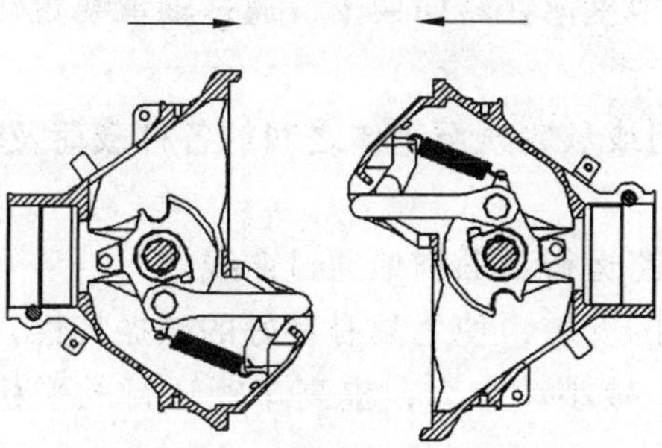

图 2-43　待挂状态

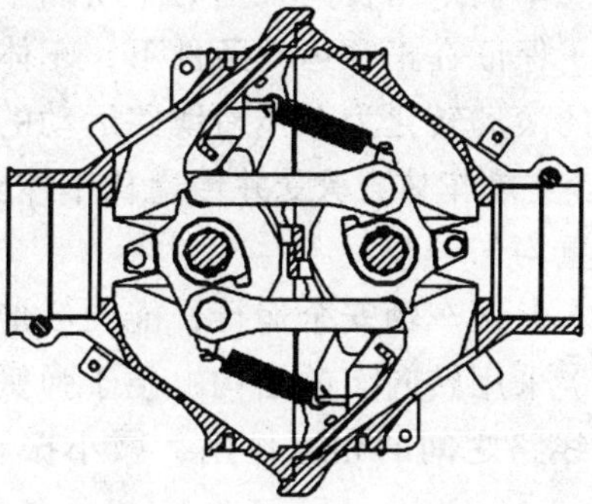

图 2-44　连挂状态

2. 连挂状态

连挂状态是车钩完成自动连接的状态。此时，一车钩的凸锥体插入另一车钩的凹锥孔内，这时两钩内部的钩舌板分别被迫逆向转动，互相锁住对方的连接杆，使两车钩连接的端面相接合，连接杆与钩舌板形成一个平行四边形，达到牵引力的均匀分配，避免发生意外脱钩，如图 2-44 所示。

3. 解钩状态

解钩状态是车钩完成分离的状态，解钩可采用自动解钩和手动解钩两种方式。解钩时，钩舌板将会转动，当钩舌板旋转到一定位置时，钩舌连接杆开始离开对面的钩舌板，从而离开凹槽，解钩完成。两列车分开后，车钩又处于待挂状态，如图 2-45 所示。

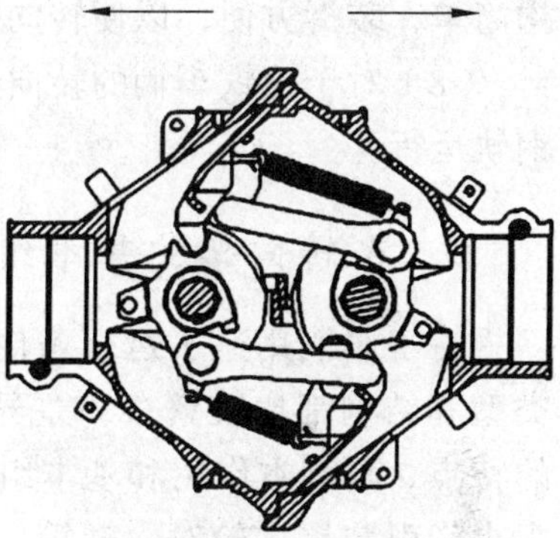

图 2-45　解钩状态

第四节　转向架

一、转向架的作用和组成

转向架的结构形式是把两个或几个轮对用专门的构架组成一个小车。转向架是支承车体，并担负车辆沿轨道运行的支撑走行装置，是车辆最重要的组成部件之一。转向架结构及部件参数是否合理，直接影响车辆的运行品质、动力学性能和行车安全等。为了便于通过曲线，车体和转向架之间可以相对转动，这样相当于将一个车体坐落在两个二轴小车上，使车辆的载重、长度和容积都可以增加，运行品质得以改善，以满足现代运输发展的需求。目前，绝大多数车辆都采用转向架的结构形式进行承载和运输。

（一）转向架的作用

转向架的基本作用和要求：

（1）车辆采用转向架是为了增加车辆的载重、长度和容积，提高列车的运行速度。

（2）保证在正常运动条件下，车体都能可靠地坐落在转向架上。通过轴承装置使车轮沿着钢轨的滚动转化为车体沿线路运动的平动。

（3）支承车体，承受并传递从车体至轮对之间或从轮轨至车体之间的各种载荷及作用力，并使轴重均匀分配。

（4）保证车辆安全运行，能灵活地沿直线线路运行及顺利地通过曲线。

（5）采用转向架的结构，便于弹簧减振装置的安装，使之具有良好的减振特性，以缓和车辆和线路之间的相互作用，减小振动和冲击，减小动应力，提高车辆运行的平稳性和安全性。

（6）充分利用轮轨之间的黏着，传递牵引力和制动力，放大制动缸所产生的制动力，使车辆获得良好的制动效果，以保证列车在规定的制动距离内实现停车。

（7）转向架是车辆的一个独立部件。在转向架与车体之间尽可能减少连接件，并要求结构简单，装拆方便，以便转向架独立制造和维修。

（8）对于地铁车辆的转向架而言，还要便于安装牵引电动机及传动装置，驱动车辆沿着钢轨运行。

（二）转向架的基本组成

由于车辆用途、运行条件、制造和检修能力及设计平台等因素的不同，使得转向架的类型和结构都比较繁多，差异性较大。虽然转向架种类和结构繁多，但它们又都具有共同的特点，其基本作用和基本组成部分都是相同的，一般转向架主要由构架、弹性悬挂装置、中央牵引装置、轮对、轴箱、驱动装置和基础制动装置等几部分组成，其结构图如图 2-46 所示。

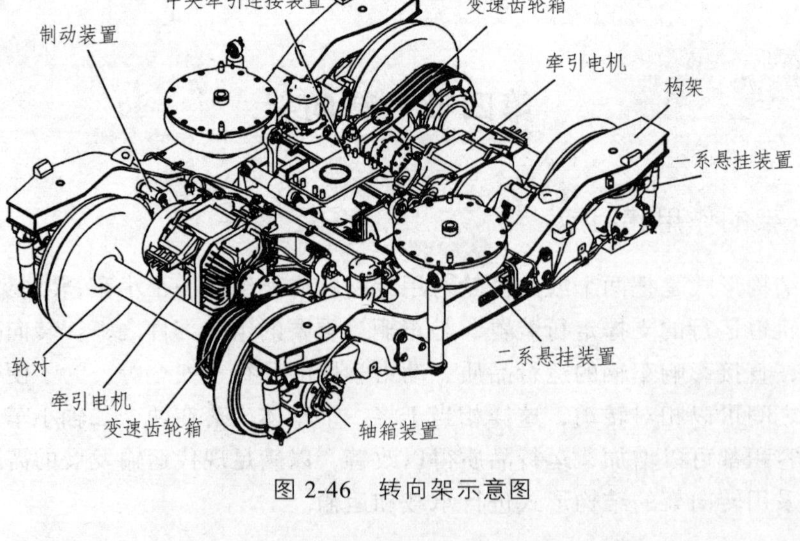

图 2-46　转向架示意图

1. 轮对轴箱装置

轮对沿着钢轨滚动，除了传递车辆质量外，还传递轮轨之间的各种作用力，包括牵引力和制动力。轴箱与轴承装置是联系构架和轮对的活动关节，使轮对的滚动转化为车体沿钢轨的平动。

2. 弹性悬挂装置

为了减少线路的不平顺和轮对运动对车体的各种动态影响（如垂向振动、横向振动和通过曲线等），转向架在轮对与构架之间或者构架与车体之间，设有弹性悬挂装置，前者称为轴箱悬挂装置（又称一系悬挂），后者称为中央悬挂装置（又称二系悬挂）。

弹性悬挂装置包括弹簧装置、减振装置和定位装置。

3. 构　架

构架是转向架的基础，它把转向架的零部件组成一个整体。它不仅仅承受和传递各种作用力及载荷，而且它的结构形状、尺寸和大小都应满足各零部件的结构、形状及组装的要求，如应满足制动装置、弹簧减振装置、轴箱定位装置等安装的要求。

4. 制动装置

为了使运行中的车辆在规定的距离内停车，车辆必须安装制动装置，其作用是传递和放大单元制动机产生的制动力，使闸瓦与轮对或制动卡钳与制动盘之间产生转向架的内摩擦力并转换成轮轨之间的外摩擦（即制动力），从而使车辆承受前进方向的阻力，产生制动效果。

5. 中央牵引连接装置

车体与转向架连接部分的结构应能满足安全可靠地支承车体，并传递各种载荷和作用力，同时车体与转向架之间应能绕不变的旋转中心相对转动，以使车辆顺利通过曲线。

6. 牵引电机与齿轮变速传动装置

它使牵引电机的扭矩转化为轮对或车轮上的转矩，利用轮轨之间的黏着作用，驱动车辆沿着钢轨运行。该装置仅限于安装在动车转向架上。

（三）转向架的分类

城轨列车转向架多按车辆类型区分，一般分为拖车转向架和动车转向架两大类，如图 2-47 所示。拖车转向架安装在 Tc 车上，动车转向架安装在 M 车和 Mp 车上。拖车转向架与动车转向架之间不可互换，主要差异在于动车转向架安装有牵引传动装置，包括牵引电机、联轴器及齿轮箱，而拖车转向架不带牵引传动装置。

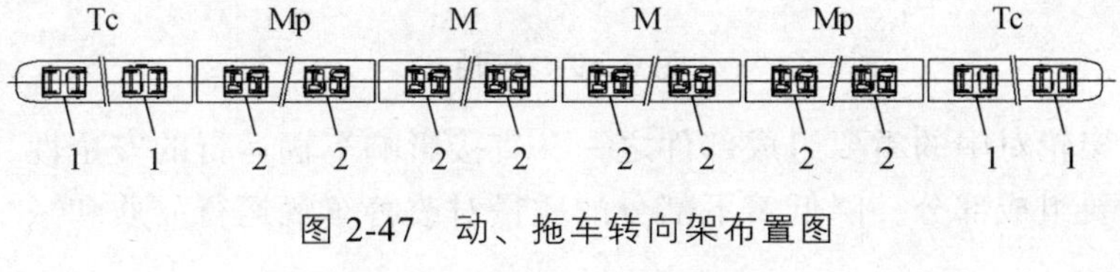

图 2-47　动、拖车转向架布置图

1—拖车转向架；2—动车转向架

由于 Tc 车一位端的拖车转向架安装有车载 ATC 传感器，与二位端拖车转向架设备布置略有不同，因此两者无法互换。而动车转向架结构相同，具有可互换性。

二、轮对轴箱装置

（一）轮　对

轮对由一根车轴和两个相同的车轮采用过盈配合使之牢固地结合在一起，是组成转向架的重要部件之一，如图 2-48 所示。

轮对的作用是沿着钢轨滚动，除了传递车辆质量外，还传递轮轨之间的各种作用力，包括牵引力和制动力。因此，轮对应具有足够的强度，以保证在允许的最高速度和最大载荷下安全运行。轮对应在强度足够和保证一定使用寿命前提下，使其质量最小，并具有一定的弹性，以减少轮对之间的作用力和磨耗。

图 2-48　轮对

轮对在正常状态的线路上运行时，轮对的内侧距是影响运行安全的一个重要因素。根据国标《地铁车辆通用技术条件》（GB/T 7928—2003），轮对内侧距为（1 353 ± 2）mm。轮对内侧距应保证在任何线路上运行时轮缘与钢轨之间有一定的游隙，以减少轮缘与钢轨的磨耗；应保证在最不利情况下，车轮踏面在钢轨上仍有足够的安全搭接量，不致造成脱轨；应保证安全通过道岔。

1. 车　轴

城市轨道交通车辆使用的车轴，绝大多数为圆截面实心轴，采用优质碳素钢加热锻压成型，再经热处理（正火或正火后再回火）和机械加工制成。

车轴一般由轴颈、轮座、防尘板座及轴身等部位组成，如图 2-49 所示。轴颈是安装轴承的部位，担负车辆质量并传递各方向的静、动载荷。轮座是车轴与车轮配合的部位，也是车轴受力最大的部位。防尘板座为车轴与防尘板配合部位，介于轮座与轴颈之间，是两者的中间过渡部位，以减小应力集中。轴身是车轴中央部分，受力较小。

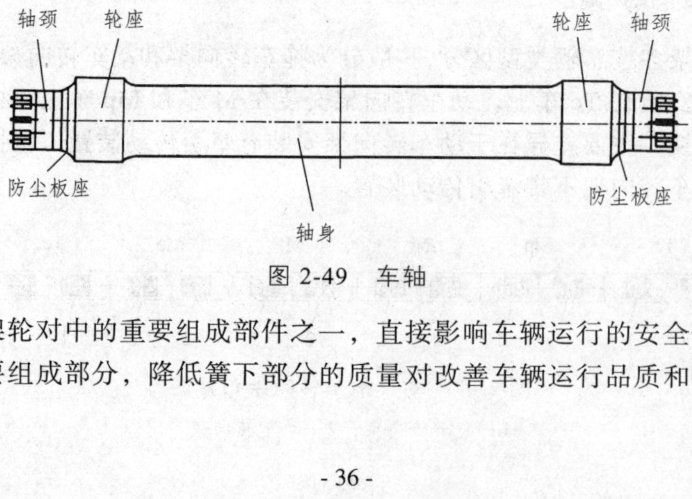

图 2-49　车轴

车轴是转向架轮对中的重要组成部件之一，直接影响车辆运行的安全性，同时又是转向架簧下质量的主要组成部分，降低簧下部分的质量对改善车辆运行品质和减少对轮轨动力作用有重要影响。

2. 车　轮

车轮的结构、形状、尺寸、材质是多种多样的，按其结构分为整体轮和带箍车轮两种。轨道交通车辆一般采用整体轮，整体轮按其材质又为辗钢轮和铸钢轮。

整体辗钢轮由踏面、轮缘、轮辋、辐板和轮毂组成，如图 2-50 所示。车轮与钢轨的接触面称为踏面，一侧沿着圆周突起的圆弧部分称为轮缘，是保持车辆沿钢轨运行，防止脱轨的重要部分。踏面沿径向的厚度部分称为轮辋。轮毂是轮与轴互相配合的部分。轮辋与轮毂连接的部分称为辐板。

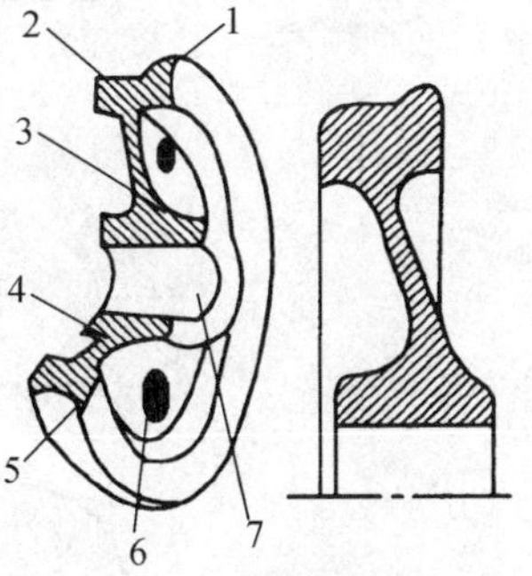

图 2-50　整体辗钢轮

1—轮辋；2—踏面；3—辐板；4—轮毂；5—轮缘；6—辐板孔；7—轮毂孔

车轮踏面一般做成一定的斜度，称为锥形踏面，如图 2-51 所示。踏面锥形的作用为：在直线运行时使轮对能自动调中；在曲线运行时，由于离心力的作用使轮对偏向外轨，由于踏面是锥形，使外轨上滚动的车轮以较大的滚动圆滚动，在内轨上以较小的滚动圆滚动，从而减少车轮在钢轨上的滑动，使轮对顺利通过曲线；车轮踏面有斜度，运行时车轮与钢轨接触的滚动直径在不断地变化，致使轮轨的接触点也在不停地变换位置，从而使踏面磨耗更为均匀。

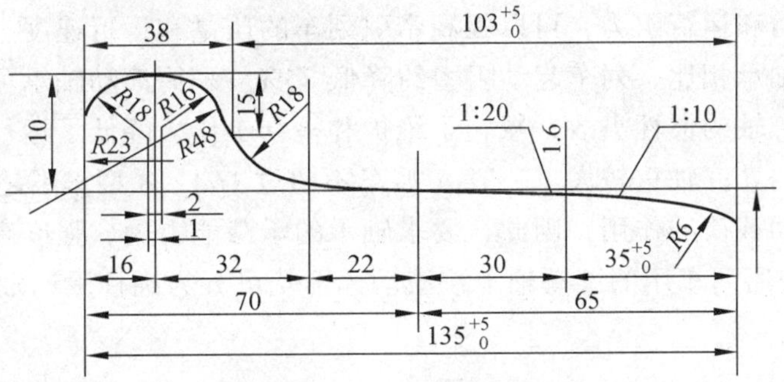

图 2-51　车轮锥形踏面

由于车轮踏面有斜度，各处直径不相同，因此根据国际铁路组织规定在离轮缘内侧 70 mm 处测量所得的直径为名义直径，作为车轮的滚动圆直径。城轨列车车轮的轮径为 840 mm，轮径小，可以降低车辆重心，增大车体容积，减小车辆簧下质量，缩小转向架固定轴距，但存在阻力增加、轮轨接触应力增大、踏面磨耗加快等不足之处。

（二）轴箱装置

轴箱装置主要由轴承、箱体、轴箱压盖、前盖、防尘挡圈等组成。其作用是将轮对和构架联系在一起，使轮对沿钢轨的滚动转化为车体沿线路的平动，承受车辆的质量，传递各方向的作用力，保证良好的润滑性能，减少磨耗，降低运行阻力；良好的密封性，防止尘土、雨水等物侵入及甩油，从而避免破坏油脂的润滑，甚至发生燃轴等事故，如图 2-52 所示。

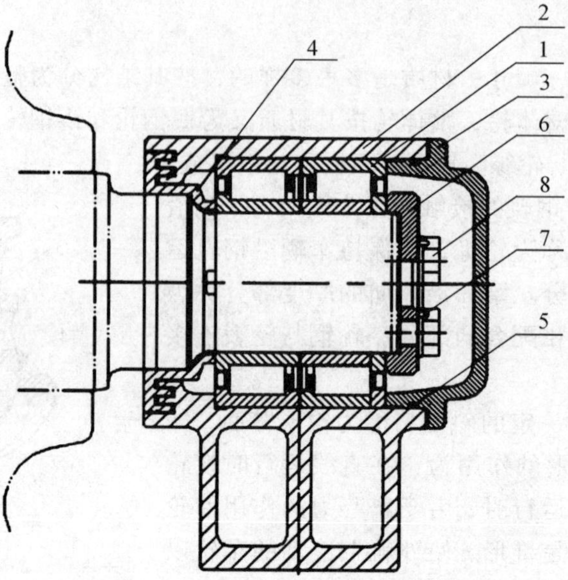

图 2-52 轴箱装置

1—圆柱滚子轴承组；2—轴箱；3—前盖；4—防尘挡圈；5—O 形圈；6—轴端压盖；7—防松垫片；8—六角螺栓

采用滚动轴承轴箱装置是铁路车辆现代化的重要措施之一，采用滚动轴承后，显著地降低了车辆的起动阻力和运行阻力，可以提高牵引列车的质量和运行速度。经验表明，采用滚动轴承与采用滑动轴承相比，列车起动阻力约降低 85%。采用滚动轴承可改善车辆走行部分的工作条件，减少燃轴的惯性事故，减轻了维护和检修工作，降低了运行成本。

由于地铁车辆的允许轴重较大（一般 A 型车不超过 16 t，B 型车不超过 14 t），在运行中承受着变化的静、动载荷的作用，因此，要求轴承的承载能力大、强度高、耐冲击、寿命长等。一般城市轨道交通列车用的滚动轴承按滚动体形状可分为圆柱滚动轴承、圆锥滚动轴承、球面滚动轴承。

三、弹性悬挂装置

车辆在轨道上运行时，由于线路的不平顺、轨隙、道岔、轨面的缺陷和磨耗以及车轮踏面的斜度、擦伤和轮轴的偏心等原因，必将伴随产生复杂的振动和冲击。为了提高车辆运行的平稳性，保证乘客的舒适，转向架必须设有弹性悬挂装置。

1. 弹性悬挂装置的作用

弹性悬挂装置按其作用的不同，大体可分为三类：

（1）第一类是主要起缓和冲动的作用，如空气弹簧和轮轴弹簧等的弹簧装置。

（2）第二类是主要起衰减振动（消耗振动能量）的作用，如垂向和横向减振器等的减振装置。

（3）第三类是主要起弹性约束的作用，如轴箱定位装置，中心销与构架间的纵、横向缓冲止挡等的定位装置。

2. 弹性悬挂装置的分类

弹性悬挂装置按其设置位置不同，可分为一系悬挂装置和二系悬挂装置两类。转向架在轮对与构架之间或者构架与车体之间，设有弹性悬挂装置，前者称为轴箱悬挂装置（又称一系悬挂），后者称为中央悬挂装置（又称二系悬挂）。

3. 一系悬挂装置的组成

一系悬挂装置又称为轴箱悬挂装置，安装在轮对与构架之间。常见的一系悬挂装置有人字形橡胶弹簧、锥形橡胶弹簧、钢弹簧与液压减振器等形式。

西门子车型转向架多采用人字形橡胶弹簧，如图 2-53 所示；阿尔斯通车型转向架多采用钢弹簧与液压减振器组合形式，如图 2-54 所示；庞巴迪车型转向架多采用锥形橡胶弹簧形式，如图 2-55 所示。

图 2-53　人字形橡胶弹簧

图 2-54　钢弹簧与液压减振器

图 2-55　锥形橡胶弹簧

采用人字形橡胶弹簧形式的一系悬挂装置，由四层橡胶和四层钢板及一层铝合金板通过硫化而制成。拖车和动车本身的自重不同，拖车和动车的人字形橡胶弹簧的刚度也不同，动车人字形橡胶弹簧的刚度略大于拖车。

采用螺旋钢弹簧形式的一系悬挂装置与橡胶止挡组合，能承受轴箱与转向架构架之间的高载荷。

采用锥形橡胶弹簧形式的一系悬挂装置，由多层橡胶和钢板彼此交替叠合并牢固地黏合在一起成为一个整体。圆锥金属橡胶弹簧在结构上使轴箱在纵向、横向和垂直方向实现无间隙、无磨耗的弹性定位，并承受三个方向的载荷。

4. 二系悬挂装置的组成

二系悬挂装置又称为中央悬挂装置，安装在构架与车体之间。

二系悬挂装置由空气弹簧、高度调整阀、垂向液压减振器、压差阀、横向液压减振器、横向橡胶缓冲止挡、抗侧滚扭杆等组成，如图 2-56 所示。

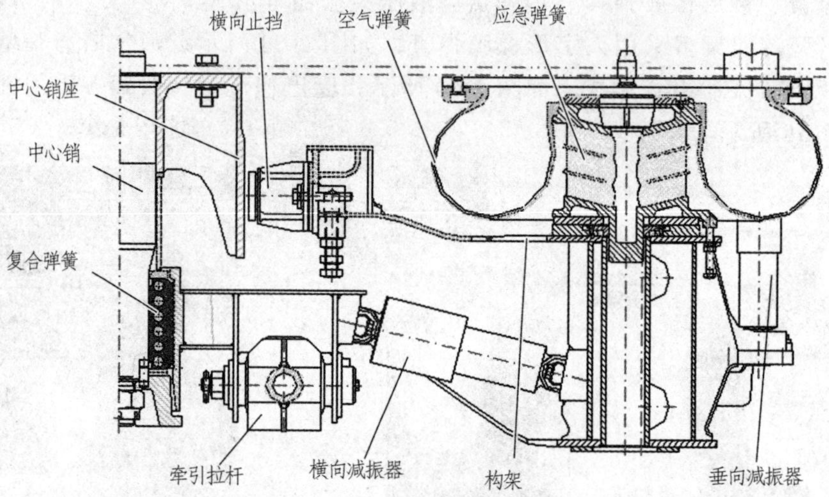

图 2-56　二系悬挂装置

空气弹簧在改善车辆动力性能和运行品质上具有显著的优点；具有横向弹性复原作用，使结构大大简化，所以在近代的地铁、轻轨以及高速列车上获得广泛的应用。空气弹簧下方安装有层叠橡胶弹簧（也称应急弹簧），当空气弹簧气囊失效时，层叠橡胶弹簧可以承受车辆载荷，防止车体倾斜引起车辆脱轨。

高度调整阀安装在车体与转向架之间，它通过调节空气弹簧橡胶囊内的压缩空气，来保证车辆地板面与轨面之间的距离。当车体载荷增加时，压缩空气向空气弹簧充气，直至车厢地板面上升到标定的高度为止；当车体载荷减小时，这时空气弹簧向大气排气，直至地板面降低到标定高度为止。

压差阀相当于二系悬挂系统的安全阀。当一个空气弹簧失压时，两空气弹簧内部的压差达到一定限度，压差阀就会发生动作，将两个空气弹簧导通，使另一空气弹簧卸压，保证车辆的行车安全。

垂向液压减振器设在车体和构架之间，横向液压减振器设在心盘和构架之间，分别用来衰减车辆垂向和横向的振动。

横向橡胶缓冲止挡设在构架横梁中部的上方，用来限制车体和构架之间的横向位移。

抗侧滚扭杆横穿于构架的横梁中，由一根扭杆弹簧穿装在横梁中间，两端装有扭臂和连杆，并与车体相连。在车体发生侧滚振动时，扭杆产生抵抗扭转变形的扭矩，对车体的侧滚振动起着抑制作用，如图 2-57 所示。

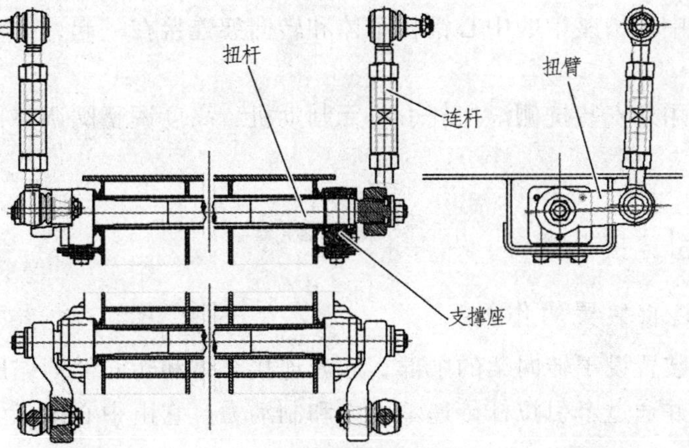

图 2-57　抗侧滚扭杆

四、构　架

1. 构架的作用

构架的作用是将车体与走行部件连成一体，把车体经空气弹簧传来的垂向载荷传递给轮对，通过心盘和中心销使车体与转向架彼此可以相对转动，便于车辆通过曲线；同时，利用构架安装及支承轮对轴箱、弹簧、单元制动机、牵引电动机、齿轮减速箱、心盘等部件。

2. 构架的结构

构架由压制成型的钢板焊接成 H 形全封闭箱形结构，具有质量轻、强度高、寿命长的特点，如图 2-58 所示。

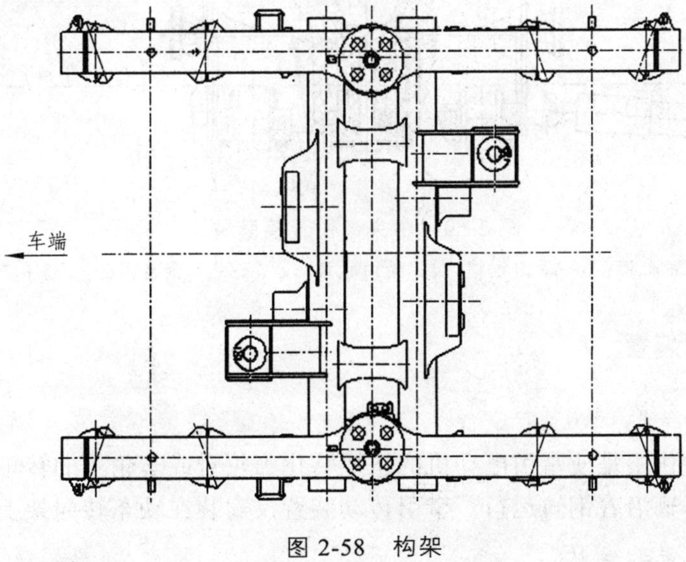

图 2-58　构架

H 形构架由侧梁和横梁组成。侧梁两端装有轴箱导框，可安装一系悬挂装置，侧梁的中部为空气弹簧安装座。横梁中部设有中心销座，外侧设有牵引电动机安装座，下方设有牵引拉杆安装座，装在中心销座中的中心销将车体和转向架连接在一起，并由此传递牵引力和制动力。

构架上还设有用来安装抗侧滚扭杆、单元制动机、高度调整阀调整拉杆及液压减振器的安装座。

五、中央牵引连接装置

1. 中央牵引连接装置的作用

中央牵引连接装置设于转向架的中部，起着连接车体和转向架的作用，当经过曲线时彼此可以相对运动，并通过牵引拉杆传递牵引力和制动力。它由中心销、中心销套、牵引梁和牵引拉杆等组成。

2. 中央牵引连接装置的结构

中心销下端插入牵引梁内，通过中心销套将中心销与牵引梁固定在一起，牵引梁和构架之间通过两个呈“Z”形布置的牵引拉杆连接；中心销套为橡胶金属件，内、外层均为金属件，中间层为橡胶件，这种结构消除了中心销、中心销套、牵引梁之间的间隙，实现了无间隙牵引，中心销套中的橡胶层变形还可以满足车体和转向架之间的相对转动，从而消除了磨耗。而中心销、牵引梁与中心销套的配合均为金属件之间的配合，消除了橡胶蠕变的影响，保证了性能的稳定，如图 2-59 所示。

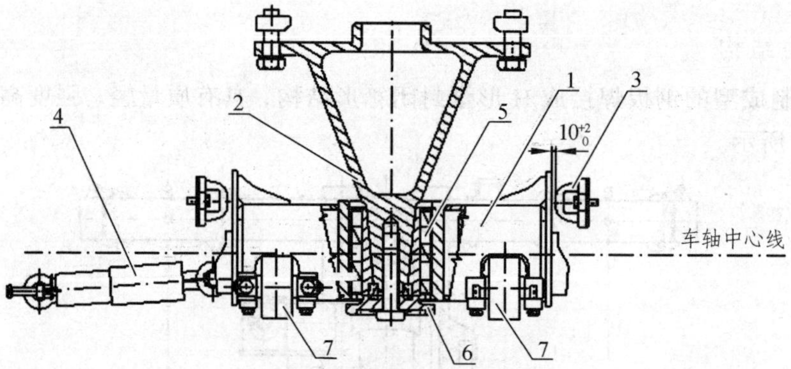

图 2-59　中央牵引连接装置

1—牵引梁；2—中心销；3—横向止挡；4—横向减振器；5—中心销套；6—下盖；7—牵引拉杆

六、牵引传动装置

1. 牵引传动装置的作用

牵引传动装置的作用是使牵引电动机的扭矩转化为轮对或车轮上的转矩，利用轮轨之间的黏着作用，驱动车辆沿着钢轨运行。牵引传动装置仅安装在动车转向架上。

2. 牵引传动装置的结构

牵引传动装置由牵引电动机、联轴器、齿轮箱及悬挂组成，如图 2-60 所示。

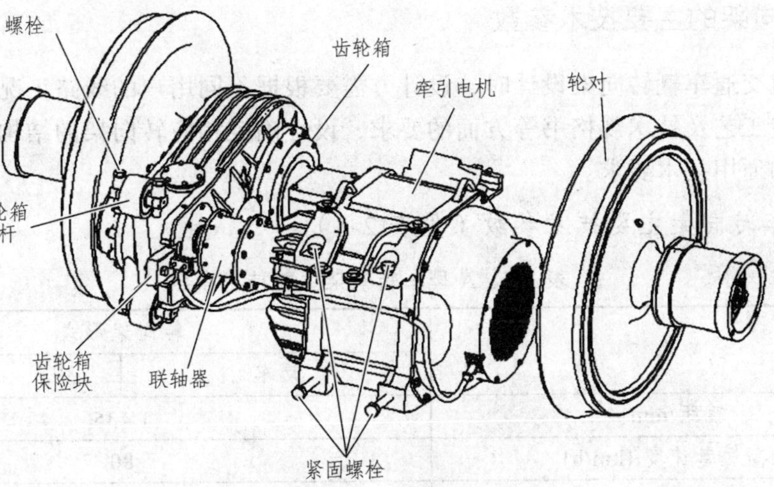

图 2-60　牵引传动装置

每个动车转向架上装有两台牵引电动机，吊挂在构架横梁的侧面，为全悬挂方式。目前，列车多采用交流牵引电动机，其相比直流电动机拥有体积小、联轴器安装空间大、联轴器选型多样等优点。

齿轮箱一般采用一级或二级减速齿轮结构，起到降低转速、增大扭矩的作用。齿轮箱为半悬挂方式，减小了对构架的冲击。

牵引电动机与齿轮箱之间通过联轴器相连，通过联轴器将电动机扭矩传递给两级减速齿轮，这种结构也能承受电动机与减速齿轮间相应的垂向、横向、纵向及锥向错位。

七、基础制动装置

1. 基础制动装置的作用

为了使运行中的车辆在规定的距离内停车，在转向架上必须安装基础制动装置。其作用是传递和放大制动缸产生的制动力，使闸瓦与轮对或制动卡钳与制动盘之间产生转向架的内摩擦力，并转换成轮轨之间的外摩擦（即制动力），从而使车辆承受前进方向的阻力，产生制动效果。

2. 基础制动装置的设置

基础制动装置采用踏面制动单元或盘式制动单元，安装在构架侧梁或端梁上。每台转向架上一般安装有 4 个单元制动机，其中两个单元制动机带有停放制动功能，这两个单元呈对角布置，如图 2-61 所示。

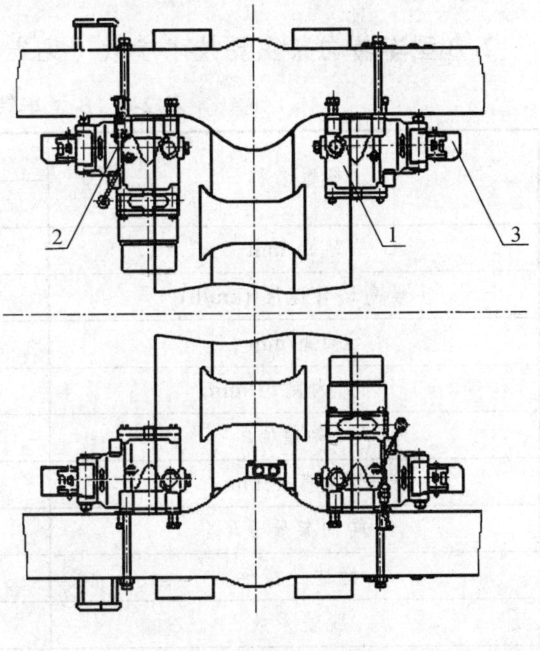

图 2-61　基础制动装置

1—单元制动机；2—带停放的单元制动机；3—闸瓦

八、转向架的主要技术参数

城市轨道交通车辆转向架设计时，设计方需要根据不同用户的线路工况、使用环境、适用范围、制造工艺及技术规格书等方面的要求，设计确定相应转向架的结构形式。下面提供部分转向架的通用技术要求。

1. A 型车转向架主要技术参数（见表 2-5）

表 2-5　A 型车转向架主要技术参数

参数名称	转向架形式	
	动车	拖车
轨距/mm	1 435	
最高运营速度/(km/h)	80	
轴距/mm	2 500	
轮对内侧距/mm	1 353±2	
轴重/t	16	
车轮直径/mm	840（新）/770（磨耗到限）	
转向架质量/t	≤8	≤6
舒适性指标	<2.5	
脱轨系数	<0.8	
轮重减载率	≤0.6	
倾覆系数	<0.8	

2. B 型车转向架主要技术参数（见表 2-6）

表 2-6　B 型车转向架主要技术参数

参数名称	转向架形式	
	动车	拖车
轨距/mm	1 435	
最高运营速度/(km/h)	80	
轴距/mm	2 200～2 300	
轮对内侧距/mm	1 353±2	
轴重/t	14	
车轮直径/mm	840（新）/770（磨耗到限）	
转向架质量/t	≤8	≤6
舒适性指标	<2.5	
脱轨系数	<0.8	
轮重减载率	≤0.6	
倾覆系数	<0.8	

3. C 型车转向架主要技术参数（见表 2-7）

表 2-7　C 型车转向架主要技术参数

参数名称	转向架形式	
	动车	拖车
轨距/mm	1 435	
最高运营速度/(km/h)	80	
轴距/mm	2 000	
轮对内侧距/mm	1 353±2	
轴重/t	14	
车轮直径/mm	840（新）/770（磨耗到限）	
转向架质量/t	≤8	≤6
舒适性指标	<2.5	
脱轨系数	<0.8	
轮重减载率	≤0.6	
倾覆系数	<0.8	

第五节　制动系统

一、制动的方式

1. 踏面制动

踏面制动是最常用的一种制动方式。制动时通过闸瓦压紧车轮，轮瓦间发生摩擦，使列车的动能通过轮瓦间的摩擦变成热能逸散到大气中去，并产生制动力，如图 2-62 所示。

图 2-62　踏面制动

2. 盘形制动

制动时，通过制动夹钳夹紧制动盘的方式，使闸片与制动盘间产生摩擦，把列车的动能转变为热能，热能通过制动盘与闸片逸散到大气中去。

盘形制动有轴盘式和轮盘式之分，如图 2-63 和图 2-64 所示。这两种形式区别在于转向架的结构布置不同，制动效果无差异。

图 2-63　轴盘式制动

图 2-64　轮盘式制动

对比踏面制动，盘形制动的优缺点如下：

（1）盘形制动可以双向选择摩擦副，因此可以获得比踏面制动大得多的制动功率。

（2）由于作用力不在车轮踏面上，盘形制动可以大大减轻车轮踏面的热负荷和机械磨耗。

（3）制动平稳，几乎没有噪声。

（4）盘形制动的摩擦面积大，而且可以根据需要安装若干套，制动效果明显高于踏面制动，尤其适用于速度 120 km/h 以上的高速列车。

（5）车轮踏面没有闸瓦的磨刮，将使轮轨黏着恶化。

（6）制动盘使簧下质量及冲击振动增大，运行中消耗牵引功率。

3. 电阻制动

将发电机输出的电能加于电阻器中，使电阻器发热，将电能转变为热能，而这些热能靠外加风扇强迫通风而消散于大气中，这种制动方式称为电阻制动。

电阻制动能提供稳定的制动力，但在列车底架下需要较大的空间安装电阻箱，如图 2-65 所示。

图 2-65　制动电阻箱

4. 再生制动

再生制动是将列车的动能通过电机（将电机转接成发电机）转化成电能（其电压高于网压时），反馈至电网上供其他列车应用，如图 2-66 所示。再生制动既节约能源，又减少了制动时对环境的污染，且基本上无磨耗。因此这是一种最为理想的制动方式。

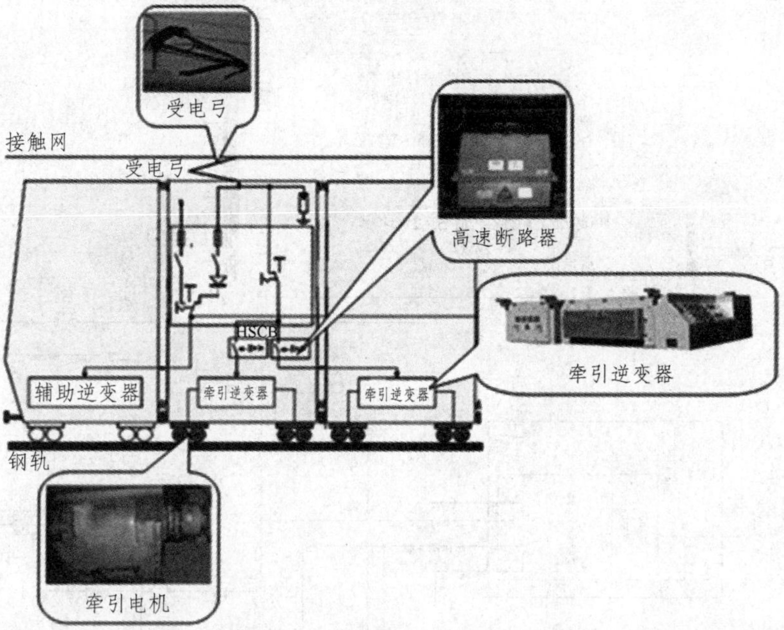

图 2-66　再生制动

二、制动系统的作用和组成

1. 制动系统的作用

（1）制动系统保证了列车的减速或停车能力，满足列车在规定速度和载荷等条件下的制动距离要求。

（2）制动系统确保静止的列车不在坡道溜车。

（3）制动系统充分利用了车轮与轨道之间的黏着条件，充分发挥制动系统的制动能力。

（4）制动系统保证了与车辆及相关系统之间接口、功能的匹配，并避免相互干扰。

2. 制动系统的组成

制动系统部件根据其在气路图里的作用不同，可分为供气设备、制动控制设备、转向架上的制动设备、防滑保护设备、空气悬挂设备、车门控制设备（仅气动门）、气动信号设备、受电弓气动设备（仅气动弓）、车钩操作设备等。

以上海地铁某型列车为例，结合以下 Tc、Mp、M 车的气路图对设备分类进行说明，如图 2-67 ~ 2-69 所示。

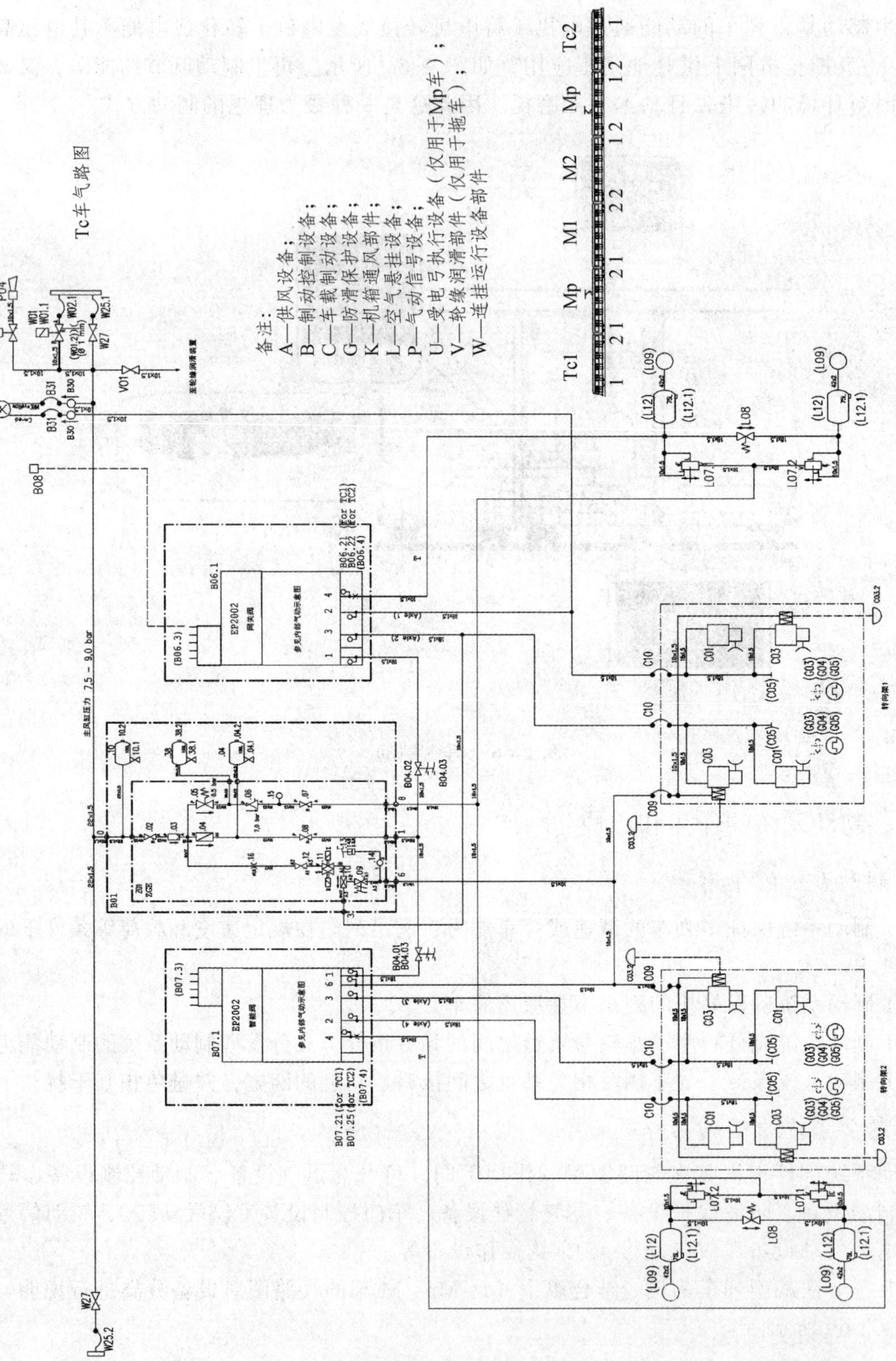
Tc车气路图
备注：
A—供风设备；
B—制动控制设备；
C—车载制动设备；
G—防滑保护设备；
K—机箱通风部件；
L—空气悬挂设备；
P—气动信号设备；
U—受电弓执行设备（仅用于Mp车）；
V—轮缘润滑部件（仅用于拖车）；
W—连挂运行设备部件
Tc1 Mp M1 M2 Mp Tc2
EP2002
EP2002
主风缸压力 7.5 - 9.0 bar

图 2-67　Tc车气路图

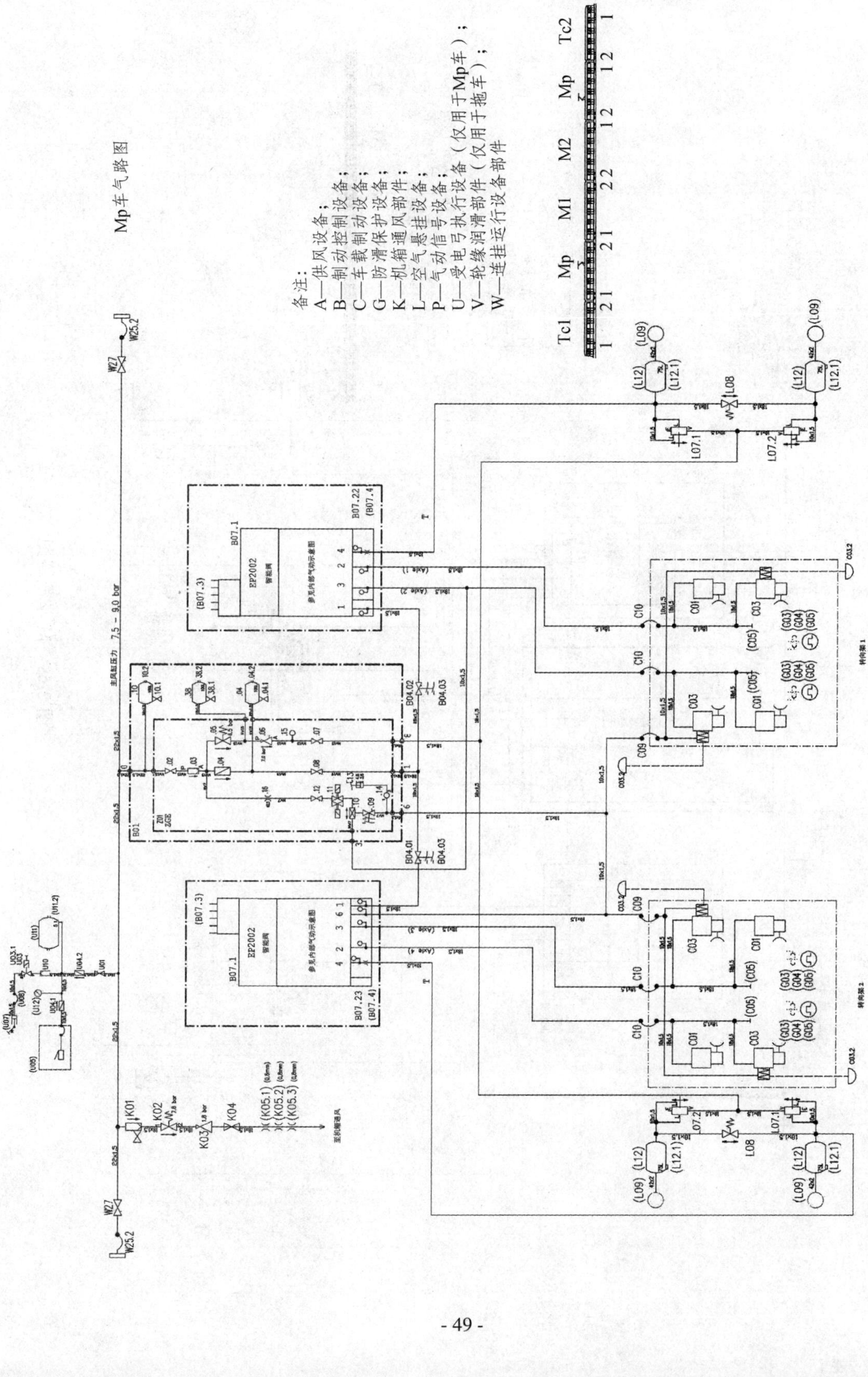
Mp车气路图
备注：
A—供风设备；
B—制动控制设备；
C—车载制动设备；
G—防滑保护设备；
K—机箱通风部件；
L—空气悬挂设备；
P—气动信号设备；
U—受电弓执行设备（仅用于Mp车）；
V—轮缘润滑部件（仅用于拖车）；
W—连挂运行设备部件
Tc1 Mp M1 M2 Mp Tc2
主风缸压力 7.5 - 9.0 bar
EP2002
B07.1
B07.22
B07.23
W27
W25.2
K01
K02
K03
K04
L07.1
L07.2
L08
转向架1
转向架2

图 2-68　Mp 车气路图

M车气路图

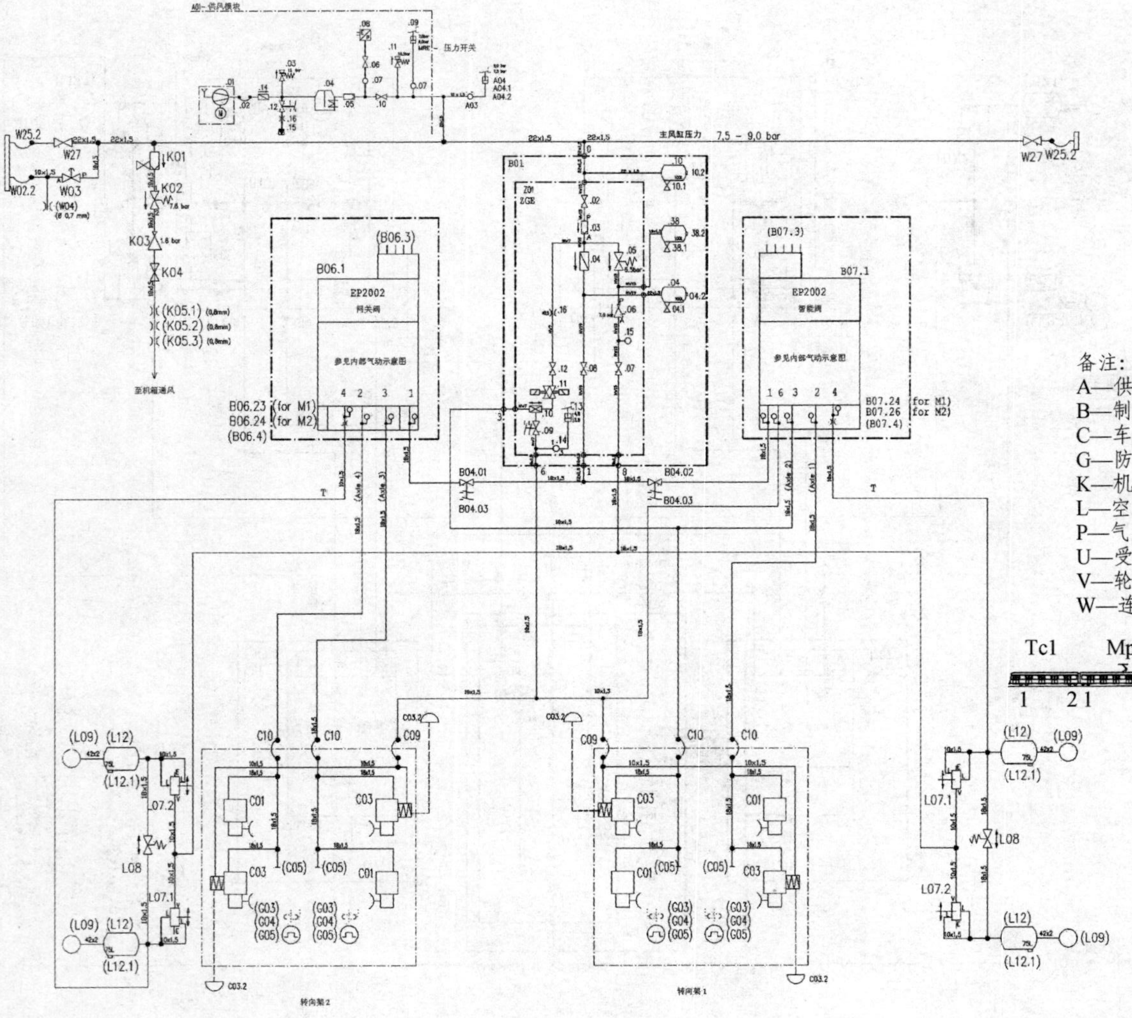

图 2-69　M 车气路图

备注:
A—供风设备;
B—制动控制设备;
C—车载制动设备;
G—防滑保护设备;
K—机箱通风部件;
L—空气悬挂设备;
P—气动信号设备;
U—受电弓执行设备（仅用于Mp车）;
V—轮缘润滑部件（仅用于拖车）;
W—连挂运行设备部件

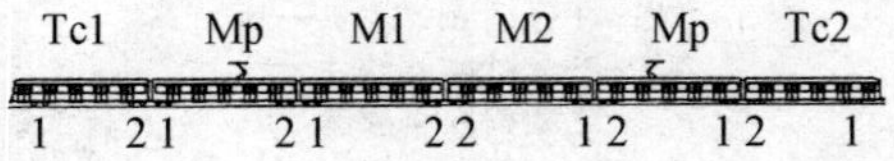

（1）供风设备-A 组。

供风装置仅在 M 车上，主要有供风模块（A01）组成，包括空气压缩机、双塔干燥器、空气过滤器、安全阀、压力传感器、测试接头等。

（2）制动控制设备-B 组。

制动控制设备是制动系统的核心，主要包括制动控制模块（B01）和每个转向架一个 EP2002 阀（B06、B07），用于实现整列车的紧急、常用、快速、停放制动。

（3）转向架上的制动设备-C 组。

转向架上的制动设备主要由带停放的单元制动机（C01）及不带停放的单元制动机（C03）组成。

（4）防滑保护设备-G 组。

防滑保护设备主要由速度传感器（G05）和测速齿轮（G04）组成。

（5）空气悬挂设备-L 组。

空气悬挂设备主要由高度阀（L07）、双向溢流阀（L08）、空簧风缸（L09）组成。

（6）气动信号设备-P 组。

气动信号设备主要由气喇叭（P04）和喇叭电磁阀（P03）组成。

（7）受电弓气动设备-U 组。

受电弓气动设备主要由单向阀（U04）、升弓电磁阀（U03）、脚踏泵（U05）组成。

（8）车钩操作设备-W 组。

车钩操作设备主要由解钩电磁阀（W01）和主风管截止阀（W27）组成。

三、供气设备

（一）空气压缩机

空气压缩机是供风设备中的核心部件，由它给整个城轨列车制动系统提供所需的压缩空气，是列车的气源。一般城市轨道交通列车是以动车组为单元，所以供风设备一般也是以动车为单元来设置的，通常每一单元设置一个空气压缩机。目前，城轨列车采用的空气压缩机主要有活塞式压缩机和螺杆式压缩机两种。

1. 活塞式空气压缩机

活塞式空气压缩机由驱动机构、固定机构、运动机构、进排气机构、中间冷却装置和润滑装置等组成，如图 2-70 所示。其中，驱动机构包括电机、联轴器；固定机构包括悬吊、进气过滤装置、曲轴箱体、气缸；运动机构包括曲轴、连杆、活塞，吸排气阀；中间冷却装置包括冷却器，冷却风扇；润滑装置包括甩油片、回油管。压缩空气通过压缩机活塞的往复运动形成。

图 2-70　活塞式空气压缩机

2. 螺杆式空气压缩机

与活塞压缩机不同，螺杆压缩机的压缩空气是通过一对螺杆的相互啮合产生，如图 2-71

所示。两个相互啮合的螺杆在一个只留有进气口和排气口的铸铁壳体里面旋转，螺杆的啮合和两个螺杆与壳体之间的间隙通过精密加工严格控制，并在工作时向螺杆腔内喷压缩机油，使间隙密封，并将两转子的啮合面隔离，防止机械接触时产生磨损。

图 2-71　螺杆式空气压缩机

（二）干燥过滤器

空气压缩机输出的压缩空气中含有一定的水分、颗粒物和油分，必须通过干燥过滤器将其中的水分、颗粒物和油分去除，才能达到车辆上各用气系统对压缩空气的要求。城轨列车的干燥过滤等级应不低于 ISO 8573-1 中的 3-3-3 等级或相当标准的过滤等级。目前，在城轨列车上使用最广泛的干燥过滤器为双塔式干燥器，如图 2-72 所示。

图 2-72　双塔式干燥器

双塔式干燥器采取轮换工作的方法，即一个干燥塔对进入塔内的压缩空气进行去油脱水，另一个干燥塔则进行再生，过一定时间后两个塔的功能进行对换，以达到压缩机输出的压缩空气连续进行去油脱水的目的。双塔式干燥器设有一个定时脉冲发生器，以使两个干燥塔的电磁阀定时地轮换开、关，从而使两个塔的功能定时进行轮换。

（三）储风缸

储风缸用于储存压缩空气，通常用碳钢、不锈钢或铝合金制成，具有很高的耐压性，是一种高压容器，如图 2-73 所示。城轨列车常见的储风缸有主风缸、制动风缸、悬挂风缸、车门风缸、升弓风缸、空簧风缸。其作用是，当列车的风源系统发生故障，各用气部件可以使用储风缸内的压缩空气维持工作，来保证列车的行车安全。储风缸在设计时，至少要满足风源系统停止工作后，列车施加 3 次紧急制动的用风量。

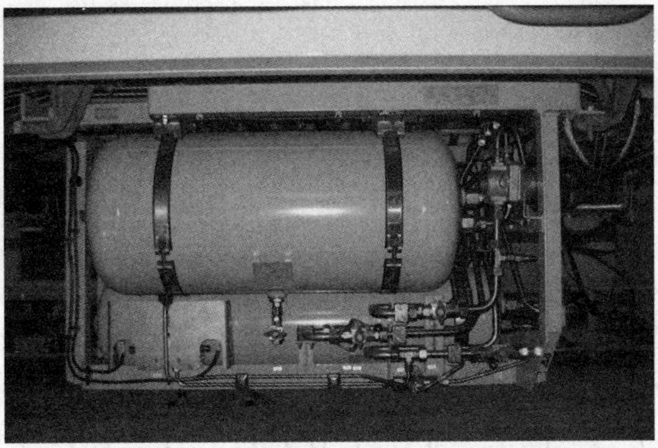

图 2-73　储风缸

四、单元制动机

1. 单元制动机的特点

由于列车在车辆底架下需要安装大量的电气设备，因此一般选用单元制动机作为基础制动装置。它的特点是结构紧凑、制动效率高、作用灵敏，容易做到少维修或在较长时间内无维修。同时由于其带有间隙调整装置，能使闸瓦间隙保持在规定范围之内，因此一般不需要进行人工调整。

2. 单元制动机的类型

根据城轨列车转向架空间布置的不同，常见的单元制动及类型有 PC7YF 型单元制动机、KLX7 型单元制动机及 PEC7 型单元制动机。

3. 单元制动机的结构

单元制动机可分为带停放功能的单元制动机和不带停放功能的单元制动机，以带停放的 PC7YF 为例，其内部结构图如图 2-74 所示。

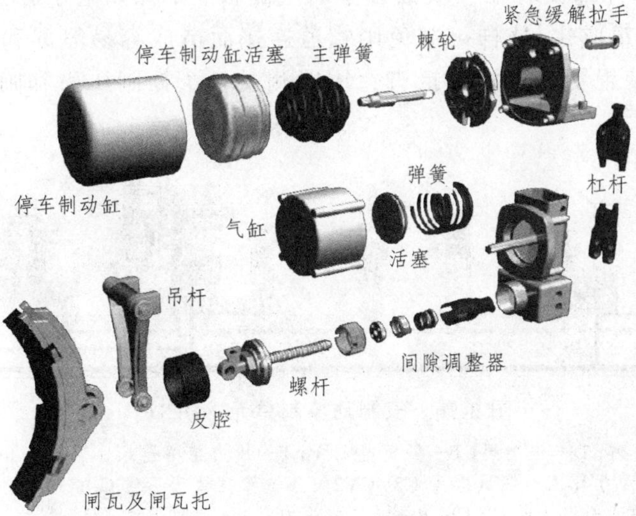

图 2-74　单元制动机内部结构图

五、制动控制单元

1. 制动电子控制单元

制动电子控制单元（BECU）是进行制动力计算和分配的电子部件，按功能分类设计的印刷电路板插件排列在电子控制柜中。电子控制柜中的插件板从左至右依次为电源板 SV、瞬时保护板 T、防滑控制板 VA（2 块）、速度输入板 GE、模拟量输出板 AA1、输入/输出板 SS1、模拟量输入板 BE、模拟转换控制板 EPA1、模拟量输入板 AD、故障储存诊断板 DI、中央处理 CP 板、通信接口板 BK，如图 2-75 所示。

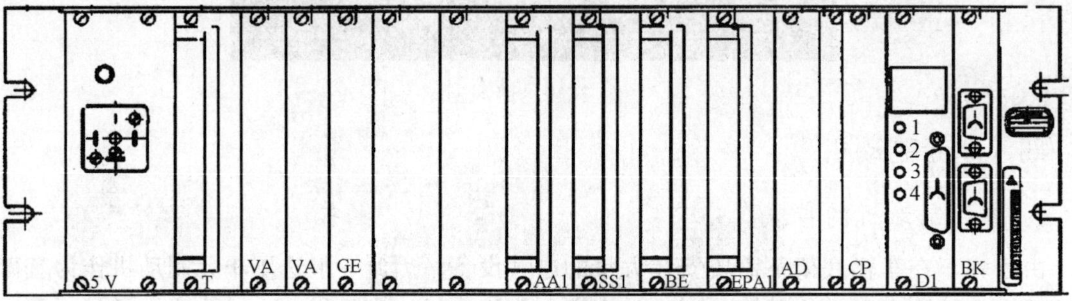

图 2-75　制动电子控制单元（BECU）

BECU 的输入信号有制动指令、制动信号、负载信号、电制动关闭信号、紧急制动信号、主风缸压力信号、车型信号、停车制动信号、速度信号、停站制动信号；输出信号有模拟转换器的控制信号、防滑阀的控制信号、故障信号、负载信号、速度信号、摩擦制动施加信号、限速信号。

2. 气制动控制单元

气制动控制单元（BCU）是气制动的核心，它接收制动电子控制单元（BECU）的指令，然后再指示制动执行部件动作。其组成部分主要由模拟转换阀、紧急阀、称重阀、均衡阀等组成。这些部件都安装在一块铝合金的气路板上，犹如电子分立元件安装在印刷线路板上一样，实现了集成化。这样可避免用管道连接而造成容易泄漏和所占空间大等弊病，而且在气路板上还装置了一些测试接口，用以测量各个控制压力和闸缸压力，如图 2-76 所示。

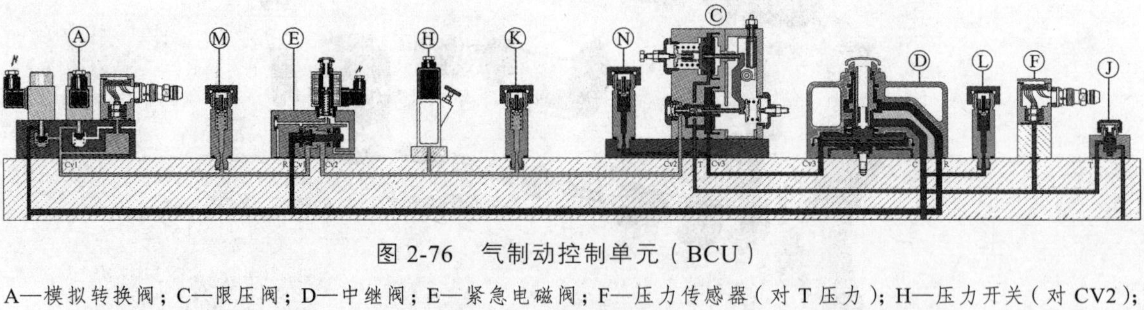

图 2-76　气制动控制单元（BCU）

A—模拟转换阀；C—限压阀；D—中继阀；E—紧急电磁阀；F—压力传感器（对 T 压力）；H—压力开关（对 CV2）；J—测试接头（对 T 压力）；K—测试接头（对 CV2）；L—测试接头（对 C）；M—测试接头（对 CV1）；N—测试接头（对 CV3）；R—储风缸压力；T—负载压力；C—制动缸压力

六、制动的基本功能

1. 制动的车控方式

车控式制动系统，即一个制动系统控制同一节车的两台转向架，主要由一个制动电子控制单元（BECU），一个气制动控制单元（BCU）组成。制动电子控制单元（BECU）及气制动控制单元（BCU）布置在车辆的中间。制动时，制动电子控制单元（BECU）控制气制动控制单元（BCU）同时向两侧转向架上的单元制动机充气以施加制动，如图 2-77 所示。

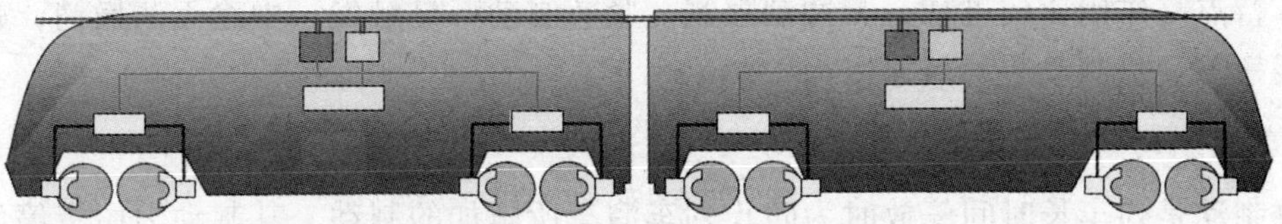

图 2-77　车控式制动系统

2. 制动的架控方式

架控式制动系统，即一个制动阀控制 1 台转向架，这样不仅加快空气制动的施加，并且当 1 个阀出现机械故障时，只有一个转向架上的空气制动会失效，减小了突发故障对车辆运营产生的影响。架控制动阀相当于将车控制动系统中的制动电子控制单元（BECU）、气制动控制单元（BCU）及防滑阀三种部件进行了集成，集成度更高，如图 2-78 所示。

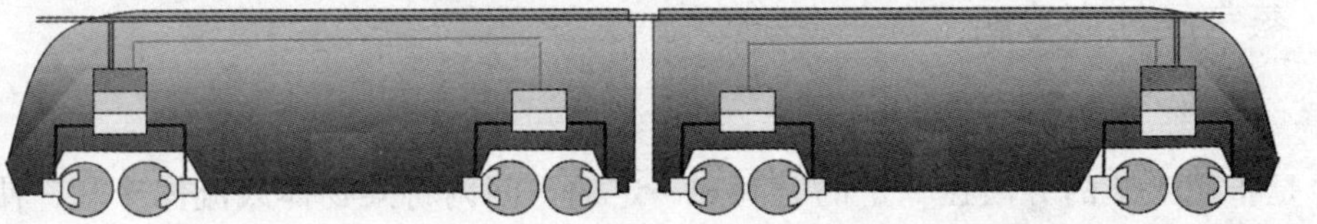

图 2-78　架控式制动系统

3. 制动的防滑控制

防滑系统用于车轮与钢轨黏着不良时，对制动力进行控制。它的作用如下：

（1）防止轮子即将抱死。

（2）避免滑动。

（3）最佳地利用黏着，以获得最短的制动距离。

防滑系统控制车轮的线速度。当黏着不良时，车轮的速度必定会不同于车辆速度某一个量。防滑系统检测车辆的每一根车轴的速度后形成一个参考速度来代替车辆的真实速度，然后根据列车速度、黏着情况和减速度控制防滑阀的工作，以达到控制制动力的目的。

七、制动的模式

1. 常用制动

常用制动是指正常情况下为调节或控制列车速度（包括进站停车）所用的制动，其特点是作用比较缓和。常用制动以电制动为主，在电制动力不足时通过施加气制动进行补偿。城轨列车最大常用制动平均减速度通常为 1.0 m/s^2。

2. 快速制动

快速制动是指在正常情况下为使列车尽快减速所用的制动。其特点是平均减速度与紧急制动相同，为 1.3 m/s^2。与紧急制动的区别是紧急制动一旦施加无法撤销，必须停车；而快速制动可以随时撤销，恢复列车牵引，且快速制动伴有电制动。

3. 紧急制动

紧急制动是指紧急情况下为使列车尽快停住所用的制动。紧急制动为纯机械制动，无电制动，其特点是作用比较迅猛，无冲动限制。紧急制动一旦触发，中途无法撤销，必须停车后才能缓解。紧急制动平均减速度为 1.3 m/s^2。

4. 停放制动

停放制动是列车长时间停放时为防止列车溜车所施加的制动，其制动力由带停放的单元制动机的弹簧力提供。

第六节　空调通风及采暖装置

一、蒸气压缩制冷机

1. 蒸气压缩式制冷方式

制冷是指用人工的方法在一定的时间和一定的空间内将某物体或流体冷却，使其温度降低到环境温度以下，并且保持这个低温。

制冷的方式很多，常见的有以下四种：液体汽化制冷、气体膨胀制冷、涡流管制冷和热电制冷。其中，液体汽化制冷的应用最为广泛，它是利用液体汽化时的吸热效应而实现制冷的。液体汽化制冷循环由制冷剂低压下汽化、蒸汽升压、高压气液化和高压液体降压四个基本过程组成。蒸气压缩式、吸收式、蒸气喷射式和吸附式都属于液体汽化制冷方式的一种。在实际使用中，蒸气压缩式制冷机得到了最广泛的应用。

2. 蒸气压缩制冷机的组成

机械制冷中所需机器和设备的总和称为制冷机。

制冷机中使用的工作介质称为制冷剂。

蒸气压缩制冷机主要由压缩机、冷凝器、膨胀阀和蒸发器四个部件组成，并用管道连接形成一个封闭的循环系统。其工作过程如图 2-79 所示。

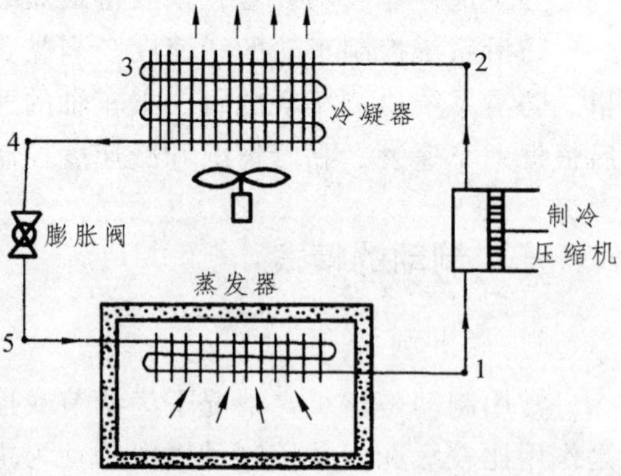

图 2-79　蒸气压缩制冷机组成

3. 蒸气压缩制冷工作过程

制冷剂在封闭的制冷系统中要经历压缩、冷

凝、节流和蒸发 4 个热力过程才完成一次制冷循环，如图 2-80 所示。

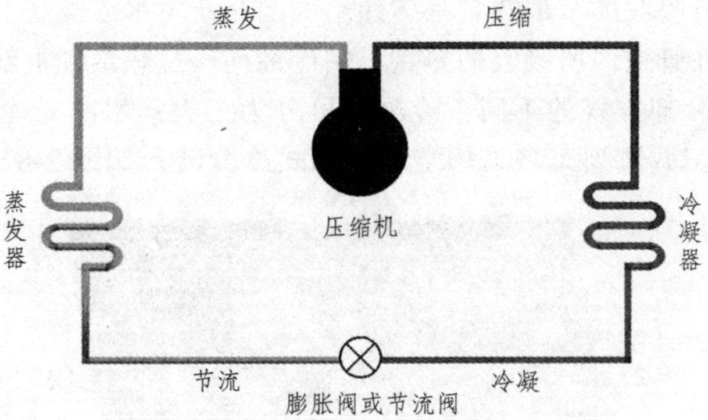

图 2-80　蒸气压缩制冷工作过程

制冷剂液体在蒸发器中吸收被冷却物体的热量而汽化成低压低温的蒸气后被压缩机吸入。压缩机消耗一定的功率将制冷剂蒸气压缩成压力和温度较高的蒸气并排入冷凝器。高压、高温的制冷剂蒸气在冷凝器内被环境空气（或水）冷却，制冷剂放出热量而被冷凝成液体。由于制冷剂液体的温度还高于环境介质温度，必须将其温度降到低于被冷却对象的温度送入蒸发器才能产生制冷效果。为此，先让高压、高温的液体制冷剂经过膨胀阀节流降压，同时温度也降低，然后再进入蒸发器。在蒸发器中，低压、低温的制冷剂又吸收被冷却物体的热量，蒸发成低压、低温的制冷剂蒸气，再被压缩机吸入，如此周而复始地循环。

二、空调系统部件

1. 制冷压缩机

压缩机是蒸气压缩式制冷装置中的一个重要部分，它是推动制冷剂在制冷系统中不断循环的动力，起着压缩和输送制冷剂蒸气的作用，因此制冷压缩机常称为蒸气压缩式制冷装置的主机。

根据制冷压缩机的工作原理不同，制冷压缩机可分为容积型和速度型两大类。容积型主要有活塞式压缩机、螺杆式压缩机和涡旋式压缩机，它们是通过活塞（螺杆或涡旋盘）在气缸中运动所形成的可变工作容积来完成制冷剂蒸气的压缩和输送的。速度型压缩机是指离心式压缩机，它是用高速旋转的叶轮使制冷剂蒸气产生压力，同时获得动能，然后再通过扩压器、蜗壳使蒸气的动能转变为压力能，从而完成压缩和输送制冷工质的任务。

城轨列车制冷装置的容量均属中、小型范围，所以一般采用活塞式制冷压缩机、小型螺杆式制冷压缩机及涡旋式制冷压缩机，如图 2-81 所示。

图 2-81　制冷压缩机

2. 冷凝器

冷凝器是制冷系统中最主要的换热器。在制冷过程中，冷凝器起着输出热量并使制冷剂得以冷凝的作用。从制冷压缩机排出的高压过热蒸气进入冷凝器后，其在冷凝过程中将吸收的全部热量都传递给周围介质（水或空气）带走，包括从蒸发器和制冷压缩机中以及在管道内所吸收的热量。制冷剂高压过热蒸气重新凝结为液体。

根据冷却介质和冷却方式的不同，冷凝器可分为三类：水冷式冷凝器、空气冷却式冷凝器和蒸发式冷凝器。城轨列车多采用空气冷却式冷凝器，如图 2-82 所示。

图 2-82　冷凝器

3. 膨胀阀

在制冷系统中，能够按一定需要向蒸发器中供应液体制冷剂的设备，总称为流量控制设备。流量控制设备是制冷系统中的一个重要部分，它应当保证向蒸发器送入充足的液体制冷剂，使蒸发器的冷却盘管内全部为液体制冷剂所浸润，以充分发挥蒸发器的制冷效能；同时还应保证在蒸发器出口处的制冷剂能全部汽化，而不致因送入过量的液体制冷剂造成部分液体制冷剂来不及蒸发而随回气进入压缩机，发生“液击”致使阀和密封元件损坏。

流量控制设备种类很多，在轨道车辆制冷装置中多采用热力膨胀阀，如图 2-83 所示。

热力膨胀阀安装在冷凝器之后，除了利用蒸发器出口处制冷剂蒸气的过热度来调节制冷剂流量外，还对高压液体制冷剂起节流降压作用，使制冷剂一出阀孔就沸腾膨胀成为低温湿蒸气，故也称节流阀。

图 2-83　热力膨胀阀

4. 蒸发器

蒸发器也是制冷系统中最主要的换热器，是依靠制冷剂液体的蒸发（沸腾）来吸收被冷却介质热量的换热设备。它在制冷系统中的功能是吸收热量（或称输出冷量）。为了保证蒸发过程能稳定持久地进行，必须不断地用制冷压缩机将蒸发的制冷剂气体抽走，以保持一定的蒸发压力。同时，蒸发温度的高低又取决于其对应的蒸发压力。

根据冷却介质种类不同，蒸发器可分为两大类：冷却液体型蒸发器和冷却空气型蒸发器。城轨列车多采用冷却空气型蒸发器，如图 2-84 所示。

图 2-84　蒸发器

5. 通风机

通风机是通风系统的动力装置，它由离心式通风机和电动机组成。由于空间位置的限制，列车空调一般采用两台通风机并联使用，一台双轴伸电动机置于通风机中间。它将经过冷却的空气送入客室，如图 2-85 所示。

图 2-85　通风机

6. 辅助装置

在蒸气压缩式制冷装置中，除了必需的制冷压缩机、冷凝器、蒸发器和膨胀机构外，还有许多改善制冷系数和保证运转安全不可缺少的辅助设备。这类设备主要有储液器、气液分离器、干燥器、过滤器等。

（1）储液器。储液器又称储液筒，用于储存制冷剂液体。按储液器功能和用途的不同，储液器分为低压储液器和高压储液器两类。高压储液器用于储存由冷凝器来的高压液体制冷剂，以适应工况变化时制冷系统中所需制冷剂量的变化，并减少每年补充制冷剂的次数。高压储液器一般为卧式结构，高压储液器上应安装有液位计、安全阀等，同时应有气体平衡管与冷凝器相通，以利于液体流入储液器中。高压储液器的充灌高度一般不超过筒体直径的 80%。低压储液器仅在大型氨制冷装置中使用，用于储存低压液氨。其结构与高压储液器相同。

（2）气液分离器。气液分离器一般用于分离蒸发器所排出的低压蒸气中的液滴，可防止活塞式制冷压缩机的液击。

（3）干燥器和过滤器。干燥器只用在氟利昂制冷机中，装在液体管路中用于吸附制冷剂中的水分。干燥器一般安装于节流元件之前。

过滤器用于清除制冷剂中的机械杂质，如金属屑及氧化皮等。

在小型的氟利昂制冷装置中，通常将干燥器和过滤器合二为一，称为干燥过滤器，如图 2-86 所示。

图 2-86　干燥过滤器

（4）管道。制冷装置中各单个设备或部件需用管道连接才能构成完整的系统，制冷剂所产生的冷量也要通过管道才能输送至需要冷量的地方。若将制冷压缩机比作制冷系统的心脏，那么管道就是血管。因此管道尺寸确定的正确与否，直接影响制冷机的能力，甚至影响制冷机的正常运转。

管道采用的材质一般有铜管（不适于氨机）或无缝钢管。管路之间的连接采用焊接。

三、城市轨道交通列车的空调系统

（一）列车的空气调节方式

空气调节就是把经过一定处理之后的空气，以一定的方式送入室内，使室内的空气的温度、湿度、洁净度和气流速度控制在适当的范围内。

车辆客室内的空气调节，应包括夏季对车外新鲜空气和车内再循环空气进行除尘、冷却、减湿及冬季对车外新鲜空气和再循环空气进行除尘、加热、必要时的加湿处理，并把处理后的空气以一定的流速送入车内，同时将车内的污浊空气排除至车外。因此车辆客室空调装置应由通风系统、空气冷却系统、空气加热系统、空气加湿系统和自动控制系统等组成。

通风系统一般是指机械强迫通风，由离心式通风机、滤尘装置、送风风道、回风道等组成。

空气冷却系统一般采用蒸气压缩式制冷设备的蒸发器作为空气冷却器。

空气加热系统由空气预热和客室加热两部分组成。在冬季，由于室外空气温度较低，因此由送风机吸入客室内的空气必须经过预热处理，另外，客室内还装有加热装置，以补偿客室内的热损失，从而保证冬季车内空气的温度达到指定的范围。

加湿系统仅在某些对车内相对湿度要求较高的车辆内安装。

自动控制系统包括自动调节和控制各种空气参数的仪表和设备，它用于控制各个系统按照给定的调节方案，协调地进行工作，以保证车内所要求的空气参数维持在一定的范围内。

（二）列车制冷循环系统

车辆上采用的空气调节装置有集中式和分散式两种类型。集中式空气调节装置是指一节车厢配有一套带通风、制冷、加热等系统的装置；分散式空气调节装置是指一节车厢安装有多套空气调节机组，因为每台空调机组常将压缩冷凝机组和空气冷却机组等组合在一起，故又称为单元式。

城市轨道车辆空气调节的送风系统一般多采用一次回风系统，如图 2-87 所示。所谓一次回风系统，是指经过处理的空气来源一部分是新鲜空气，一部分是室内的回风，回风与新风在空气冷却器前混合。

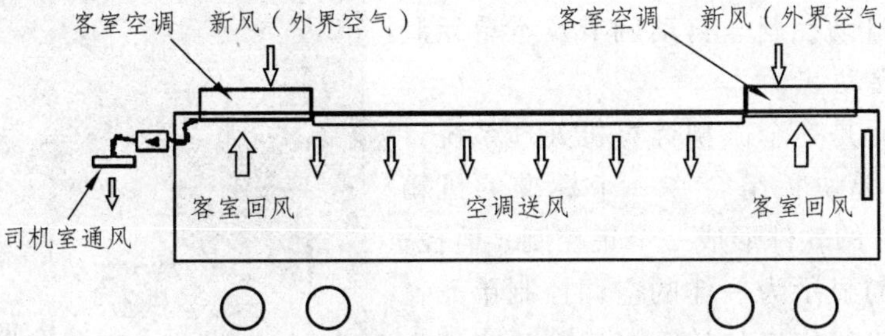

图 2-87　城轨列车空气调节示意图

客室空调机组主要由全封闭制冷压缩机、冷凝器、蒸发器、热力膨胀阀、储液筒等组成，这些部件通过管道、阀门等依次连接，形成一个封闭的制冷循环系统。另外，辅以冷凝轴流风机、离心式通风风机等辅助部件，及对制冷系统安全保护的高、低压压力继电器等元件，构成一个完整的空调机组，如图 2-88 所示。

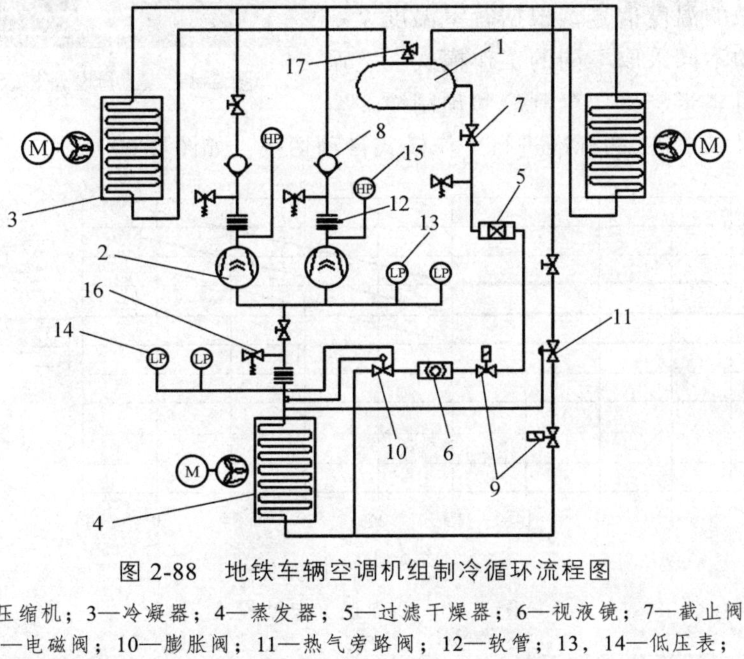

图 2-88　地铁车辆空调机组制冷循环流程图

1—储液罐；2—压缩机；3—冷凝器；4—蒸发器；5—过滤干燥器；6—视液镜；7—截止阀；8—单向阀；9—电磁阀；10—膨胀阀；11—热气旁路阀；12—软管；13，14—低压表；15—高压表；16—限压阀；17—进给阀

（三）列车空调系统的控制

1. 空调供电方式

空调系统正常工作时的主工作电源是由动车的辅助逆变器提供，控制系统的控制电源由

Tc 车的蓄电池提供。Mp 车和 M 车的辅助逆变器各负责一个单元车组的一半空调机组供电，这样设计保证当一台辅助逆变器故障时，每一节车辆至少有一台空调机组能正常工作。

2. 制冷循环控制

每节车辆上都设有两台单元空调机组，分别位于每节车辆车顶的两端。空调系统的启动、工作与监控都是由设在每节车辆电器柜中的空调控制单元来实施自动控制、自动调节及本单元制冷压缩机的顺序启动。

空调控制单元是一个微型计算机处理系统，它是将各种功能模块板组合在一个标准的机箱中，通过专门设计的软件形成一个集控制、监控、诊断、故障存储与显示为一体的空调控制单元，并能通过标准的串行接口与计算机连接，实现人机对话、人工调试和控制空调机组的运行，如图 2-89 所示。

图 2-89　空调设备柜及空调控制单元

空调系统运行模式包含自动模式和人工模式两种。

空调自动模式运行时，空调控制单元接收到温度传感器传来的温度信号，根据客室温度设定点和室外温度的不同采取不同的工作模式。空调工作模式有通风、半制冷、全制冷和预制冷。空调控制单元根据 UIC553 的标准进行工作模式自动切换，如图 2-90 所示。

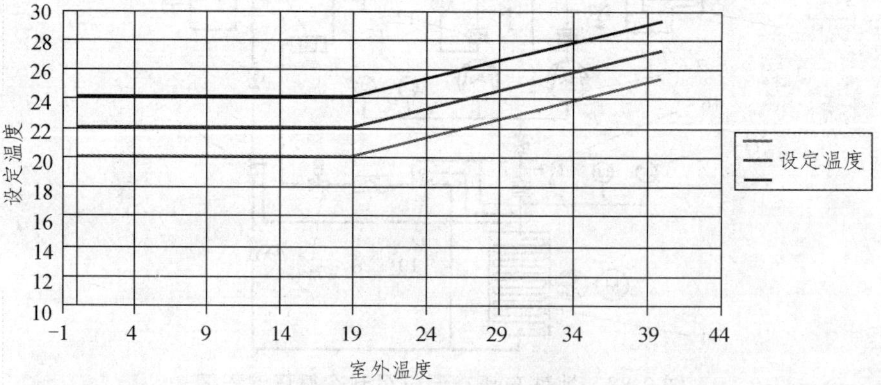

图 2-90　UIC 温度自动设定

UIC 温度设定计算公式如下：

$$T_{ic} = 22\ ^\circ\mathrm{C} \quad （如果\ T_e < 19\ ^\circ\mathrm{C}）$$
$$T_{ic} = 22\ ^\circ\mathrm{C} + 0.25 \times (T_e - 19\ ^\circ\mathrm{C}) + 变量值（如果\ T_e \geqslant 19\ ^\circ\mathrm{C}）$$

式中　T_{ic}——室内温度自动设定值；

T_e——室外温度。

空调人工模式时，司机可以通过调整驾驶台上的 HMI 进行空调温度人为调整，调整幅度一般为 ± 1 °C、± 2 °C 或 ± 3 °C。

3. 加热循环控制

目前，我国轨道交通列车空调冬季取暖仍然以电加热器取暖为主，电加热器一般设置在空调装置内部和客室车厢内。电加热器取暖方式操作简单，基本满足客车取暖的要求。在加热模式下，压缩机及冷凝器停止工作。电加热器及供风机仍在工作，向客室提供加热后的新风及回风。空调控制单元将根据车厢内的温度，调整空调单元中的电加热装置半功率或满功率工况。

4. 应急通风控制

每节车厢还设有一台空调紧急逆变器，当空调供电故障不能正常工作时，紧急逆变器将蓄电池输出的直流电源逆变成三相交流电，供应空调应急通风使用。应急通风工况时，空调制冷和加热模式被关闭，只保留通风降级模式，此时通风风量比正常工况下的风量有所减小。

一般 A 型城轨列车的蓄电池能满足至少 45 min 的应急通风需要，C 型城轨列车的蓄电池能满足至少 30 min 的应急通风需要。

【案例一】

案例经过：客室侧门的可靠性直接影响到列车运营准点率，因此在日常维护中应加强客室侧门关键尺寸的检查，如门净开度、V 形尺寸等。列车检修工应熟悉客室侧门的尺寸标准，能使用合适工具正确测量相关尺寸。

案例解析：

1. 客室侧门净开度测量

（1）完全打开客室侧门。

（2）在侧门底部用卷尺测量两门板密封条之间的距离，其测量值应满足 1 400 mm 或 1 300 mm 的尺寸要求，如图 2-91 所示，如不合格，则需要调整。

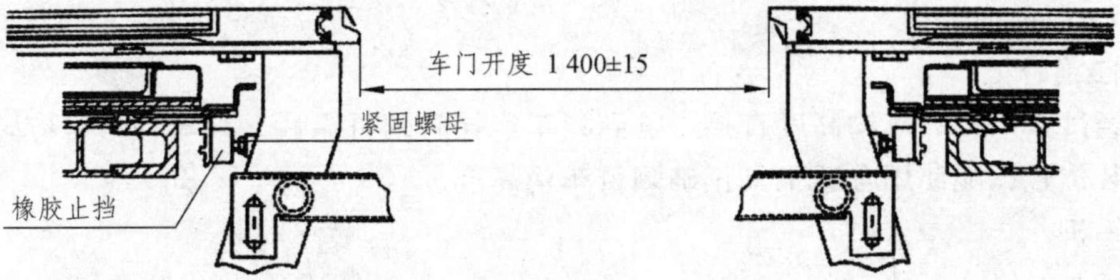

图 2-91　车门净开度标准尺寸

2. 客室侧门 V 形尺寸测量

（1）作业前，切断车门电源。

（2）用紧急解锁装置将门打开，然后用双手慢慢地将门关闭，使两门板之间有一定间隙。

（3）用卷尺分别在车门底部与顶部 10 cm 处测量两门板橡胶密封条外边缘之间的横向距

离，如图 2-92 和图 2-93 所示，如果两测量值之差在 2～5 mm 内，如图 2-94 所示，则为合格，否则需要调整。

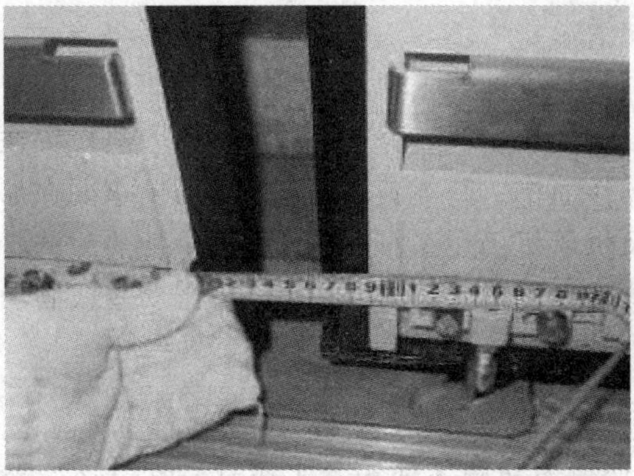

图 2-92　车门底部尺寸测量

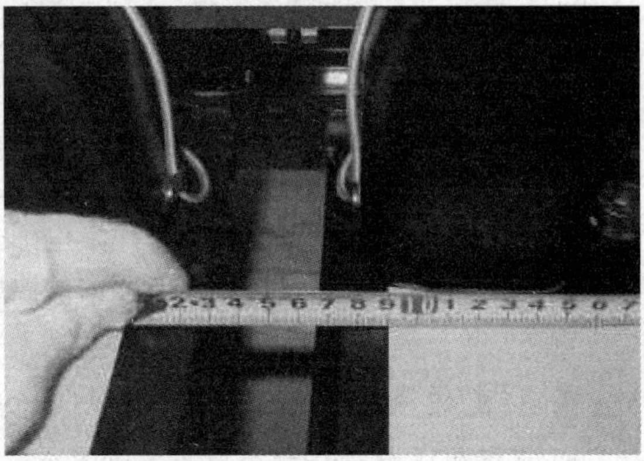

图 2-93　车门顶部尺寸测量

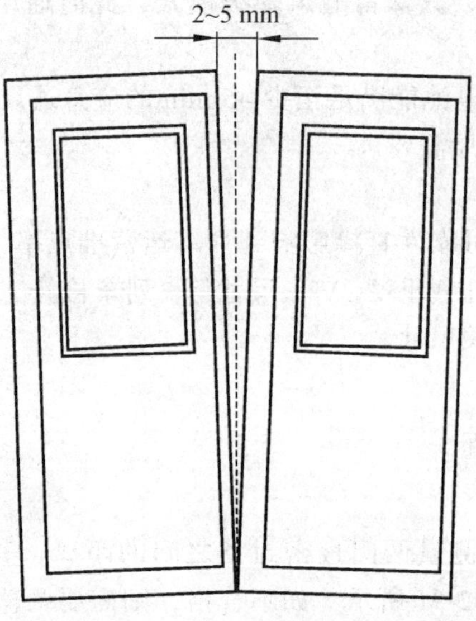

图 2-94　测量标准

【案例二】

案例经过：全自动车钩高度直接影响到列车连挂时的可靠性，列车检修工应熟悉全自动车钩的安装位置，能使用合适工具正确测量车钩高度。

案例解析：

1. 空簧状态检查

检查转向架空簧内压缩空气是否充足，如空簧压力不足，需起车打风。待打风结束，车体稳定后再进行下一步操作。

2. 测量车体地板面高度（见图 2-95）

（1）在客室车门正下方的钢轨上表面放置一根刚性直尺。

图 2-95　测量车体地板面高度

（2）用卷尺测量车门门槛上表面到刚性直尺下边沿的距离并读数。测量时，卷尺应自由下垂；读数时，不能手扶卷尺。

（3）判断车厢地板面高度值符合设计要求，地板面高度一般为（1 130±10）mm。

3. 测量车钩高度（见图 2-96）

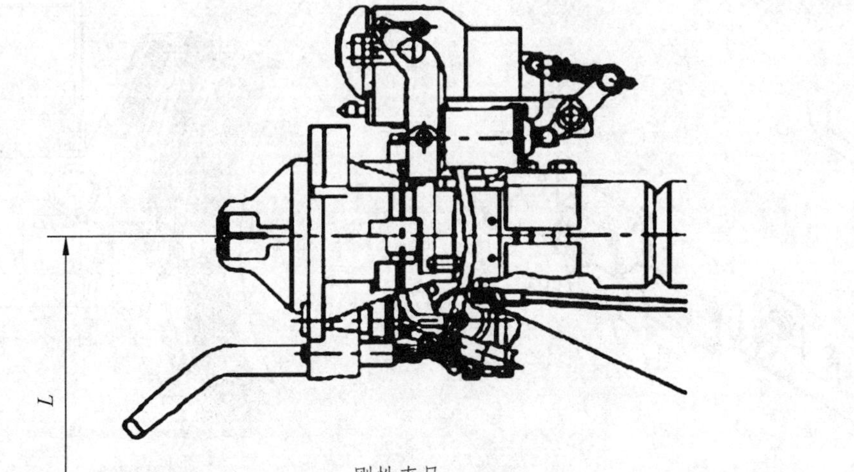

图 2-96　测量车钩高度

（1）在车钩钩头正下方的钢轨上表面放置一根刚性直尺。

（2）用卷尺测量车钩钩头平面的水平中心线到刚性直尺下边沿的距离并读数。测量时，卷尺应自由下垂；读数时，不能手扶卷尺。

（3）判断所测量的车钩高度值，标准值为 720^{+8}_{0} mm。

（4）整理工器具清场，操作完成。

【案例三】

案例经过：踏面制动时，闸瓦与车轮频繁摩擦容易导致闸瓦过快磨耗，当闸瓦磨耗超限将直接影响列车运行安全。列车检修工应熟悉闸瓦检查标准，能使用合适工具正确拆卸和安装闸瓦。

案例解析：

1. 检查闸瓦状态，判断是否超限

（1）闸瓦磨耗更换标准：闸瓦的报废极限为闸瓦上最薄的部位厚度小于 10 mm，测量时从闸瓦的后部测量到摩擦面。

（2）闸瓦裂纹更换标准：闸瓦裂纹主要有穿透性裂纹和开口式裂纹两种。穿透性裂纹是指裂纹一般起源于制动面，呈放射性地向后面闸瓦托扩散。开口式裂纹是指裂纹一旦产生，会从细裂纹扩展到完全裂开。

2. 拆卸闸瓦

（1）列车落弓收车，施加制动。

（2）关闭故障车辆的制动风缸截止阀、停放制动风缸截止阀，使制动系统排气，如图 2-97 所示。

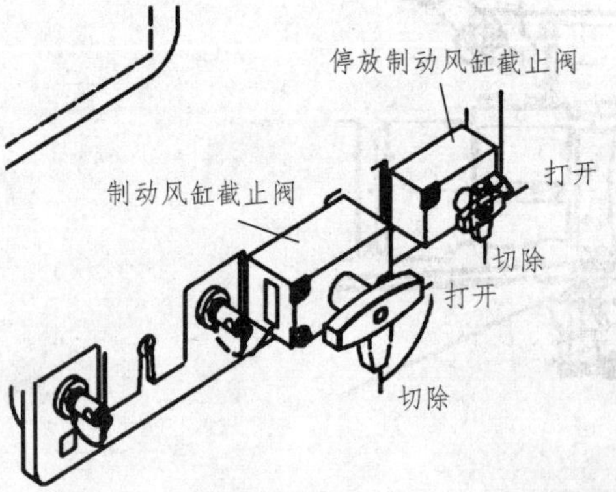

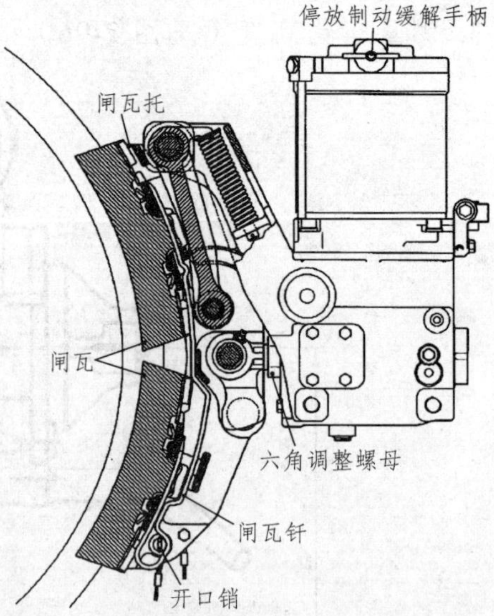

图 2-97　制动截止阀

（3）系统压缩空气排光后，闸瓦与车轮分离。用开口扳手旋转六角调整螺母，使闸瓦与车轮间产生最大间隙，如图 2-98 所示。

（4）拔掉装闸瓦钎的开口销，拆下闸瓦钎，拆卸两块闸瓦，如图 2-99 所示。

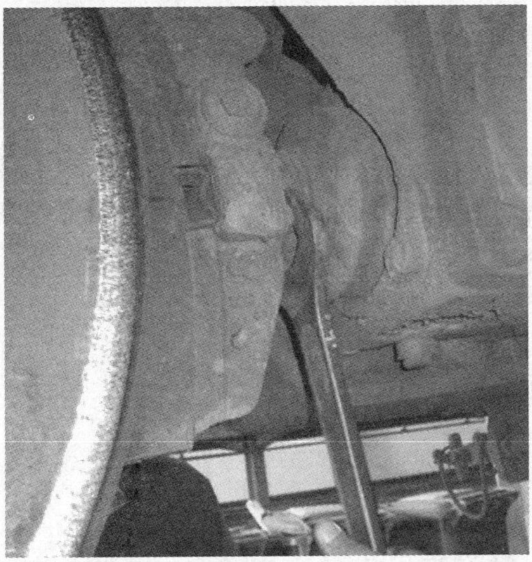

图 2-98 调整闸瓦与车轮间隙

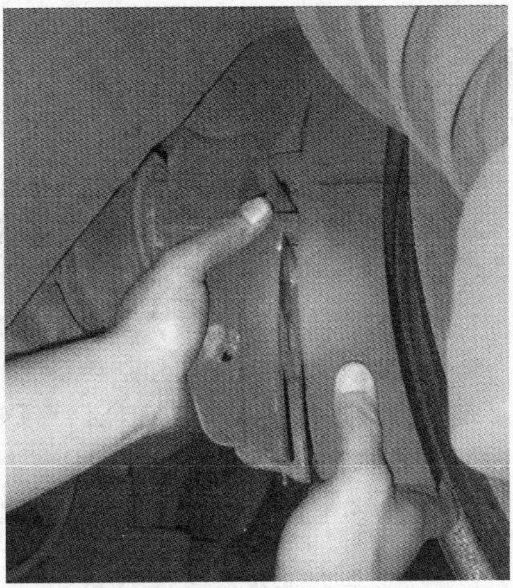

图 2-99 拆卸闸瓦

3. 安装闸瓦

（1）将两块新的闸瓦放在闸瓦托内，用闸瓦钎锁住，闸瓦钎用开口销锁定。

（2）打开制动风缸截止阀、停放制动风缸截止阀，使制动系统充气。

（3）在列车落弓状态下，至司机室手动施加、缓解制动数次；在制动过程中，制动系统会将闸瓦与车轮之间的间隙自动调节至最佳。

（4）缓解制动时，用直尺测量闸瓦与车轮之间的间隙，一般为 10 ~ 12 mm，如图 2-100 所示。

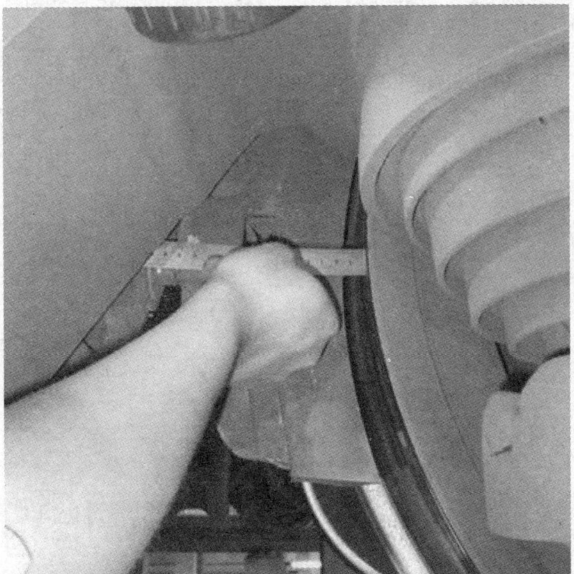

图 2-100 测量闸瓦与车轮间隙

（5）整理工器具清场，操作完成。

复习思考题

1. 列车车体的基本类型有哪些？它们的英文缩写代表什么含义？
2. 列车客室侧门有哪三种形式？客室侧门的基本功能有哪些？
3. 请描述车钩缓冲装置的作用、类型和组成。
4. 请描述列车转向架的类型和结构组成。
5. 请描述列车制动方式和制动系统的组成。
6. 空调的四大主要部件是什么？列车空调系统控制功能有哪些？

第三章 列车牵引系统

【学习目标】

1. 了解轨道交通车辆牵引主回路的构成；
2. 了解轨道交通车辆牵引设备的种类；
3. 了解轨道交通车辆列车控制系统的基本知识；
4. 掌握轨道交通车辆牵引系统主要部件设备的作用和组成；
5. 掌握轨道交通车辆列车控制系统主要部件设备的结构和功能。

【知识要求与技能要求】

1. 能够检查轨道交通车辆牵引设备各部件的电路接线；
2. 能够检查、维护和更换轨道交通车辆主要的牵引设备；
3. 能够掌握轨道交通车辆牵引系统主要部件设备的技术参数；
4. 能够根据综合线路图对轨道交通车辆牵引系统常见故障进行判断和处置；
5. 能够掌握轨道交通车辆列车牵引、制动控制回路的构成和工作原理。

第一节 牵引设备

一、主回路的构成和功能

城轨列车牵引系统主要采用直-交系统，系统主回路的主要设备有受流器、避雷器、高速断路器、牵引逆变器、制动电阻器、滤波电抗器（或线路电抗器）、线路滤波电容器、交流异步牵引电动机等，如图 3-1 所示。其中，牵引逆变器是直-交传动装置主回路的核心部件，它安装在电动列车动车底部，其主要功能是为每节车两个动车转向架上的 4 个牵引交流电动机提供电源。除受电弓、避雷器、高速断路器、制动电阻器和牵引电动机外，其余部件均集中装置在一只牵引箱（Traction Container）内。逆变器的开关器件 IGBT（Insulated Gate Bipolar Transistor，绝缘栅双极型晶体管）（4.5 kV、3 kA）和续流二极管构成逆变器相模块，制动斩波器的 IGBT（4.5 kV、3 kA）和续流二极管构成制动模块。

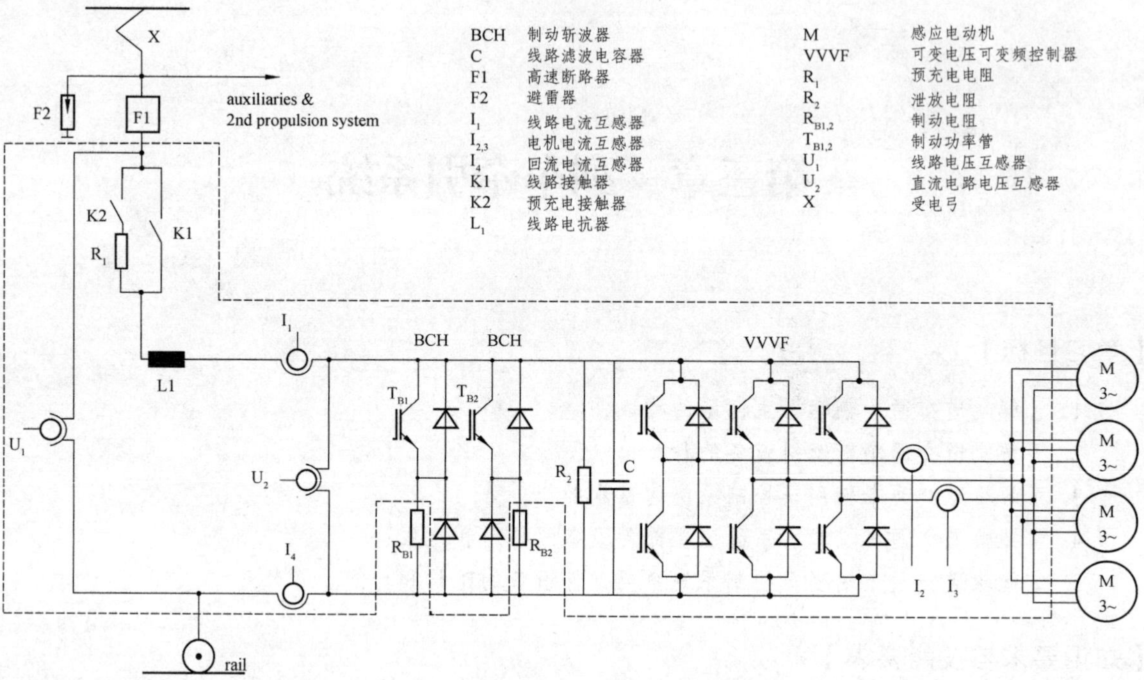

图 3-1　地铁车辆直-交传动主电路简图

1. 供电系统的组成和功能

供电系统由一个线路接触器、两个预充电电阻、一个预充电接触器和一个线路电感组成（见图 3-2）。当接通直流 1 500 V 电源后，系统首先通过预充电接触器和预充电电阻为直流连接电路中的线路电容进行充电。

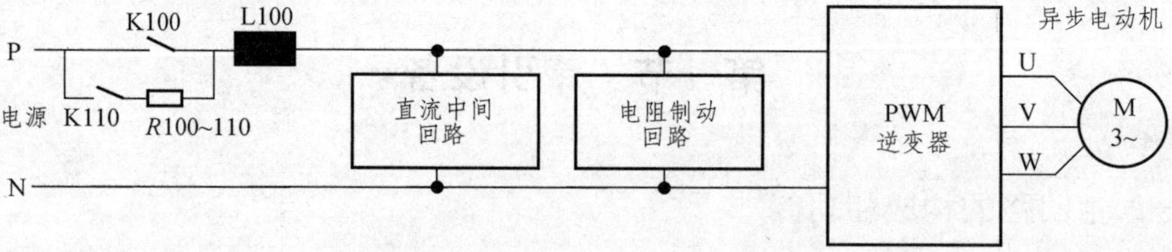

图 3-2　供电系统示意图

当电容两端电压达到一定数值（一般取线路电压的 90%）时，线路接触器吸合，预充电接触器分开，这时，电源直接对电容进行充电。当电容两端电压达到线网电压时，直流连接电路的电压将与线网电压基本一致。

2. 直流连接电路的组成和功能

直流连接电路由两个电容、一个放电电阻和短路晶闸管组成。直流连接电路中的电容能稳定电压，吸收交流分量，并和线路电抗器组成线路滤波器。图 3-3 为直流连接电路示意图。

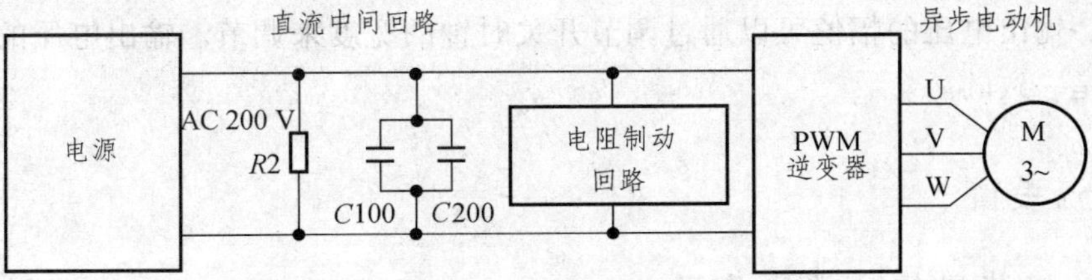

图 3-3　直流连接电路示意图

3. 电阻制动电路的组成和功能

电阻制动电路由制动控制模块及制动电阻组成。图 3-4 为电阻制动电路示意图。

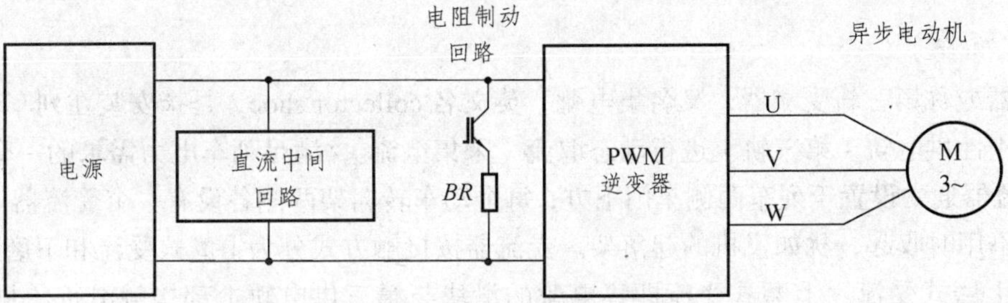

图 3-4　电阻制动电路示意图

在电制动的时候，由牵引电动机产生的制动能量可通过两种途径消耗：

（1）再生制动。如果线网可以吸收能量，例如线网电压最高限额还没达到，制动能量可以反馈至线网。

（2）电阻制动：如果线网不再能吸收能量（线网电压已达上限值），制动电阻电路受制动控制模块的控制，制动能量将被转换成热能消耗在制动电阻上。

4. 逆变电路的组成和功能

图 3-5 为逆变电路示意图。

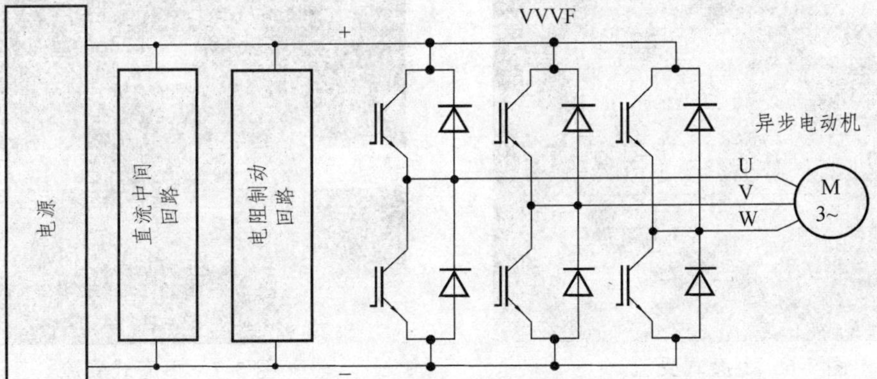

图 3-5　逆变电路示意图

脉宽调制型逆变器由三个相模块组成。逆变器逐相导通，在输出端形成三相交流输出，供给牵引电动机。逆变器输出电压的频率及幅值是可以调节的。相电压最大的幅值取决于中间电路电压。输出电压的幅值可以通过调节开关时钟的宽度来调节。输出电压的频率与逆变器输出频率是一致的。

二、受流装置

（一）受流装置的分类和作用

受流装置就是接受供电的装置，是列车将外部电源平稳地引入车辆电源系统，为列车的牵引设备和辅助设备提供电能的重要电气设备，一般城市轨道交通车辆采用直流 750 V 和直流 1 500 V 供电。根据线路供电方式的不同，受电装置分为受流器及受电弓两种形式。

1. 受流器

受流器或称第三轨受流器，又名集电靴，英文名 collector shoe，是指安装在列车转向架上，为列车从刚性供电轨（第三轨）进行动态取流（采集电流），满足列车电力需求的一套动态受流设备。受流器通常设置于列车两侧车门下方，每个动车转向架两侧各设有一个受流器。它在使用时放下，不用时收起，犹如飞机的起落架。受流器按接触方式分为上磨式受流和下磨式受流。

（1）上磨式受流。上磨式受流即集电靴的滑块与第三供电轨上部接触滑行（见图 3-6），集电靴从上向下压向第三轨轨面，从第三轨轨面受取电流，该种形式的接触力不由受流器（集电靴）的质量和磨耗情况决定，而只受弹簧支座特性的控制，并能减少在间隙和道岔等处的电流冲击。上磨式受流方式施工简单、费用较低、接触面积大且磨损小、检修方便、维护简单、寿命长，但线路速度不能太高，且不易加防护罩。

（2）下磨式受流。下磨式受流即集电靴的滑块与第三供电轨的下部接触（见图 3-7）。下磨式受流的优点是防护罩从上部通过橡胶垫直接固定在第三轨周围，安全性好，表面灰尘、杂物少，能遮挡雨雪，有利于防止下雪和冰冻造成的取流困难，受流效果比较好。但这种安装结构比较复杂，费用较高。

图 3-6　上磨式受流

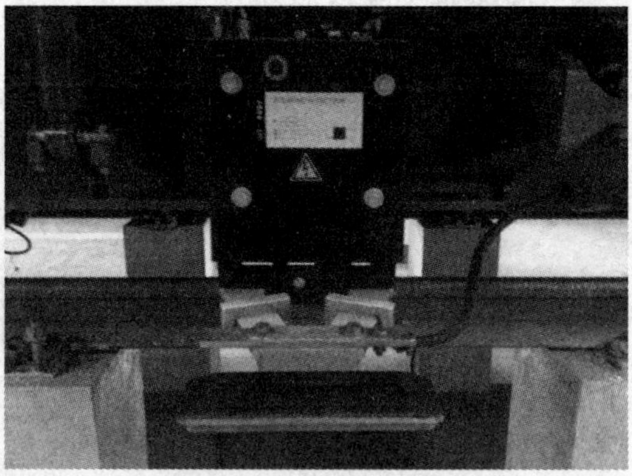

图 3-7　下磨式受流

2. 受电弓

直流 1 500 V 供电常常采用架空线接触网式，车辆采用受电弓受流（见图 3-8）。由于直流 1 500 V 供电方式电流小而线路压降低，能量损失少，同时会减少整个牵引系统的电流容量，很多城市轨道交通车辆采用直流 1 500 V 接触网供电，并由受电弓受流的方式。

图 3-8　受电弓

受电弓分为四大类：双臂式、单臂式、垂直式和石津式。

（1）双臂式。双臂式受电弓是最传统的受电弓，也可称“菱”形受电弓（因其形状为菱形）。

（2）单臂式。单臂式受电弓也可称为“之”字形受电弓。此款受电弓的好处是比双臂式受电弓噪声小，故障时也较不易扯断电车线，为较普遍的受电弓类型。

（3）垂直式。除了上述两款受电弓，还有某些受电弓是垂直式设计，也可称成“T”字形（也叫作翼形）受电弓，其低风阻的特性特别适合高速行驶，以减少行车时的噪声，主要用于高速铁路车辆。但是由于其成本较高，垂直式受电弓很少使用。

（4）石津式。石津式受电弓由日本冈山电气轨道的第六代社长石津龙辅 1951 年发明，又称为“冈电式”“冈轨式”。

（二）受流装置的组成和特性

1. 受流器

受流器（集电靴）主要由绝缘底座、手动回退工具插入位置、气动回退装置、拉簧压力系统、炭滑板、集电靴止挡、回退柄、臂轴、调整支架等部件组成，它的结构如图 3-9 所示。

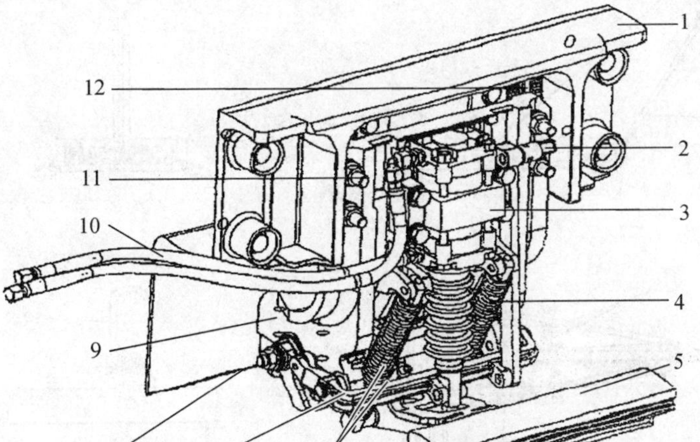

图 3-9　集电靴结构图

1—绝缘底座；2—手动回退工具插入位置；3—气动回退装置；4—拉簧压力系统；5—炭滑板；6—集电靴止挡；7—回退柄；8—臂轴；9—调整支架；10—气管；11—调整螺栓；12—调整丝槽

其主要部件的功能简单介绍如下：

（1）调整支架。通过调整螺栓可以整体调整集电靴的高度，主要是调整臂轴的高度。

（2）调整丝槽。调整丝槽共有 20 个槽，每个丝槽距离为 4 mm，调整范围为 80 mm，这主要是针对列车轮对磨耗来设计的，当轮对有磨耗时，可以通过调整集电靴在丝槽上的位置来调整集电靴臂轴的高度。

（3）手动回退工具插入位置。通过在手动回退工具插入位置插入绝缘棒可以实现集电靴手动升降靴。

（4）拉簧压力系统。拉簧压力系统用来保持集电靴升靴所需要的力。

（5）集电靴止挡。集电靴止挡有升靴止挡和降靴止挡，集电靴止挡主要是调整集电靴升降靴的极限高度。集电靴升靴止挡有刚性止挡和橡胶止挡，刚性止挡起主要的止挡作用，橡胶止挡主要起缓冲作用，因为受流臂较长，所以橡胶止挡最好高于刚性止挡 5 mm。

（6）启动回退装置。启动回退装置主要由集电靴气缸和回退柄组成，气动控制集电靴的升降。

受流器（集电靴）的受流性能取决于集电靴与接触轨的动态接触状态，良好的动态接触状态需要一定的接触面积和接触压力，炭滑板接触压力的范围是为（120±24）N。

2. 受电弓

每节 Mp 车的车顶装有一台单臂受电弓。受电弓由受电滑板、活动构架和带传动机构的底架组成，如图 3-10 所示。以气动弓为例，各组成部分的作用见表 3-1。

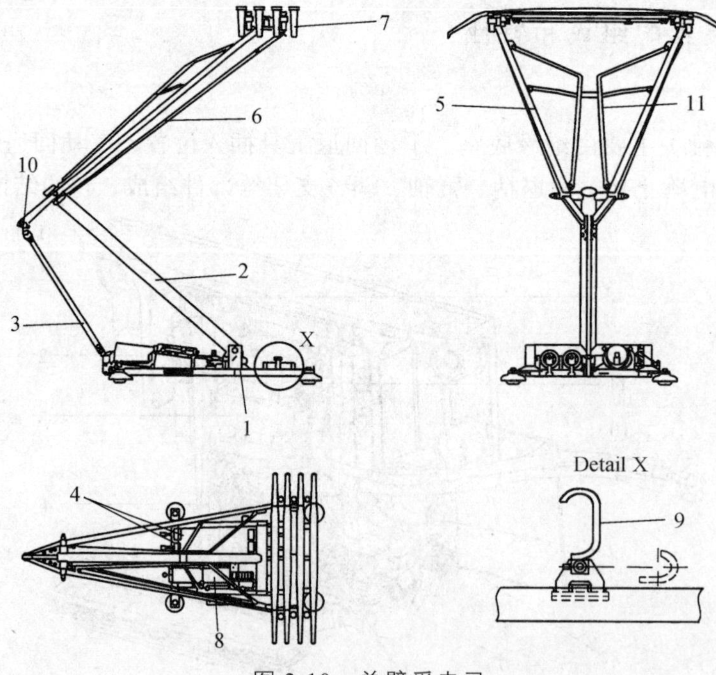

图 3-10 单臂受电弓

1—底架；2—下臂杆；3—推杆；4—升弓弹簧；5—上部杆架；6—上部导向杆；7—滑板；8—传动气缸；9—落弓固定钩；10—活动接头；11—支撑架

表 3-1　受流器组成部分的作用

组成部分	作　用
受电滑板	接受接触网的电能，并能自动调整与接触导线的位置。接触滑板应便于更换
活动构架	保证受电器经常处在工作高度内，使滑板对接触导线保持一定的压力，不脱弓，也不刮弓
带传动机构的底架	供受电器安装和升降传动之用

（三）受电弓各部件功能

每节 Mp 车的车顶装有一台单臂受电弓。受电弓由受电滑板、活动构架和带传动机构的底架组成。

底架通过 4 个支持绝缘子安装在车顶上，支持绝缘子起电气隔离和机械支撑作用。集电头上安装 4 根滑板，滑板两端的弓角可防止在接触网分叉处接触导线进入滑板底下造成刮弓事故。弓头是受电弓与架空导线接触的部分，它主要由滑板（炭条）、转轴、弓角、弹簧盒组成。上部导向杆可调节弓头接触面的位置。

（1）底架。底架是严密焊接的，用方型管子、型钢和冷成型钢板制成。底架包含有用于低位支杆的支撑底座，用于低位导杆的支撑空隙，用于气路装置的附件，还有缓冲支撑和用于手动锁扣的附属板。

（2）绝缘子。底架安装在 4 个可用于 3 000 V 触网电压的支撑绝缘子上。这种绝缘子由加玻璃纤维的聚酯制成。其两端配有镀锌钢制成的 M20 压入式螺母，用于底架和车顶之间的固定。

（3）骨架。骨架是一种铰接的多边形，当集电头移动时沿稍微弯曲的垂直线运行。

（4）低位支杆。低位支杆由若干无缝冷拉精制钢管焊接而成，承受低位支杆轴和中央铰接点的轴承力。底部轴承由密封摆式滚珠轴承组成。中央铰接点轴承由密封滚针轴承组成。

（5）低位导杆。低位导杆用来操纵多边形。该导杆由精制钢管制成。导杆长度能通过旋转芯轴到左边或右边微调，通过调整长度低位支杆被调到最低位（静止位）。

（6）高度止挡。高度止挡（最大升弓高度）位于低位导杆的上端，在中间部分。

（7）上部支杆。上部支杆由密焊成锥形的方形钢管、止挡板、铰接点和钢制连接板组成。

（8）斜杆。斜杆使上部支杆具有高度横向稳定性，由精制钢管构成并安装在上部支杆上。

（9）上部导杆。上部导杆控制集电头，由精制钢管制成。其长度能通过旋转芯轴到左边或右边微调。

（10）集电头。集电头是直接和接触网接触的部件。与支杆构件相比，它的质量应尽量降低。

（11）主拉伸弹簧。两只并联的拉伸弹簧操纵低位支杆轴的控制杆。弹簧悬置杆的有效长度通过在铰链部件上的可调螺栓变更，这样在整个工作范围内得到恒定的接触压力。

（12）气动升弓装置。带有反向弹簧的弹簧压力制动缸安装在底架上，通过活塞杆和低位支杆轴上的控制杆操纵。

（13）手动锁钩。锁钩用螺栓装在底架上，当受电弓在最低位时能锁住。

（四）受电弓的受流性能

受电弓的受流性能在很大程度上取决于接触压力。在静止状态下，接触压力与受电弓高度之间的关系称为受电弓的静特性。实际车辆运行时，受电弓随着架空接触导线高度的变化而上下运动。因此，接触压力不但与受电弓的静特性有关，而且与受电弓上下运动时的惯性力即受电弓的动特性也有关。

（1）静特性。它是指受电弓滑板对导线的接触压力与滑板距底架高度的关系。静态接触压力值为 120 N，调整范围为（120 ± 10）N。

（2）动特性。受电弓受流的稳定性，不仅取决于受电弓的静特性，也取决于它的动特性。动特性取决于受电弓在垂直方向的加速度及它的活动部分的质量，即上下运动时的惯性力。加速度是因接触导线高度的突然变化所引起的。为了改善动特性，应尽量减少受电弓本身活动部分的质量。

此外，受电弓结构各关节的摩擦力对接触压力也有影响。

三、避雷器

1. 避雷器的作用和组成

避雷器是一种限制瞬间过电压的电器，包括雷电过电压和操作过电压。每节带受电弓的动车装有一个避雷器。

避雷器是聚合体封装型，由安装在绝缘子裙边罩内的避雷元件、带硅铝底座和端盖组成，如图 3-11 所示。

避雷器的有功元件为金属氧化物电阻，它安装在气密的聚合物复合壳体中（带硅酮橡胶敷层的纤维增强管）。

壳体由两个主要部件组成：

（1）保证高机械强度的纤维增强塑料管。避雷器过载时，塑料管不会断裂，保证避雷器出现故障时，无零件脱落。

（2）高温交叉耦合的硅酮橡胶敷层的疏水性，可保证壳体表面的放电量维持在最小值；即使在污染条件下，也能保证良好的操作特性。

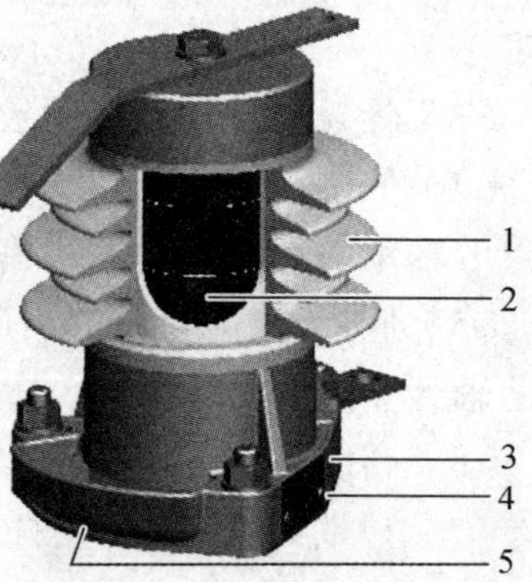

图 3-11　避雷器的结构图

1—聚合物复合壳体；2—非线性金属氧化物电阻；3—带瓦斯分流器的法兰；4—过渡板；5—灭弧孔

避雷器位于高压线路和轨道回流之间，为了实现避雷器安全、可靠的功能以及最佳保护，必须有效接地（低接地电阻、短接地连接）。避雷器的法兰底部备有一个 M12 螺栓，通过平垫圈和弹簧垫圈实现可靠接地。为了不降低避雷器的保护等级，接地连接应尽可能短及直（考虑导体的最小横截面）。

2. 避雷器的工作原理

避雷器是一种能吸收过电压能量、限制过电压幅值的保护设备，使用时将避雷器安装在被保护设备附近，与被保护设备并联，安装示意图如图 3-12 所示。

避雷器利用避雷器中电阻片优异的非线性伏安特性（低电压时呈高阻态，高电压时呈低阻态）来实现过电压保护。

在正常情况下避雷器呈现高阻状态，仅有几十微安的电流流过，避雷器不会产生动作，对地面来说视为断路；当作用在避雷器上的电压达到避雷器动作电压时，避雷器导通，呈现低阻状态，通过大电流，将有害过电压的能量迅速泄放入大地，吸收过电压能量，并将过电压限制在一定的水平，保护列车电器设备。在释放过电压能量后，避雷器会自动恢复到不导通的正常工作状态。

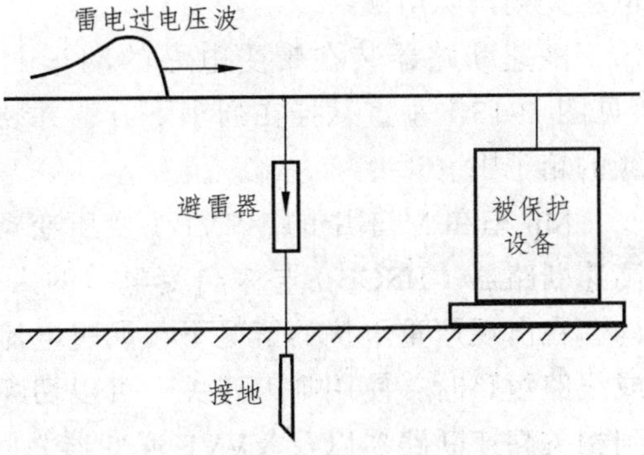

图 3-12　避雷器安装位置示意图

3. 避雷器的技术参数和特性

金属氧化物电阻为高度非线性，即拥有尖锐的电压-电流扭转特性。因此，在某一电压值以下时只有少量泄漏电流流过避雷器。

避雷器设计为在正常连续电压条件下，只有约不到 1 mA 的泄漏电流流过。雷电过电压或操作过电压时，电阻器可导电（欧姆范围），这样可使浪涌电流流向大地，电压减为经过避雷器的压降值（剩余电压）。操作过压时浪涌电流可高达 500 A，雷电过电压时其值可达 1 kA 到 5 kA，甚至 10 kA。

避雷器的技术要求见表 3-2。

表 3-2　避雷器的技术要求

项　目	参　数
系统电压	1 500 V（DC）
额定工作电压	2000 V（DC）
持续运行电压	1900 V（DC）
额定放电电流	10 kA
最高脉冲电流	100 kA
长时间持续电流脉冲能力	1 200 A
线路放电等级	4
热量释放能力	20 kJ
单次脉冲能量放电能力	11 kJ
短路电流	40 kA
绝缘片数量	3
高度	191 mm
质量	5.9 kg
最小爬电距离	248 mm

四、高速断路器

1. 高速断路器的作用和组成

高速断路器 HSCB 用来接通和分断地铁车辆的高压主电路，是电动车辆的主要电气保护装置，用于检测到过电流后的快速切断主电路与线网之间的连接，在拉弧时以紧密的恒定过电压立刻消除电弧。

高速断路器装在带受电弓的动车上。高速断路器（见图 3-13）垂直悬挂在列车下方，并装在一个封闭绝缘的箱子中。

Mp 车和 M 车中的 VVVF（变压变频）逆变器通过高速断路器（HSCB）与来自受电弓的高压电源相连。

在出现严重干扰的情况下，如过电流、逆变器故障或线路短路时，使用闸刀开关，可以切断特定的受电弓到相关高速断路器以及 VVVF 逆变器之间的电源。每个 VVVF 逆变器通过其自己的 HSCB 与架空线相连。也可以按下司机操作台上的合主断按钮或分主断按钮来手动控制 HSCB 的闭合和分断。在启动列车的过程中，先将受电弓升起后，再操作驾驶台上的合主断按钮闭合高速断路器，而在收车的过程中，先分断高速断路器，然后再执行降弓操作。

图 3-13　高速断路器

以 UR6-32TDS 型高速断路器为例，它是一种单极直流线路断路器，双向电磁控制和自然通风。过电流（短路等）后较短的反应时间意味着它必然适合直流装置的保护。UR6-32TDS 高速断路器具有高断流容量、对地绝缘性能好、对环境气候影响小、结构紧凑、密封性好、体积较小、寿命长、易维修等优点。

2. 高速断路器各部件功能

UR6-32TDS 型高速断路器，主要由以下 6 个部件组成：基架、主电路（线排）、脱扣装置、闭合装置、辅助触头、灭弧罩（见图 3-14）。

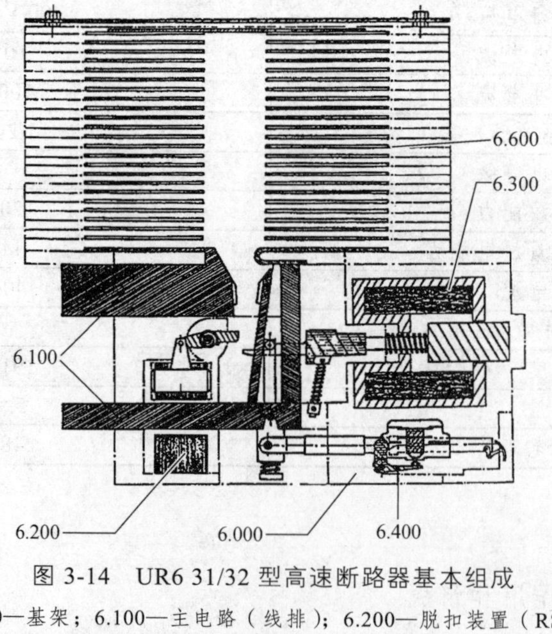

图 3-14　UR6 31/32 型高速断路器基本组成

6.000—基架；6.100—主电路（线排）；6.200—脱扣装置（RS）；
6.300—闭合装置；6.400—辅助触头；6.600—灭弧罩

线路断路器包括五组子配件，功能不同并设计为单独的安装单元。

（1）主回路（6.100）。主回路装在一个硬的玻璃纤维加固聚酯做的绝缘底座上，包括一个带动触头的下部连接杆和一个带定触头的上部连接件。主回路的吸合由吸合装置控制：叉头推动触头贴着上部连接件。

（2）脱扣装置（6.200）。脱扣装置被加工成圆形并装在下部连接件的周围。这套装置包括一套包在框架上的板，并由其可调的压力用来调节这套装置达到要求的反应临界值。

（3）闭合装置（6.300）。闭合装置由一个包括吸合线圈的磁路组成。磁路包括一个固定单元。该固定单元包括圆筒、前部挡板和后部挡板。活动部分包括推杆、接触压力弹簧和带动叉头的连杆，用以带动动触头。线圈装置和磁路被装在一个壳体内，并由盖板密封。

（4）辅助触头（6.400）。辅助触头包括 6 副安装在辅助盒中的双触头开关。这些开关由连杆带动并由动触头通过导向装置控制。导向装置包括中心套、叉头和销子。

（5）灭弧罩（6.600）。灭弧罩由一组抗电弧的绝缘板、脱离子剂、金属板、导流片组成。上述各组板通过一块顶板进行封固，并通过螺杆安装在灭弧板上。

（6）火室。线路断路器的火室是一个固定在金属框架上的自熄绝缘材料制成的外壳。

（7）基架（6.000）。基架采用坚固的玻璃纤维聚酯材料，绝缘性能好。

3. 高速断路器的动作原理

主电路和闭合装置的功能示意图如图 3-15 所示，弹簧作用在引导机构上的持久压力维持了动触点和下连接之间的机械及电气连接。闭合装置由磁电路组成，包括闭合线圈。为了闭合断路器，要给闭合线圈送一个电流脉冲，以形成一个吸引叉动作的磁场，从而闭合动触点。若磁场减弱，电路就会被断开。

当电流值因故障超过其整定值时，高速断路器脱扣装置动作，叉会被迫向下运动，接触爪被释放，主触点断开。

触头带电分断产生的电弧，在电磁力的作用下被引入灭弧栅内，整个过程为引弧、分隔、冷却、熄弧。灭弧罩中的金属挡板将电弧分成许多串联的电弧，两个挡板之间的电压约为 40 V。

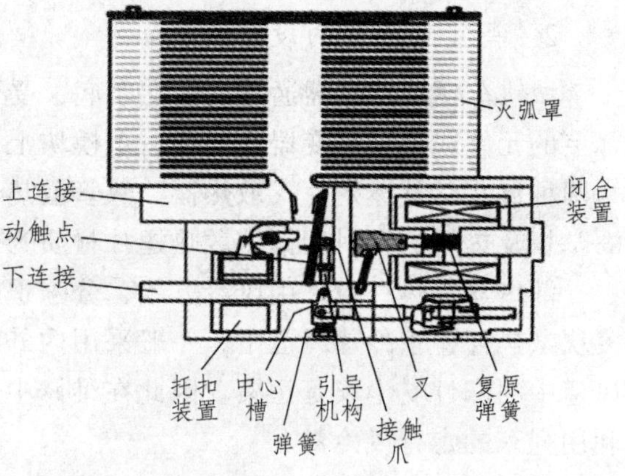

图 3-15　高速断路器主电路和闭合装置的功能

4. 高速断路器的性能要求

这种线路断路器被设计用于检测到过电流后的快速反应，在拉弧时以紧密的恒定过电压立刻消除电弧，并具备如下性能要求：

（1）对地高绝缘等级。

（2）高分断能力。

（3）对气候条件不敏感。

（4）使用寿命长。

（5）容易维修。

（6）体积小。

五、牵引逆变器

1. 牵引逆变器的功能和组成

由受电弓将接触网 1 500 V 的电源引入主回路，滤波电路是为平抑逆变和斩波造成的电网电压电流的波动和减少谐波。逆变电路的三个相模块组成的逆变桥进行 VVVF（变压变频）变换，在牵引时将直流电逆变成三相交流电，供牵引电动机启动、加速。电制动时，电动机工作在发电机状态，将动能转变为电能，由逆变桥将三相交流电整流为直流电，通过受电弓送至电网，实施再生反馈制动。牵引逆变器的结构框图如图 3-16 所示。

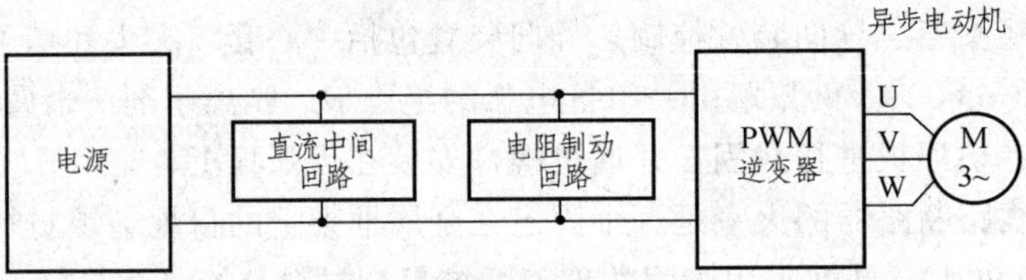

图 3-16　牵引逆变器结构框图

逆变器主电路按功能分为供电电路、直流连接电路、电阻制动电路、逆变电路几部分，其中主要部件是大功率半导体开关元件，主要有 GTO（门极可关断晶闸管）、IGBT（绝缘栅双极型晶体管）、IPM（智能功率模块），在工作时需要用散热器冷却。

2. 牵引逆变器的设计特点

城轨车辆的逆变器通常安装在车底，受体积、质量的限制，采用模块化设计，将同一桥臂上的元件或整个逆变器安装在一个模块上，用一个公共的大散热器散热。散热器基本可分为两种形式：整体翅片式散热器、热管散热器。整体翅片式散热器的材料为铝。热管散热器的基板及热管的材料为铜，散热翅片材质为铜或铝，内部循环为水或其他媒介。

散热器散热一般采用风冷方式，分强迫风冷和自然风冷。强迫风冷需要有风道和风机。模块散热片置于冷却风道中，一般采用内外双风道，用外风道来冷却内风道部件，可以避免风道中的部件受尘埃等污染。因此在维修中应注意对风道的清洁及冷却风机的保养。自然风利用列车的走行风冷却。

同时在模块设计中，为保证在换流时，被关断元件上的过电压尽量小，要求主电路的杂散电感尽量小，因此在布置上尽量缩短主电路连线，并采取降低电感的措施，如采用叠层母排，使母排上的“互感”相互抵消；滤波电容的内部电感尽可能小。

3. 牵引逆变器的故障监测与保护

（1）与控制无关的保护装置。牵引箱中提供了下列保护装置，独立于牵引控制单元：

① 当电压突变或短路时线路电流的上升率用整个线路电抗器限制。

② 线路滤波器平滑瞬间线网过压（线路电抗器和直流连接电容）。

③ PWM 逆变器的过压保护用一块一体化的保护触发模块。

④ 完整的放电电阻确保直流连接电容器在线路接触器和预充电接触器打开时始终放电。

⑤ 每扇维修盖都通过两个机械插销接地。

（2）与控制相关的保护装置。下列重要保护功能由牵引控制单元启动。

① 电压监控。在中间连接回路的电压有两个可用的阶段来保护转换器过压。

• 中间回路电压 > 2 100 V 时，制动控制器被触发并限制电压。

• 中间回路电压 > 2 200 V 时，所有 PWM 逆变器触发脉冲被禁止。牵引控制单元触发保护触发模块并断开主线路接触器（主线路接触器打开）。此时 PWM 逆变器和线网隔离且中间回路被放电。

② 电流监控。牵引控制单元有一个模块处理闭环电流控制器，提供三阶段过流保护，如果流过功率管的电流达到第一个限制值，它的触发脉冲被禁止。如果电流下降到一个低一级的限制值，功率管会马上再次开通。如果流过功率管的电流达到第二个限制值，功率管将被关断，整个 PWM 逆变器的触发脉冲被禁止。如果电流下降到低一级的限制值，PWM 逆变器脉冲再次触发。如果流过功率管的电流超过第三个限制值，整个 PWM 逆变器被切除且线路接触器被分断。

③ 温度监控。PT100 温度传感器用于监控温度。牵引控制单元对被测值和设定限制值进行比较，如果达到，则作如表 3-3 所述反应。

表 3-3　牵引控制单元过温反应表

温度测量位置	过温反应
相模块	第一阶段：系统输出减少
	第二阶段：PWM 逆变器被禁止，在达到允许温度后，逆变器被再次启动
制动控制模块	制动控制模块被禁止，在达到允许温度后，它被再次启动
电阻单元	PWM 逆变器被禁止，在达到允许温度后，逆变器被再次启动

④ 牵引箱中设备风扇的监控。牵引控制单元检查下列数据以确认设备风扇是否故障：

• 设备风扇的电源电压是否准备好？

• 空气进口处 PT100 温度传感器和电阻单元连续放电装置的 PT100 温度传感器的温度是否在允许范围内？

如果风扇故障被确认，牵引控制单元封锁 PWM 逆变器。

六、牵引电动机

1. 牵引电动机的特点

城市轨道交通车辆上应用最广泛的牵引电动机是直流牵引电动机和交流异步牵引电动机。由于直流电动机必须通过换向器才能工作，除结构较复杂、质量大以外，它的维修工作量较大，因此直流牵引电动机的发展和使用受到了很大限制。

20 世纪 80 年代开始，随着电力电子技术和计算机技术的迅猛发展，特别是采用了大功率自关断电力电子器件（GTO）和微机模块化控制后，使交流电动机变压变频（VVVF）控制得以实现。因此具有结构简单、牢固、单位功率体积小、质量轻及制造成本低且少维修等一系列优点的三相异步牵引电动机（简称交流牵引电动机或交流电动机）在轨道交通车辆上获得了广泛的应用。

由于电力电子元件和控制技术的发展，轨道交通电力传动车辆的调速性能获得了显著的改善，交流电动机已达到和超过直流电动机的性能。它与同步电动机不同，其转速和同步转速间存在一定差异（即所谓异步），这是它产生转矩的必要条件。由于转子绕组电流是感应产生的，所以异步电动机也称感应电动机。

2. 牵引电动机的组成

（1）直流牵引电动机。直流牵引电动机主要由静止的定子和旋转的电枢（转子）两大部分组成。定子的作用是产生磁场、提供磁路和作为电动机的机械支撑，它由主磁极、换向极、机座、端盖等部分组成。电枢是用来产生感应电势和电磁转矩而实现能量转换的主要部件。它的组成部分有电枢铁心、电枢绕组、换向器和转轴等。电枢通过轴承与定子保持相对位置，使两者之间有一个空气隙。此外，直流牵引电动机还有一套电刷装置，电刷和换向器接触，使电枢电路和外电路相连。

（2）交流牵引电动机。异步电动机主要由两部分组成，固定部分称为定子，旋转部分称为转子。定子和转子之间有一很小的间隙称为气隙。定子的两端还有端盖。

① 异步电动机的定子。异步电动机的定子由定子铁心、定子绕组和机座三部分构成。定子与机座剖面如图 3-17 所示。

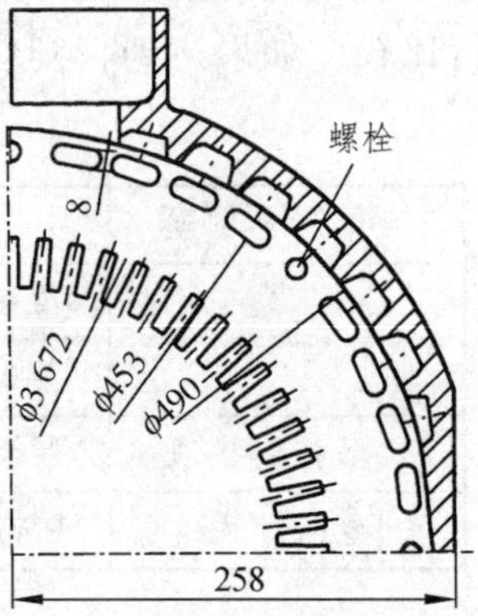

图 3-17 定子与机座剖面

定子铁心的作用是作为电动机中磁路的一部分放置定子绕组中，为了减少旋转磁场在铁心中引起的损耗，铁心一般用导磁性好的电工硅钢片叠成。

在定子铁心内圆周表面冲出许多形状相同的槽，用于嵌放定子绕组，定子绕组是电动机的电路部分，其主要作用是产生旋转磁场，以实现机电能量转换。

机座的作用主要是固定和支撑定子铁心，要求有足够的机械强度和刚度。定子、机座、端盖外观如图 3-18 所示。

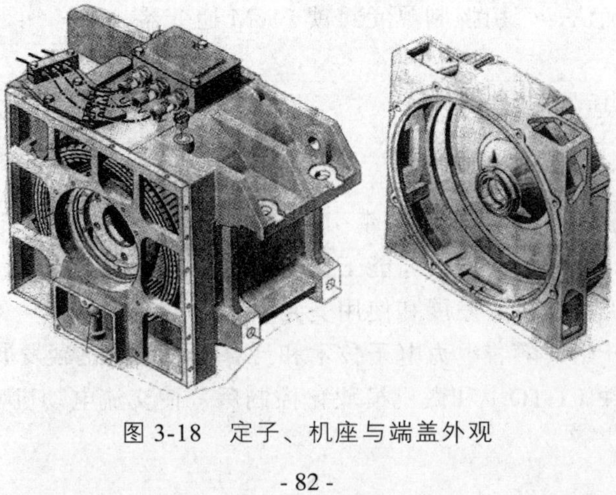
图 3-18 定子、机座与端盖外观

② 电动机的转子。异步电动机的转子由转子铁心、转子绕组和转轴等组成，转子与风扇外观如图 3-19 所示。

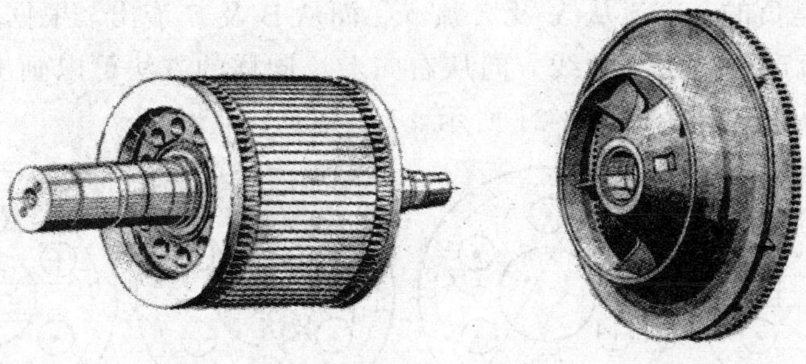

图 3-19　转子与风扇

转子铁心也是作为电动机磁路的一部分，一般由硅钢片叠成。铁心安装在转轴上。转子铁心上开有槽，以供放置或浇注转子绕组之用。

转子绕组的作用是产生感应电势，流过电流和产生电磁转矩，其结构有鼠笼式和绕线式两种。

鼠笼式异步电动机的转子绕组不必由外界电源供电，可以自行闭合而构成短路绕组，工艺简单。每个转子槽中插入一根导条，在伸出铁心两端的槽口处，用两个端环分别把所有导条连接起来。如果去掉铁心，整个绕组外形就像是一个“鼠笼”，所以称为鼠笼式转子。

3. 交流异步牵引电机的工作原理

转子绕组分别在定、转子绕组中产生电动势。转子电动势在自我闭合回路的转子绕组中产生电流。转子电流与气隙中基波磁场相互作用产生电磁转矩，使转子拖动机械负载旋转。转子绕组和气隙磁场之间相对运动是异步电动机产生转矩进行能量转换的必要条件，故转子转速不可能达到基波磁场转速（即同步转速）。

在三相对称绕组中（三相绕组在空间位置互差 120°电角度）流过对称的三相电流（三个相的电流振幅、频率相同，相位互差 120°电角度）就会产生旋转磁场。那么，旋转磁场是怎样产生的？

以两极异步电动机为例：三相定子绕组由 A-X、B-Y、C-Z 三个线圈组成，它们在空间互差 120°电角度。当定子三相线圈接至三相电源后，定子绕组中就有如图 3-20 所示的对称三相电流流过。

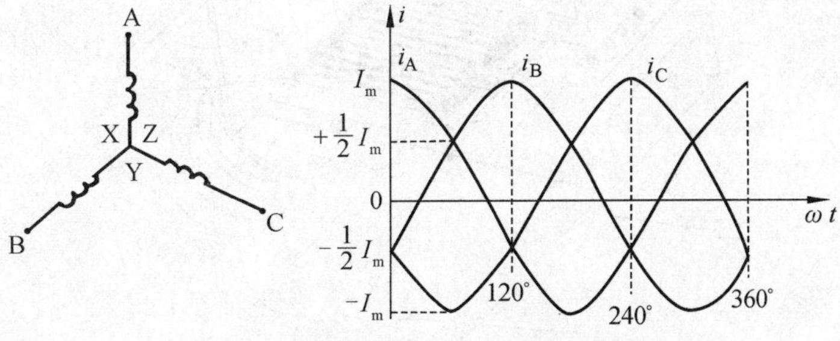

图 3-20　对称三相电流

假定电流为正时，电流从每相线圈的始端流入，从每相线圈的尾端流出；电流为负时，则方向相反，电流从线圈的尾端流入，从线圈的始端流出。

由图 3-20 可见，当 $\omega t=0$ 时，i_A 为正，电流从 A 流入，以⊕表示，而从 X 流出，以⊙表示。此时 i_B 和 i_C 都是负的，电流从 Y 及 Z 流入，而从 B 及 C 流出。根据右手螺旋定则可知，此时三相线圈中电流产生的磁场轴线方向从右向左。同样的方法可以画出 $\omega t=120°$、240°、360°时的电流及磁通的方向，如图 3-21 所示。

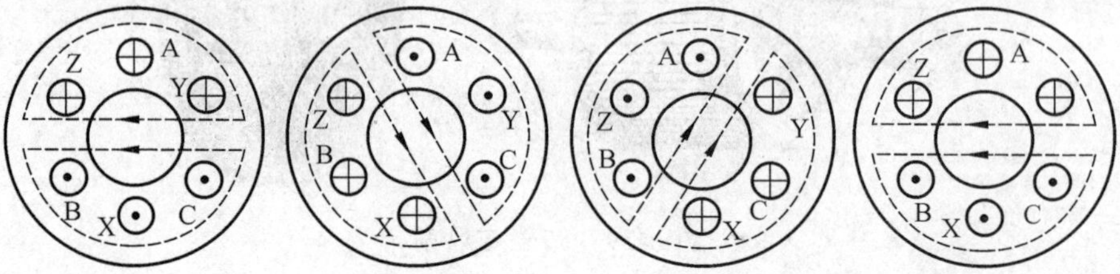

$\omega t=0$ $i_A=I_m$ $i_B=i_C=-\frac{1}{2}I_m$

$\omega t=120°$ $i_B=I_m$ $i_A=i_C=-\frac{1}{2}I_m$

$\omega t=240°$ $i_C=I_m$ $i_A=i_C=-\frac{1}{2}I_m$

$\omega t=360°$ $i_A=I_m$ $i_B=i_C=-\frac{1}{2}I_m$

图 3-21　交流电动机电流及磁通的方向

由图 3-21 可见，当电流变化了一个周期，旋转磁场在空间正好也转了一周，即 360°。

七、制动电阻器

1. 制动电阻器的作用

制动电阻用于城市轨道交通车辆的电阻制动，承担电动机电流中不能再生的那部分制动电流，该电阻应有足够的容量来承受持续 100%的制动负载，直到电动机电压升到极限。

制动电阻虽然是牵引逆变器系统的一部分，但并不安装在牵引箱内。制动时，电动机转换成发电机状态运行，将车辆所具的动能转变为电能，由逆变桥将三相交流电整流为直流电，通过受电弓送至电网。制动电阻箱悬挂安装于车辆底架下方。

电动列车制动电阻采用条形电阻，由 6 个框架组成，集中在一个箱子中，如图 3-22 所示。

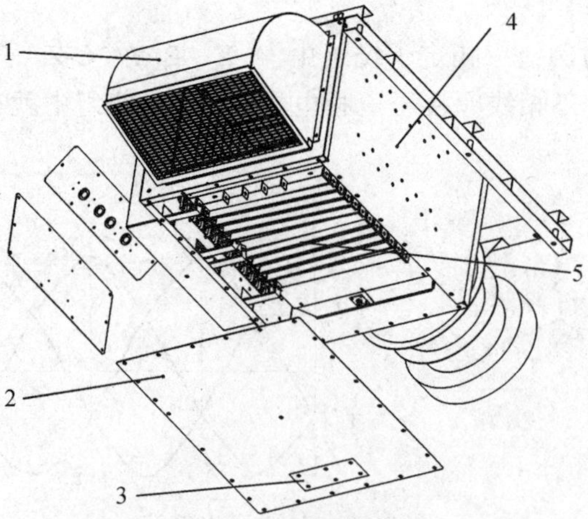

图 3-22　制动电阻

1—进风通道；2—底板；3—风压开关检查口盖板；4—后侧板；5—电阻片

来自牵引电动机的电制动能量通过牵引逆变器在制动电阻上转换成热能。由于在消耗电制动能量时，电阻会产生较高的温度，所以通过装在进风口的通风风扇对制动电阻进行强迫通风冷却。在通风风扇的风道中安装有压差传感器及温度传感器，通过对通风流量及温度的检测，可以监控通风风机的工作情况，以防止制动电阻因温度过高而受到损伤。

2. 制动电阻器的技术参数

制动电阻技术参数见表3-4。

表3-4 制动电阻器技术参数

项 目	参 数
额定电阻值（20 °C）	BR_1、BR_2=3.0 Ω×(1±5)%
额定工况下最大阻值	BR_1、BR_2≤3.7Ω
对地额定工作电压	DC 1 500 V
最大工作电压	DC 2 000 V
额定平均功率	2×110 kW
电阻带材质	镍铬合金带 Cr25Ni20
电阻带最高允许工作温度	≤640 °C
冷却方式	强迫风冷（内置温度传感器）

八、速度传感器

1. 速度传感器的分类

传感器是一种测量装置，它能感受或响应规定的被测量，并按照一定规律转换成可用于输出信号，以满足信息的传输、处理、储存、记录、显示和控制的要求。

电动列车的速度传感器按照安装位置可以分为电动机速度传感器和车轴速度传感器两种。电动机的速度传感器安装在电动机的非传动端。车轴速度传感器安装于轴箱内，要求性能可靠、精度高、抗干扰性强。

电动列车的速度传感器按照信道数的不同可以分为单信道速度传感器和双信道速度传感器两种。

2. 轴端速度传感器的作用和组成

轴端速度传感器安装于轮轴上，其作用是把被测非电量（车轮的转速）变换为与其成一定比例关系的电量（脉冲电压信号）。以上海地铁DCA01型电动车辆为例，它使用的速度传感器分为单信道速度传感器和双信道速度传感器两种，它们在电动车辆上的布置如图3-23所示。

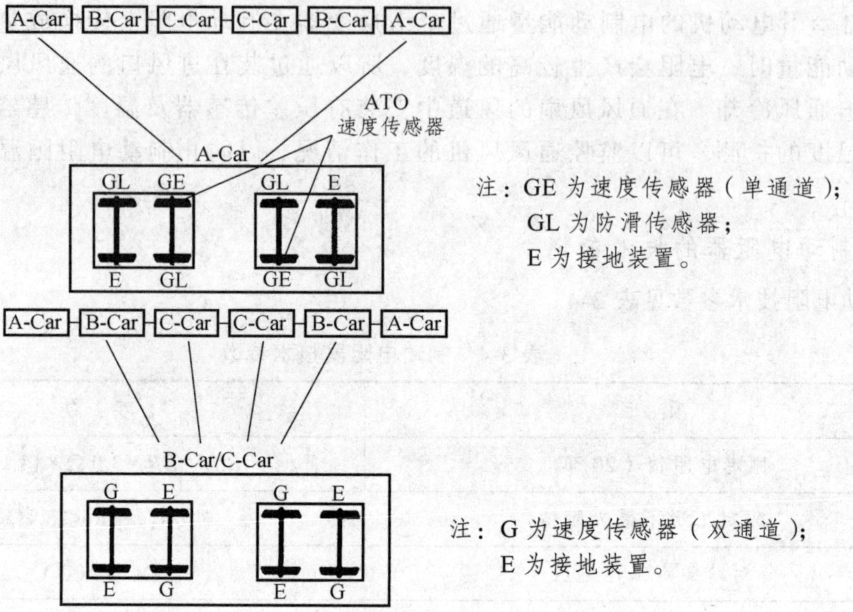

图 3-23　电动列车速度传感器的分布

速度传感器主要包括脉冲发生器、电缆、螺旋接头、可收缩套管、磁轮、密封件和外盖，如图 3-24 所示。

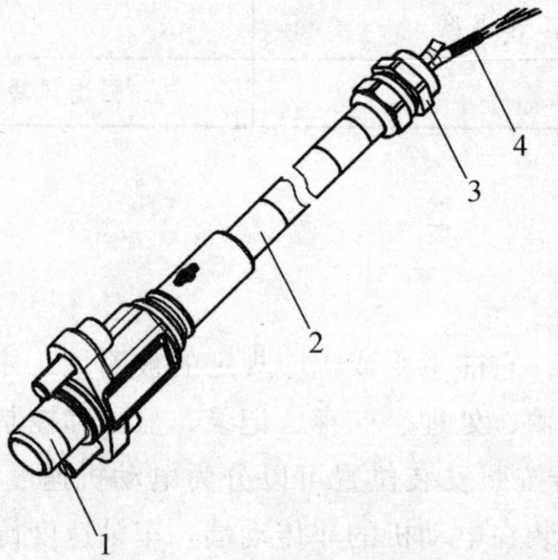

图 3-24　速度传感器的组成

1—脉冲发生器；2—电缆；3—螺旋接头；4—可收缩套管

速度传感器的磁轮通过螺钉固定在轴箱端盖上。带有电缆接线的脉冲发生器安装在速度传感器的盖上。脉冲发生器与磁轮之间存在一个气隙，要求气隙范围为 0.4 ~ 1.4 mm。

3. 电动机速度传感器的作用和组成

电动机速度传感器安装于电动机的轮轴上，用作检测电动机齿轮上牙齿的动作情况，经信号处理后提供给控制系统，用于列车速度检测和控制牵引逆变控制。其具体作用如下：

（1）电动列车各车轮直径大小不一致将造成转速存在差异，此差异可以通过设定牵引逆变器的频率予以消除。

（2）空转检测。

（3）运行方向检测和控制主电路。

电动机速度传感器与轴端速度传感器类似，也包括脉冲发生器、电缆、螺旋接头、可收缩套管、测速齿盘、密封件和外盖等。测速齿盘如图 3-25 所示。

图 3-25　测速齿盘

九、接触器

在城市轨道交通车辆上，主接触器是一种用来频繁地接通和切断主电路的自动切换电器。它能进行远距离自动控制，操作频率较高，通断电流较大。

1. 接触器的分类和组成

按控制线圈的电压不同，接触器可分为直流接触器和交流接触器两种。

按传动方式分类，接触器可分为电空接触器和电磁接触器。

按主触头数目分类，接触器分可分为单极（只有一对主触头）接触器和多极（有两对及以上主触头）接触器。

以直流接触器为例，其主要部件为电磁机构、驱动机构、主触头、辅助触头、灭弧装置、上下接线端、基架（见图 3-26）。其中，电磁系统由铁心和电磁线圈组成。

图 3-26　装置在牵引箱中的直流电磁接触器

2. 直流电磁接触器的作用和组成

直流电磁接触器是一种自动化的控制电器，主要用于频繁接通或分断直流电路，具有控制容量大，可远距离操作，配合继电器可以实现定时操作，联锁控制，各种定量控制、失压及欠压保护，广泛应用于自动控制电路。

城市轨道交通车辆普遍采用的是电磁接触器。电磁接触器一般由电磁机构、主触头、灭弧装置、辅助触头及支架和固定装置等组成（图 3-27）。

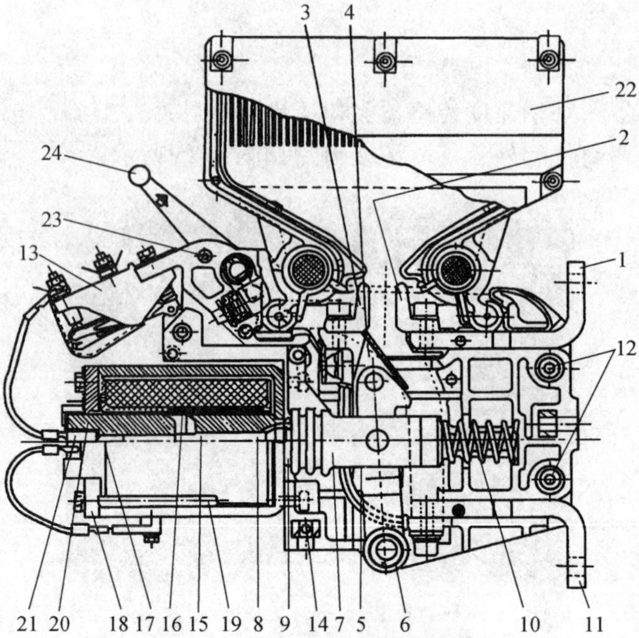

图 3-27　直流电磁接触器

1—上接线端；2—静触头；3—动触头；4—触头座；5—软连接；6—驱动轴；7—驱动机构；8—活塞杆；9—缓冲器；10—恢复弹簧；11—下接线端；12，14，19—螺栓；13—辅助开关；15—铁心；16—线圈；17—导向器；18—盖；20—动铁心；21—开槽螺母；22—灭弧罩；23—螺钉；24—手柄

接触器主触头、辅助触头需要定期检查，主触头最大允许磨损如图 3-28 所示，超过图示磨损，需要更新触头，新触头要相互配对，紧固拧紧力矩到 18 N·m，灭弧罩需定期检查，清除灭弧罩内烧灼痕迹和喷溅金属。接触器在正常工作条件下使用，不需要经常维修。

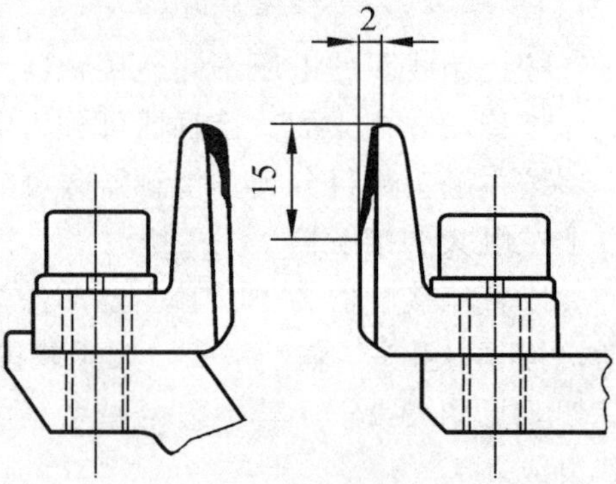

图 3-28　触头磨损示意图

3. 交流电磁接触器的作用和组成

交流接触器用于通断交流电流，常用来接通和断开交流电动机或其他电气设备，每小时可开闭好几百次。地铁车辆上交流接触器一般用在三相 380 V 电路上，如空调单元压缩机保护控制接触器。

交流接触器是一种靠电磁力的作用使触点闭合或断开来接通和断开电动机（或其他电气设备）电路的自动电器。图 3-29 是交流接触器的外形、结构和图形符号。

交流接触器的主要部分包括触点系统、电磁系统和灭弧装置。

（1）接触器触点按功用分为主触点与辅助触点。主触点用于通断执行电器主电路，触点通断电流容量较大；辅助触点作通断控制线路用，触点通断电流容量较小。

（2）电磁系统包括电磁线圈、铁心和衔铁（动铁心）等。交流接触器一般用成型硅钢片叠成，以减少涡流的影响。

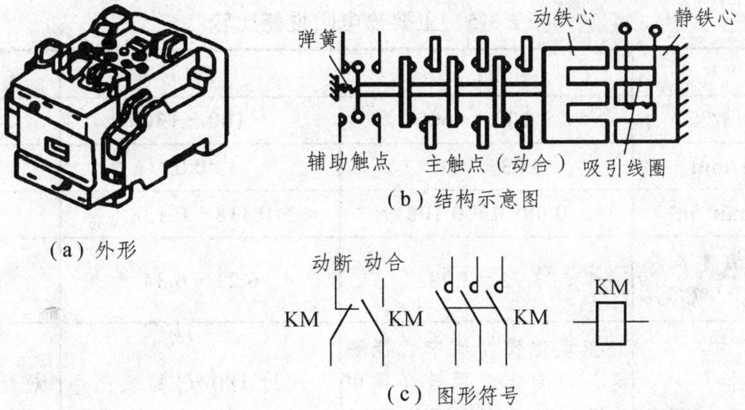

图 3-29　交流接触器

（3）灭弧装置。接触器触点在接通、分断时会产生电弧，特别是通断容量较大的感性负载电路。强烈的电弧会使触点烧蚀氧化加快，为此，接触器常设有灭弧装置。

十、温度传感器

1. 温度传感器的作用

温度传感器是通过物体随温度变化而改变某种特性来间接测量的元件，随着温度变化而引起物理参数变化的有膨胀、电阻、电容、热电动势、磁性能、频率、光学特性及热噪声等。

通过研究发现，金属铂（Pt）的电阻值随温度变化而变化，并且具有很好的重现性和稳定性，常用的温度传感器为 Pt100，为铂电阻温度传感器。在制动电阻通风装置、牵引箱中的相模块和制动模块、制动晶闸管、输入进风装置均有安置。

2. 温度传感器的输出参数

温度传感器的输出为模拟量。

Pt100 温度传感器具有抗振动、稳定性好、准确度高、耐高压等优点，它的主要技术参数如下：

零度阻值：　　100 Ω

电阻变化率：　　0.385 1 Ω/ °C

测量范围：　　– 200 ~ +600 °C

热响应时间：　　< 30 s

最小置入深度：　　≥200 mm

允通电流：　　≤5 mA

3. 温度传感器的主要部件

热电阻是利用物质在温度变化时本身电阻也随着发生变化来测量温度的，大都由纯金属材料制成，其主要材料有铂、铜和镍，目前应用最多的是铂和铜。其主要热电阻性能见表 3-5。

表 3-5　主要热电阻性能比较

材　料	铂	镍	铜
使用温度范围/°C	−200～+600	−100～+300	−50～+150
电阻丝直径/mm	0.03～0.07	约 0.05	约 0.1
电阻率/(Ω·mm^2/m)	0.098 1～0.106	0.118～0.138	0.017
0～100 °C 电阻温度系数平均值（$\times10^{-3}$/°C）	3.92～3.98	6.21～6.34	4.25～4.28
化学稳定性	在氧化性介质中性能稳定，不宜在还原性介质中使用，尤其在高温情况下	超过 180 °C 易氧化	超过 100 °C 易氧化
特　性	特性近于线性，性能稳定，精度高	特性近于线性，性能一致性差，测温灵敏度高	特性线性
应　用	可作标准测温装置	一般测温用	适于测量低温、无水分、无侵蚀性介质温度

4. 热电阻的温度测量范围

电阻温度计中的热电阻传感器是绕在云母、石英或塑料骨架上的金属电阻丝（常用铜或铂），外套保护管，如图 3-30 和图 3-31 所示。

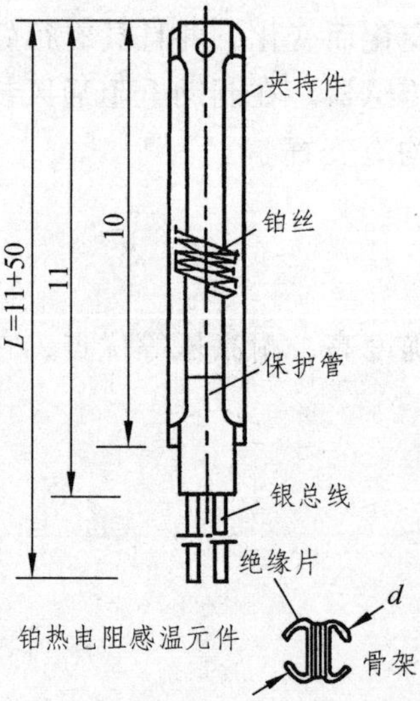

图 3-30　铂热电阻感温元件结构图

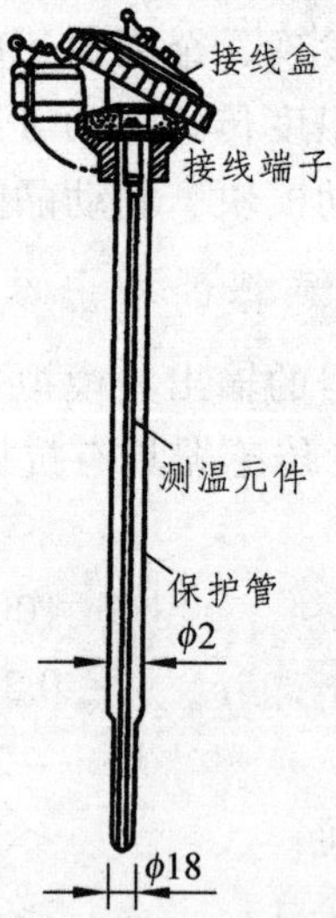

图 3-31　铂热电阻组成的测温传感器

作为热电阻传感器的金属电阻丝，在工作温度范围内必须具有稳定的物理和化学性能；电阻随温度变化的关系最好是接近线性的。

铂是贵金属，价格较高。但由于铂热电阻具有很好的稳定性和测量精度，主要用于高精度的温度测量和标准测温装置，测温范围为 −200～+600 °C。

十一、其他电气设备

1. 继电器的作用和工作原理

继电器是具有隔离功能的自动开关元件，当输入量（如电压、电流、温度等）达到规定值时，使被控制的输出电路导通或断开的电器，广泛应用于遥控、遥测、通信、自动控制、机电一体化及电力电子设备中，是最重要的控制元件之一。

与接触器相比，继电器负载较小，触头容量小，没有灭弧装置，结构简单，但动作准确性要求较高。继电器外观如图 3-32 所示。地铁车辆广泛使用的继电器常用来传递信号和同时控制多个电路及其他电气执行元件。

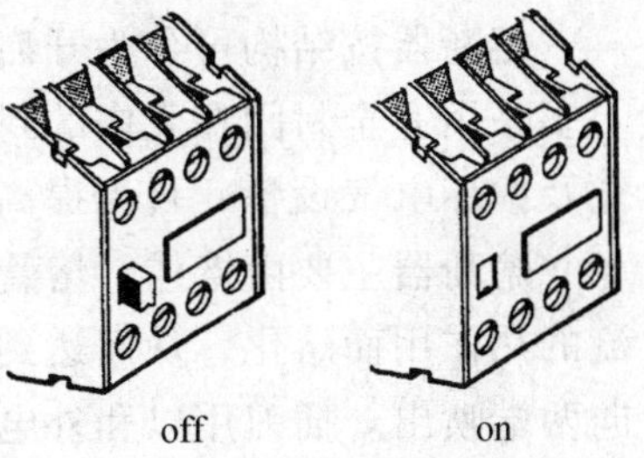

图 3-32　继电器外观

电磁式继电器一般由铁心、线圈、衔铁、触点簧片等组成的。以图 3-33 所示的电磁式继电器为例：

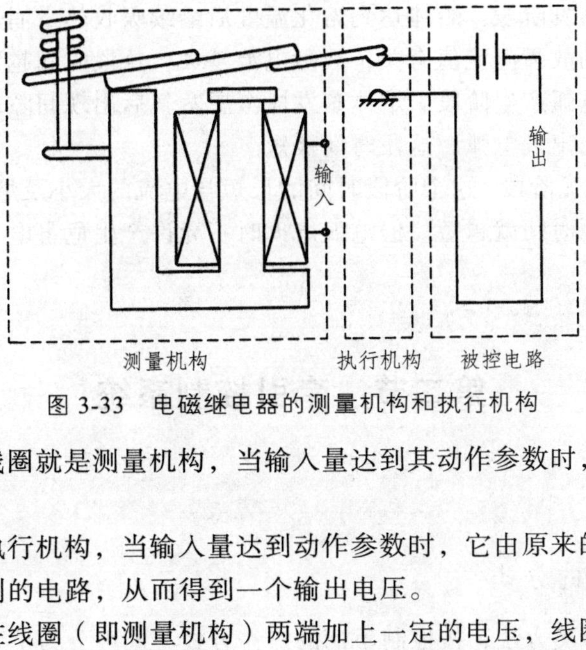

图 3-33　电磁继电器的测量机构和执行机构

（1）它的铁心和线圈就是测量机构，当输入量达到其动作参数时，就将转变为衔铁的吸合动作。

（2）它的触点是执行机构，当输入量达到动作参数时，它由原来的断开状态转变成闭合状态，并接通被其控制的电路，从而得到一个输出电压。

具体来讲，只要在线圈（即测量机构）两端加上一定的电压，线圈中就会流过一定的电流，从而产生电磁效应，衔铁就会在电磁力吸引的作用下克服返回弹簧的拉力吸向铁心，从而带动衔铁的动触点与静触点（常开触点）吸合。当线圈断电后，电磁的吸力也随之消失，衔铁就会在弹簧的反作用力返回原来的位置，使动触点与原来的静触点（常闭触点）吸合。这样吸合、释放，从而达到了在电路中的导通、切断的目的。对于继电器的“常开、常闭”触点，可以这样来区分：继电器线圈未通电时处于断开状态的静触点，称为“常开触点”；处于接通状态的静触点称为“常闭触点”。

2. 熔断器的作用和工作原理

熔断器又称保险丝，根据电流超过规定值一定时间后，以其自身产生的热量使熔体熔化，从而使电路断开的原理制成的一种电流保护器。所以熔体是熔断器的主要工作部分，它串联在电路中，当该电路产生过载或短路故障时，熔断器先行熔断，切断故障电路，保护电路和电气设备。

熔断器按结构可分为开启式熔断器、半封闭式熔断器及封闭式熔断器三种。在电动车辆上多采用完全封闭在壳内的封闭式熔断器，没有电弧火焰喷出，不会造成飞弧和危及人身安全及损坏电气设备，且可提高分断能力。

熔断器主要由熔体、熔管和插刀等组成。熔体是熔断器的主要部分，它受过载或短路电流的热作用而熔化，从而达到分断故障电路的目的。熔管用以控制电弧火焰和熔化金属粒子向两端喷出。插刀用以和外电路接通。

对熔化材料的要求是熔点低、易于熔断、导电性能好、不易氧化、容易加工和价格低廉。熔体的材料有铜、银、锌、铅等。

熔断器熔断过程一般可分为四个阶段：

（1）通过故障电流而发热达到熔化温度的阶段。这个阶段所需的时间与通过熔体的故障电流值有关，故障电流越大，这段时间就越短。

（2）熔体熔化和蒸发阶段。熔体达到熔化温度后继续吸收热量而熔化和蒸发，这个阶段的时间也与通过熔体的故障电流值有关，故障电流越大，这段时间越短。

（3）间隙击穿和电弧产生阶段。熔体蒸发成金属蒸气后出现间隙，其中充满金属蒸气，金属蒸气很快被游离而出现电弧，这段时间极短。

（4）电弧燃烧和熄弧阶段。这个阶段时间的长短与电流的大小及熔断器的熄弧能力有关，熄弧能力越强，则燃弧时间就越短。但电弧熄灭时不允许产生危害电气设备的过电压。

第二节　牵引控制系统

一、主控制器

（一）主控制器的分类

主控制器有多种分类方法，按控制手柄的操作方式不同可分为手轮式、扳把式、平推式三种；按换向手柄的功能不同，可分为钥匙式和非钥匙式两种；从司机控制器是否有机械锁结构，可分为有锁机构式和无锁机构式两种；从是否有警惕装置，可分为有警惕装置和无警惕装置。

（1）手轮式司机控制器。顾名思义，手轮式司机控制器的控制手柄是以“手轮”的形式存在的，如图 3-34 所示。

这种司机控制器最大的优势是：便于无级输出信号，输出信号的变化非常平稳可靠；没有齿轮传动，因传动而造成的误差几乎为零；控制手轮转动角度很大，可以细致地分割挡位。但是，因为“手轮”的存在，使得司机控制器的外观并不美观，且该司机控制器比较笨重，结构较松散，所需空间较大，对司机操纵台的空间要求较高。

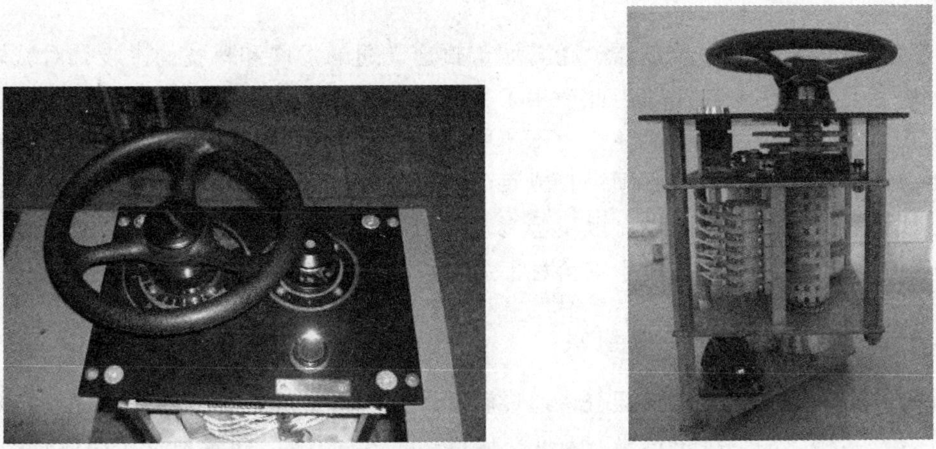

图 3-34　手轮式司机控制器

（2）扳把式司机控制器。扳把式司机控制器的控制手柄是“扳把式”，如图 3-35 所示，其结构紧凑、体积小巧、操作舒适方便。

图 3-35　扳把式司机控制器

但是，由于控制手柄是扳把式，其转动角度有限，故不能更为细致地分割挡位，且扳把式控制手柄的转动是在垂直方向上的一个扇形面，想要达到纯粹的无级调速是比较困难的。另外，在需要无级调速的情况下，该控制手柄的稳定性比较难保证。

（3）平推式司机控制器，如图 3-36 所示。平推式司机控制器的控制手柄的操作方式为平动，即控制手柄进行速度控制是以直线形式动作的。

图 3-36　平推式司机控制器

平推式司机控制器在现阶段是比较新颖的。它可以稳定地进行无级调速，司机在进行操作时非常舒适方便。但是由于这种司机控制器的传动方式为齿轮齿条结构，所需空间非常大，因而造成该司机控制器的体积较大、质量较重、结构较复杂、制造成本较高。平推式司机控制器主要用于轻轨和地铁列车上。

（4）有警惕按钮的司机控制器。随着城市轨道交通的发展和科技的进步，对城轨电动列车的安全性能要求也越来越高，由此产生了带有警惕装置的司机控制器。警惕装置的作用是防止司机在行车过程中因为司机注意力不集中或睡觉等而发生行车事故。有警惕装置的司机控制器要求司机在行车过程中必须一直或每隔一段时间触动警惕按钮，以表明没有睡觉或意识清醒，如果在规定的时间内没有触发警惕装置，则列车会施加紧急制动，以避免事故的发生。该司机控制器广泛应用在对于安全性能要求严格的地铁和轻轨列车上。

（二）主控制器的作用和组成

主控制器实际上是一组转换开关，通过转动两根不同的轴，控制凸轮与之组合开关相应触点的分合发出相应的数字量信号，从而控制列车的运行方向，传递所需牵引制动力的大小，实现列车牵引系统和制动系统的控制。

主控制器的主手柄除了给出牵引指令之外，同时也给出对牵引力的要求和对制动力的要求。

牵引力和制动力的大小是通过调节司机控制器电位器电阻的大小来实现的，其工作原理如图 3-37 所示，其中的电阻 *R* 代表的是“牵引”区域或“制动”区域的单边电阻，两边的结构以“0”位为中心对称。

两个电位器的公共端接地，另一端经限流电阻接至+15 V 直流电源，滑动端随控制手柄的转动而转动，从而改变滑动端和+15 V 电源端之间的电压，该电压信号为模拟量信号，经脉宽调制器或模拟量输入模块变成数字信号后传输给牵引控制单元和制动电子控制单元，从而进行列车的调速。

以 S355E 型司机控制器为例，该司机控制器主要由主控制手柄、方式/方向手柄、组合开关、凸轮、转动轴、钥匙开关、电位器电阻等部件组成，如图 3-38 所示。

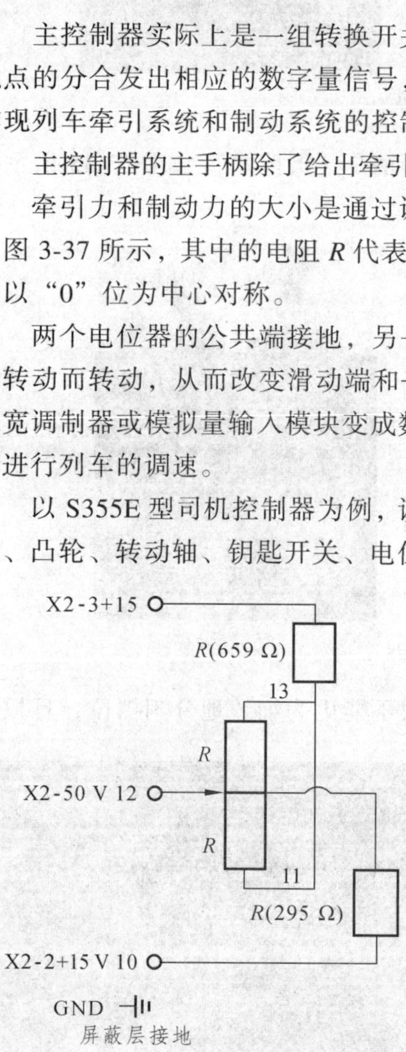

图 3-37 调速电位器原理图

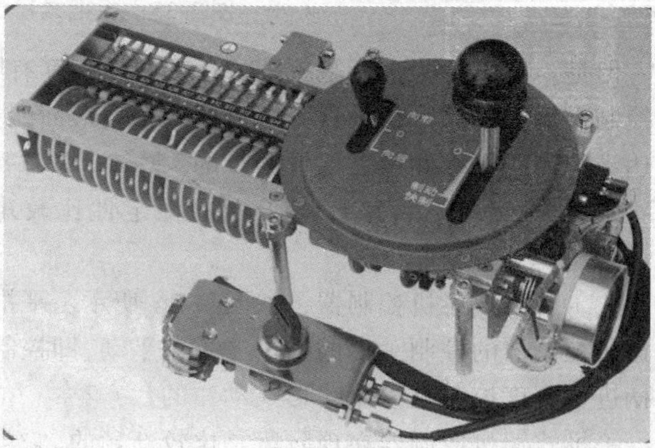

图 3-38 主控制器的组成

为了防止可能产生的误操作，确保列车设备及运行安全，司机控制器的控制手柄、方式方向手柄和机械锁之间有机械联锁。

（三）主控制器的电气性能参数

司机控制器，又称主控制器，主要由主控制（牵引和制动）手柄、方式方向手柄和主控钥匙开关组成。以下以沙尔特宝的 S355E 型司机控制器为例进行描述。

触头型号：S826a/L、S826e/L、S826c/L。

触头额定工作电压（U_e）：DC 110 V。

触头额定工作电流（I_e）：DC 1 A。

触头约定发热电流（I_{th}）：DC 10 A。

触头防护等级：IP40（触头）、IP00（接线）。

给定电位器型号：PW 70（1 043 Ω × 2）。

调整电阻器型号：RX20-10 659 Ω，4 W；RX20-10 259 Ω，4 W。

输入电压：DC 15 V。

0 位：DC（3 ± 0.1）V。

牵引最大位：DC（8.3 ± 0.15）V。

制动最大位：DC（8 ± 0.1）V。

快速制动：DC（8.3 ± 0.15）V。

（四）主控制器的功能

主控制器用于控制电动列车主电路。

S355E 型司机控制器属于凸轮和辅助触头配合实现触点开闭控制的有触点电器。该控制器由上、中、下三层组成，如图 3-39 和图 3-40 所示，上层（面板上）由钥匙开关 1、推拉式控制手柄 3、方向手柄 5、警惕开关 4 和位置标牌等组成。

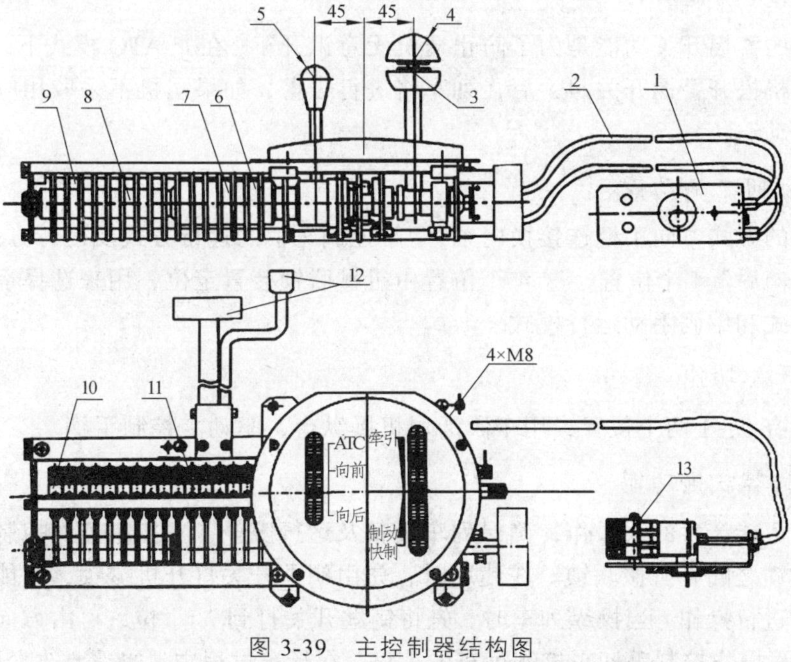

图 3-39　主控制器结构图

1—钥匙开关；2—钢丝绳；3—控制手柄；4—警惕开关；5—方向手柄；6—换向轴；7—换向凸轮；8—控制轴；9—控制凸轮；10—控制辅助触头组；11—换向辅助触头组；12—电连接器；13—钥匙开关辅助触头

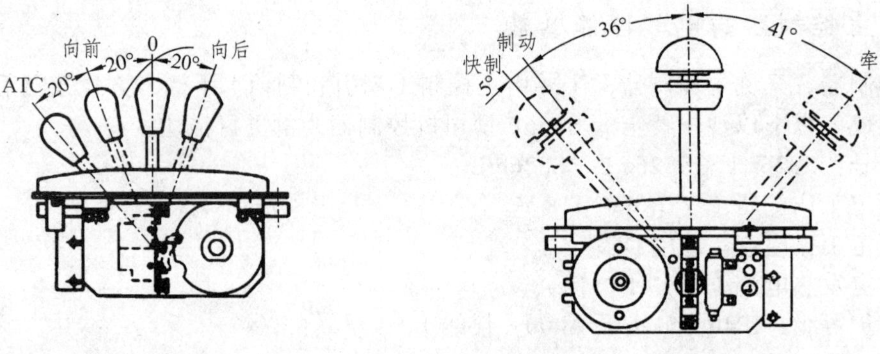

（a）方向手柄　　　　（b）控制手柄

图 3-40　司机控制器左视图和右视图

中层由安装面板组成。下层主要由连锁结构、转轴凸轮结构、辅助触头盒、调速电位器和电连接器等组成。

控制手柄和方向手柄各配置一套转轴、凸轮和辅助触头装置，分别称之为控制轴机构和方向轴机构。

其主要功能如下：

1. 牵引（制动）控制器功能

主控制手柄的牵引（制动）控制器用来控制车辆的电力牵引和制动模式。当主控制手柄在牵引区或制动区时，列车处于牵引工况或常用制动工况，由基准值转换器将手柄的位置信息转换为数字信号后传输给牵引控制单元和制动电子控制单元，实施所需的牵引力和制动力。

2. 警惕开关功能

主控制器的警惕开关功能是为了防止司机无意识开车，在非 ATO 模式下，列车正常运行过程中，当司机松开警惕开关 4 s 后，列车将进行告警，如果司机不采取相应的措施，列车将施加紧急制动。

3. 方式方向手柄功能

主控制器的方式方向手柄连接换向轴，用于控制车辆的运行方式及运行方向，共有“ATC”“向前”“0”“向后” 4 个位置，这 4 个位置由机械联锁装置定位，用来选择运行方向、转换为自动运行模式和编码手动运行模式。

4. 钥匙开关功能

钥匙开关有 0、1 两个位置，用于激活司机操纵台，驱动主控制手柄。

5. 主控制器联锁功能

为了防止可能产生的误操作，确保列车设备及运行安全，主控制器的控制手柄、方式方向手柄和机械锁之间有机械联锁。在使用时，先由钥匙开关打开机械锁，才能对控制手柄和方式方向手柄进行操作。当操纵列车时，先将钥匙开关打到“1”位，再由方向手柄选定列车的行车方向，再操作控制手柄来控制列车的速度。在行车过程中，如需要改变列车的工况时，必须先将控制手柄放回“0”位后，才可进行方向手柄的操作。如果驾驶员需要进行异端操作时，必须将本端驾驶员控制器的控制手柄置“0”位，换向手柄置“0”位，钥匙开关回“0”位，锁闭机械锁，拔出钥匙，方可进行异端操作。在列车的惰行期间，如果方式方向手柄移动到其他位置，牵引控制单元中牵引指令将失效，将启动紧急制动。

二、列车网络控制系统

（一）列车网络控制系统的构成

列车网络控制系统是城市轻轨列车与地铁列车的核心部件，它包括用于列车控制的微机装置、用于车辆控制的微机装置以及连接这些装置实现信息交流的通信网络。就整体而言，轨道交通列车的列车网络控制系统是一个多微机控制系统，一般包括牵引控制单元、制动控制单元、辅助系统控制单元、车门控制单元、空调控制单元、车辆控制单元、列车控制单元（又称中央控制单元）以及轴温检测、故障诊断存储单元和列车运行自动控制（ATC）等采用微机系统的功能控制单元。这些微机之间及微机与人机接口之间的信息传输和工作协调，则需要微机系统功能控制单元通过直接连线方式或通信网络来实现。

现代列车网络控制系统由于其控制的先进性和可靠性已经成为城市地铁和轻轨列车安全、准点运行的重要保障。除此之外，列车通信系统在为旅客提供有效信息服务方面也有着重要的作用。列车通信网络的结构示意图如图 3-41 所示。

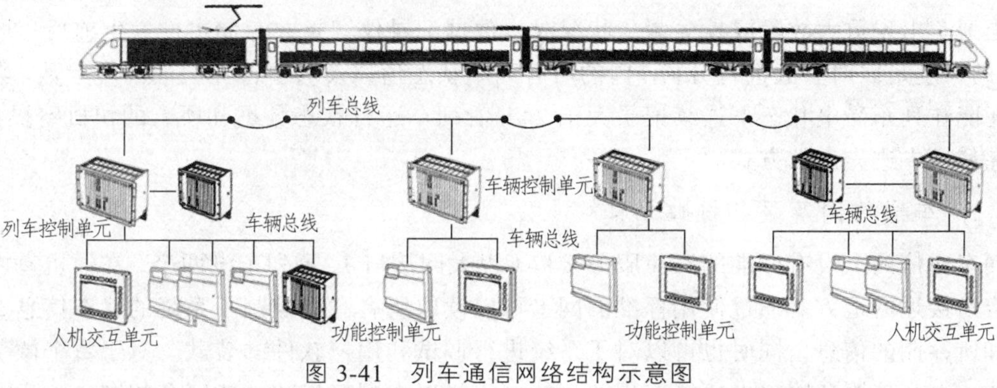

图 3-41　列车通信网络结构示意图

（二）列车网络控制系统的功能

列车网络控制系统通过列车通信网络实现列车控制功能，尽可能地减少列车线的排布，不间断地监视各个微机控制单元运行是否正常，便于快速确定故障原因，精确故障定位。

1. 列车控制功能

列车控制也称中央控制，主要由中央控制单元实现，每列车至少两个中央控制单元，其中一个为主控单元，其他的则为从控单元。

整列车的控制功能基本上由中央控制通过列车通信网络来完成，以尽量减少继电器、接触器、列车布线和接线排等。控制功能包括牵引/电制动控制、行驶方向控制、超速保护、升降弓控制、合分高速断路器控制、基准值转换控制、牵引启动互锁功能、空调控制及车门控制功能等。

关键型的控制具有冗余措施，即与安全和运行有关的控制由中央控制单元和列车通信网络来完成的同时，另有同样功能的硬件电路作备用。

2. 列车状态、过程数据及故障信息的收集功能

列车上所有微机控制的系统直接通过列车通信网络与中央控制单元通信。非微机控制系统通过远程输入/输出终端与中央控制单元通信，通过列车通信网进行列车状态、过程数据及故障信息的收集和传递，实现资源共享。

列车状态信息、过程数据一方面作为故障信息的环境数据，另一方面作为司机室显示器（DDU）的显示信息。

3. 故障的评估和存储功能

主控中央控制单元收集所有子系统的状态信息、过程数据和故障信息进行分析，根据对运行和安全的影响程度以及对部件或系统的破坏程度对所接收的故障进行评估，再划分成不同的等级。

主控中央控制单元对故障的评估结果及其他故障信息存储在本机的存储器中，存储器满足先进先出的功能。同时也将同样的信息送到其他从控中央控制单元中存储，使列车上所有中央控制单元所存储的信息完全相同。

4. 数据记录仪功能

当列车出现重大故障或发生紧急状况时，数据记录仪记录并存储事件发生前后一段时间（时间的长度足以对事故进行分析）内的所有列车状态值以及与事件相关的环境参数。数据记录仪还能在列车受电状态下连续记录大于 24 h 的列车运行状态数据和所有的司机室操作，数据存储采用先进先出的方式。

5. 列车通信网及服务接口功能

列车通信网上设有标准的高速服务接口（以太网接口），每列车设两个，在司机室内维修人员容易接近的地方。通过使用标准的网卡可以读取所有微机控制子系统的状态信息、过程数据和所存储的信息，同时也可以对子系统进行调试和用户软件的装载。对于每个微机控制子系统，在高速服务接口上所能实现的功能与本机以太网接口的功能完全相同。

6. 远程数据输入/输出功能

列车网络控制系统配置足够数量的输入/输出模块。每个输入/输出模块独立供电。单个输入/输出模块或通过它输入、输出的分系统有短路故障时，不会引起整个系统故障。

远程输入/输出模块实现现场开关数字量或模拟量的采集和输出，将采集到的数字量或模拟量信号通过 MVB 总线传输到微机控制单元，实现相应的逻辑判断和控制功能，也可以从 MVB 总线获取中央控制单元发出的数字量或模拟量输出命令给现场的控制设备。

（三）城市轨道交通列车通信网络应用现状

我国的地铁和轻轨交通基本上是从 2000 年以后发展起来的，因此地铁和轻轨列车的技术起点高，基本涵盖了当前的最新技术。应用到地铁和轻轨列车的列车控制系统车载通信网络

协议标准主要有IEC61375-1（TCN）、IEEE1473（LonWorks）、EN50170-3（WorldFIP）、CANopen、ARCNET和实时以太网等。

城轨列车车载通信网络在国内使用相对普遍的为TCN标准，不仅有西门子、庞巴迪等欧洲厂家采用，国内株洲时代、大连电牵、四方所等厂家均采用。下面以TCN通信标准进行重点介绍。上海轨道交通列车上的列车控制系统中主要采用的是TCN通信网络和WorldFIP通信网络。上海轨道交通1号线（部分列车）、2号线（部分列车）、4号线和11号线的列车控制系统采用的是西门子公司的SIBAS系统。图3-42为上海轨道交通4号线列车控制系统一个单元的网络拓扑图。列车运用MVB总线连接6节车厢（其中4辆为动车），每节车厢通过一个MVB重复器（Repeater）连接车厢内的各MVB节点。

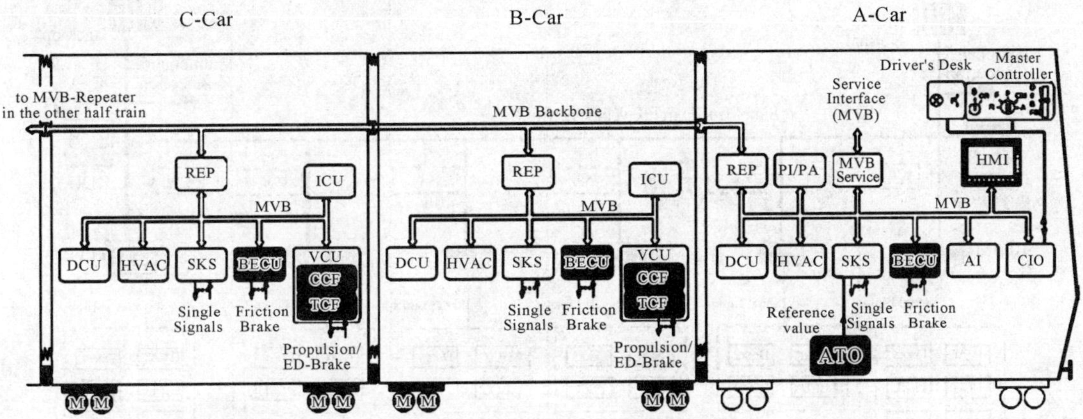

图 3-42　上海轨道交通4号线列车控制系统的拓扑图

上海轨道交通9号线采用是庞巴迪公司的MITRAC系统，其拓扑系统如图3-43所示。

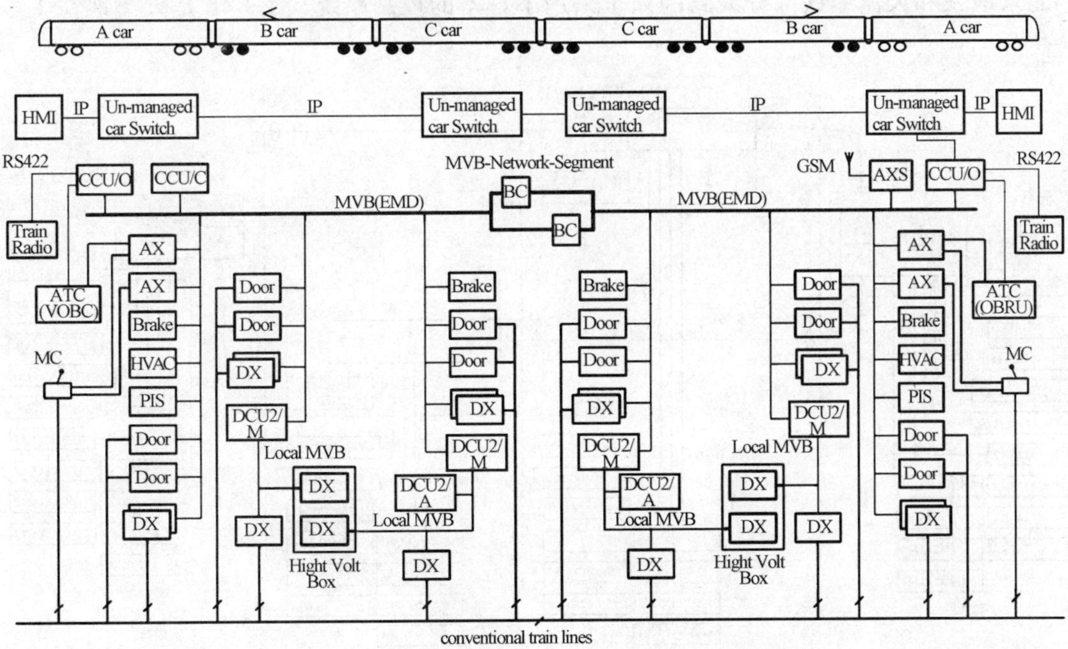

图 3-43　上海轨道交通9号线列车控制系统的拓扑图

列车编组为一个单元 2 动 1 拖，两个单元组成一列车。列车总线采用 MVB，在两个单元之间通过总线耦合器（BC）连接，车厢内的 MVB 节点直接与总线连接。另外在动车的 DCU（驱动控制单元）上还设有局部 MVB 总线（Local MVB），用以连接与 DCU 直接相关的 I/O 单元。

上海轨道交通 3 号线、5 号线、6 号线、8 号线的列车控制系统采用的是阿尔斯通公司的 AGATE 系统。图 3-44 为 8 号线的列车控制系统拓扑图。该系统采用 WorldFIP 总线连接 6 节车厢，通过各车厢的 RIOM 连接车厢内的功能单元。

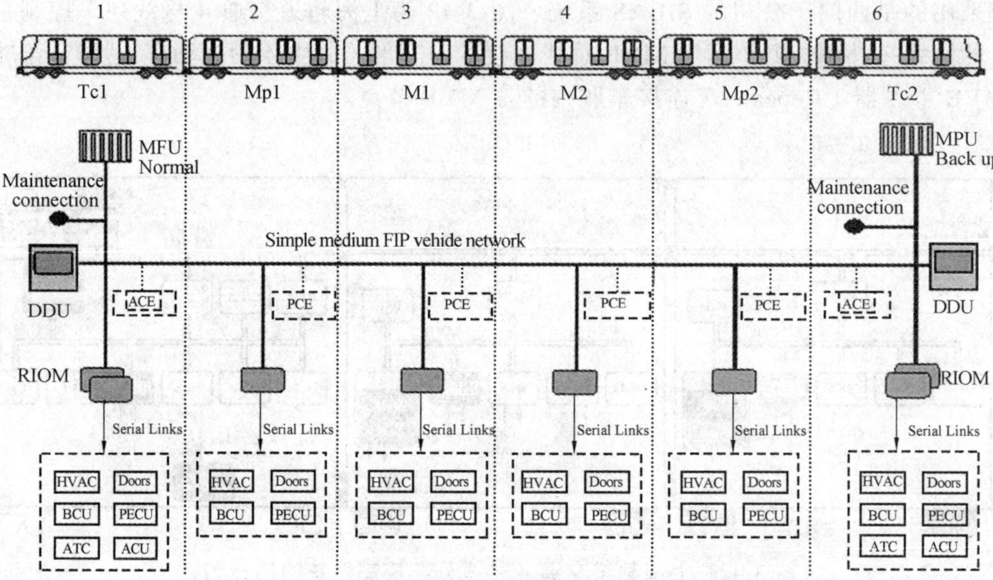

图 3-44　上海轨道交通 8 号线的列车控制系统拓扑图

北京地铁和天津地铁部分线路的列车采用了日本的控制系统，图 3-45 是天津地铁 1 号线

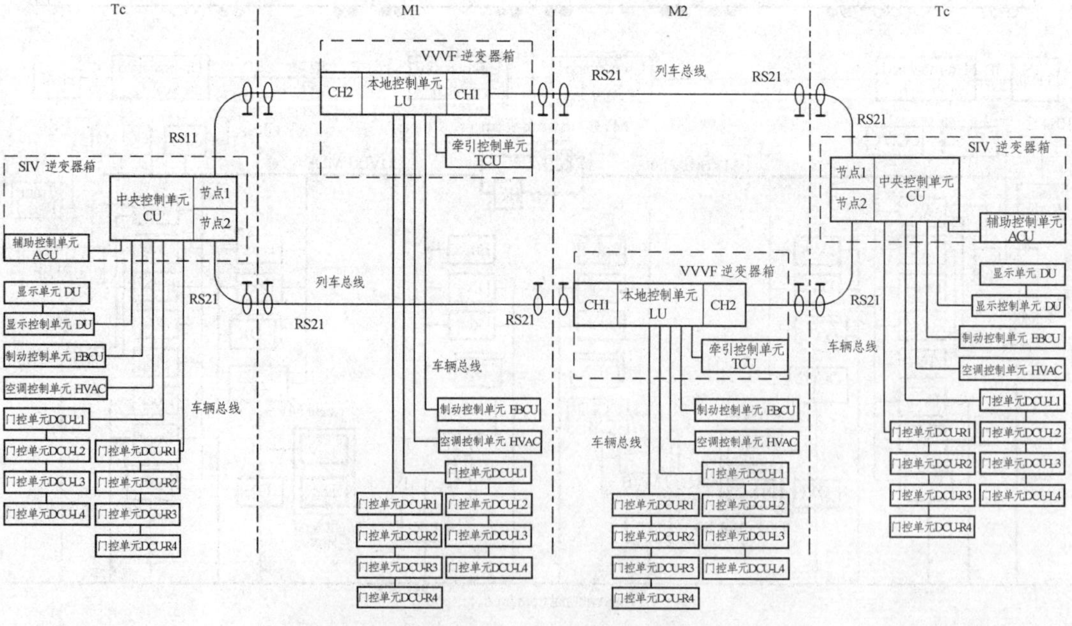

图 3-45　天津地铁 1 号线列车通信网络结构图

列车的列车通信网络结构图。天津地铁 1 号线列车的编组是 1 动 1 拖为一个单元，一列车由两个单元或三个单元组成。列车通信网络采用列车总线及车辆总线两层结构，列车总线采用环型总线结构，车辆总线采用 RS-485 的多点式通信方式。

三、继电器控制回路

1. 列车继电器控制电路的基本构成

电动列车除了网络控制系统以外，还存在着不少有节点的电路，即继电器控制电路。城市轨道交通车辆的有节点控制线路由大量的继电器、开关、按钮、指示灯、电磁阀、微机控制单元等组成。电动列车上的继电器主要起到信号自动切换电路的功能。

继电器控制电路在设计时需要遵循如下原则：

（1）对于开关频繁、负荷较重的继电器应用场合，应根据其容量要求采用相应的镀金触点继电器或接触器。

（2）信号传输在考虑到可靠性和安全性的前提下，尽量用无触点的传输方式（通信总线）取代有触点的传输方式。

（3）控制电路设计时应考虑故障导向安全，即一旦控制电路中的某一部分发生故障，其他部分也不会将故障的影响扩大。

（4）对于重要的信号线和控制部件，应有相应的冗余手段和旁路措施，以便尽量减小故障的影响范围。

（5）控制电路的布线设计应充分考虑接地问题，由于地铁电动列车一般由多节车辆组成，而每节车辆内部又存在多个电气系统，这样极易造成由于各电气系统接地电平的差异而发生列车故障，甚至造成元器件的损坏。

（6）控制电路的布线设计和高压线路之间应有充分的电气隔离手段，以免由于某些意外因素导致控制电路出现高压串扰现象，造成元器件的损坏。

2. 列车继电器控制电路的功能

城市轨道交通车辆控制电路主要由继电器、接触器、传感器和各种微机控制单元组成，控制电路用来控制城市轨道交通车辆的运行，其主要作用为接受司机的操作，并将这些操作转化为控制信号，传输给各个微机控制单元，控制列车进行牵引、调速、制动、开关门、调节客室温度等动作。

列车继电器控制电路主要功能有：钥匙继电器控制回路、升降弓控制回路、分合高速断路器控制回路、警惕按钮控制回路、零速检测回路、紧急蘑菇按钮回路、紧急制动回路、列车方向控制回路、基准值转换回路、牵引联锁回路、牵引逆变器控制、制动控制（停放制动、常用制动、快速制动）回路、制动缓解指示回路、照明控制回路、空调控制回路、车门控制回路以及电热玻璃、汽笛等辅助设备回路。

四、牵引控制单元（TCU）

1. 牵引控制单元的功能

牵引控制单元安装在每个牵引箱内，牵引控制单元用于监控和控制 PWM 逆变器。

TCU 由一个机架组成，它能进行完整的闭环牵引控制和对电流、电压及温度的实际状态进行监控，由一个协同处理器系统进行操作，该处理器系统有清晰的分级任务配置，TCU 的主要功能是控制牵引和电制动力。

2. 牵引控制单元的组成

面板组件如图 3-46 所示。

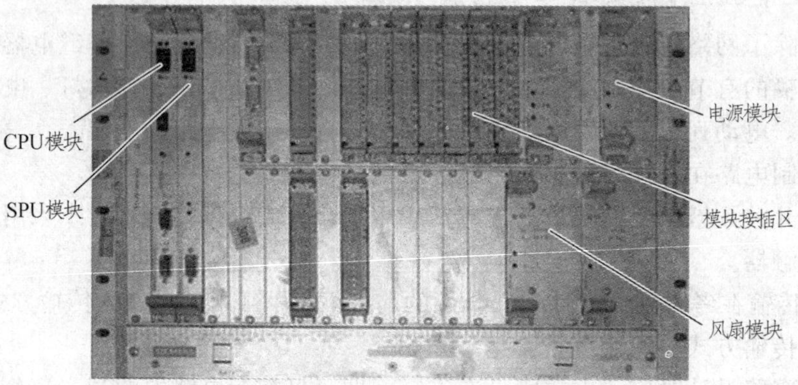

图 3-46　TCU 面板组件

控制流程图如图 3-47 所示。

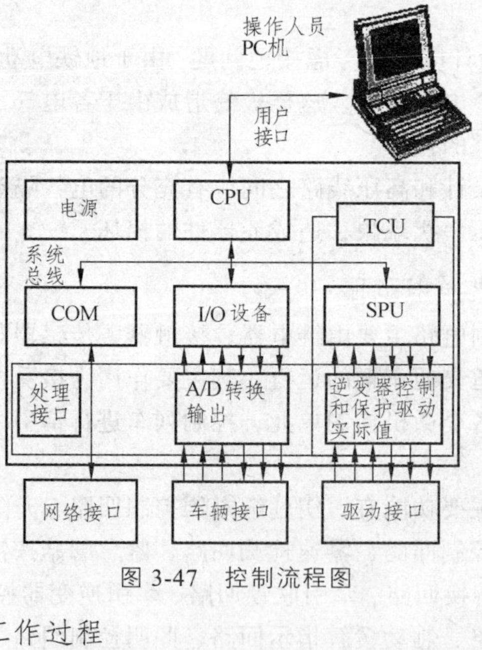

图 3-47　控制流程图

3. 牵引控制单元的工作过程

在电源接通后，程序模块开始对系统初始化。

处理系统和其他的硬件开始初始化，包括对 RAM 内存写入数据、时间的参数化、中断控制器和串行接口。

牵引（制动）的控制信号为数字信号，由 TCU 读取，调压（导通角）和频率是连续变化的，在门极单元中将这两个参数的组合来作为脉冲形式。门极单元产生触发脉冲，然后由放大器放大后将其传送给 IGBT 模块，从而驱动电动机工作，同时检测从模块处发生的检查返回信号来确认导通指令已被执行。

五、中央控制单元（CCU）

中央控制单元对运行的列车和车载部件具有控制、监测功能。列车故障数据将通过总线送至 CCU 用于记录，包括记录 CCU 的内部故障。

1. 中央控制单元的功能

CCU 的32位CPU用于牵引设备功能及列车控制功能的高级别控制，主要包括负载管理、数据记录功能、发出故障信息、对列车总线和车辆总线具有主控功能以及控制车辆其他子系统等。

CCU 以故障发生顺序记录故障及其相应的时间和环境，且向显示器发送，并做出故障等级评估，并通过显示器和显示器内部的蜂鸣器向司机报告，司机可用屏幕上的按钮确认出现的故障。

2. 总线系统的组成

（1）连接 KLIP 分站到 CCU 的分站控制总线（KLIP 总线）。

（2）CCU 接口总线：提供一个与外部 PC 的接口，用于监测 CCU 的内部数据。

（3）用于将三节车单元中的智能型部件连接在一起的车辆总线（DIN 总线），包括 KLIP、CCU、TCU、BECU、DDU。KLIP 用以收集数字输入（输出）信号（如各部件状态信号、接触器控制信号等）和模拟输入（输出）信号（如 ATO 给定的参考值、测量值等）。

（4）中央控制单元 CCU 包含一个中央故障存储单元，RAM 用于存储车辆控制单元故障诊断的数据及启动参数等。

六、制动电子控制单元（BECU）

1. 制动电子控制单元的功能

每节车有一个 BECU（制动电子控制单元），该单元提供制动力指令和防滑的部分控制功能，并且具有负载校正、监控及故障显示功能。

列车施加常用制动时，如果电制动发生故障，该动车当作拖车处理。

在所有制动模式中，除了停放制动，电、空制动都具有防滑保护。

2. 制动电子控制单元的组成

BECU 由 19 英寸的电子机架组成，包括下列插件板：一个中央处理单元插件板、一个诊断器插件板、一个电源插件板、一个串行接插件板口。

3. 制动电子控制单元的工作过程

中央处理单元插件板的中央处理单元（CPU）控制所有的制动控制信号处理及防滑系统的信号处理，根据输入信号，CPU 计算制动力指令值，并将其传给电子-气动模拟转换器。模拟转换器将制动力指令值转换成带有冲击限制及负荷控制的预控压力，由位于模拟转换器内的压力传感器提供反馈电路，用闭环控制来控制输出压力。

BECU 包括干扰和瞬态保护，形成电子电路所需的各种电压的电压模块，用于电磁线圈的施加和释放及故障监控的控制模块的操作。

七、司机显示器

1. 司机显示器的基本构成

司机显示器安装于每个司机室的驾驶台上，如图 3-48 所示。司机显示器通过列车控制网络获取列车各个子系统的状态及故障信息，为司机和维修人员提供人机接口，并可通过 USB 接口提供记录数据的转储接口。

司机显示器为具有触摸式输入屏的彩色 LCD 液晶显示器，主要由外壳、触摸屏、CPU 板、接口板、LCD 显示屏、存储器等部件组成，如图 3-49 所示。

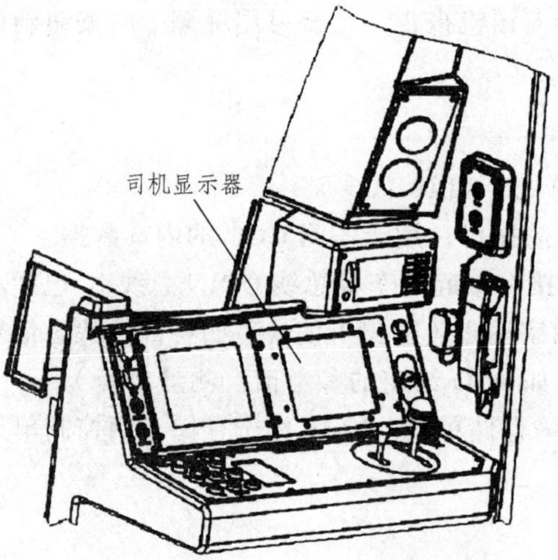

图 3-48　带有司机显示器的驾驶台

图 3-49　司机显示器外形

司机显示器的主要技术参数见表 3-6。

表 3-6　司机显示器主要技术参数

项　目	参　数
外　观	331 mm × 252 mm × 38 mm
质　量	3.1 kg
外　壳	铝
前面板防护等级	IP65
电　源	110 V（DC）最大 20 W（由蓄电池供电）
电源限制	77 ~ 137.5 V（DC）
工作温度	− 25 ~ +70 °C

续表

项 目	参 数
存储温度	−40～+85 °C
显示器	TFT-LCD（薄膜晶体管液晶显示器） 1 024×768，262.000 彩色，400 cd/m^2
背 光	CCFT（冷阴极荧光灯）
触摸屏	表面声波触摸屏反应时间小于 10 ms，怕灰尘，适合于高档环境

2. 司机显示器的功能

司机显示器用于显示列车上各种设备及与列车运行有关的各种信息，如列车速度、当前运行模式、电网电压、电网电流、列车车门状态、制动施加缓解状态、牵引逆变器和辅助逆变器工作状态等，并为操作者提供与各个设备交互信息与数据的接口。司机显示器布局示例如图 3-50 所示。

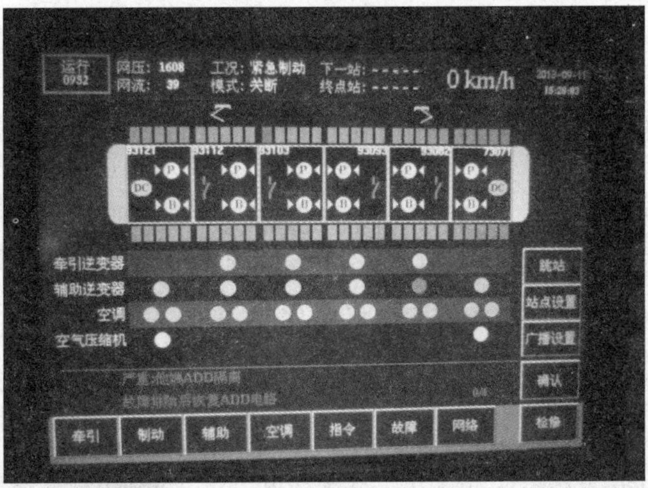

图 3-50 司机显示器基本布局

司机显示器具有如下功能：

（1）一般信息显示：司机室显示器显示常规运行数据，包括日期、时间、当前模式、当前速度、线网电压、线网电流、列车车厢号等信息。

（2）状态信息显示：显示受电弓、高速断路器、列车车门、牵引逆变器、辅助逆变器、制动系统、空调系统等设备的状态数据。

（3）故障信息显示：用红色显示设备的故障信息。

（4）故障信息记录及下载：设备发生故障时，显示器存储一般信息，如日期、时间、速度、距离，以及故障名和发生故障的车辆编号。另外，存储在故障发生前后采集和存储工作波形的环境跟踪数据，便于故障分析。

（5）维修模式功能：进入维修界面，调取更为详细的故障数据，还可以进行时间、轮径等参数的设置。

（6）事件处理建议：故障发生时，根据不同的故障等级，在显示器上以醒目的方式显示故障处理建议，供司机参考。

（7）广播站点设置功能：可以通过触摸屏设置始发站、终点站、越站等乘客信息系统相关信息。

（8）客室温度调节功能：可以通过触摸屏通过集中控制的模式设置整列车的客室温度。此时，各个车厢控制柜内的空调控制模式开关需要旋转至“自动”位。

【案例一】

案例经过：受电弓是城市轨道交通车辆的受流装置之一，受电弓和接触网之间的接触压力对受电弓的受流性能有着直接的影响，因此在日常维护中应加强受电弓接触压力、炭棒磨损情况、分流导线连接状态等情况的检查。本案例为电动列车只升单弓故障排除，要求能够通过合适的工具和界面正确确认故障现象，找到故障点，排除故障并恢复列车状态。

案例解析：

1. 确认故障现象

（1）列车处于得电状态，否则启动列车，激活蓄电池，并转动司机钥匙至“ON”位，激活司机室。

（2）检查司机显示器，找到故障受电弓的位置。

2. 查找并排除故障

（1）查看相关控制电路图，分析可能的故障点。

（2）打开 Mp 车设备柜，检查柜内的升弓继电器线圈是否吸合。

（3）用万用表测量，检查升弓继电器供电是否正常。

（4）检查 Mp 车设备柜内的紧急落弓开关是否在切除位，如图 3-51 所示。

（5）用万用表测量，检查升弓相关线缆是否有电，如无电，则检查接线松脱或接线错误。

（6）断开该回路空气开关，将接线恢复。

（7）合上该回路空气开关，重新升、落该受电弓，受电弓升、落弓恢复正常。

（8）整理工具清场，操作完成。

【案例二】

案例经过：空气制动系统是城市轨道交通车辆至关重要的安全部位，直接影响到行车安全，必须保持良好的状态。空气制动系统是车辆检修工作的重点之一，因此在日常维护中应加强制动系统各部件及风管的检查，如停放制动风缸、空气压缩机、电子制动控制单元、气制动控制单元、各类阀门以及制动控制回路等。本案例为停放制动不缓解引起的牵引无效故障，要求能够通过合适的工具和界面正确确认故障现象，找到故障点，排除故障并恢复列车状态。

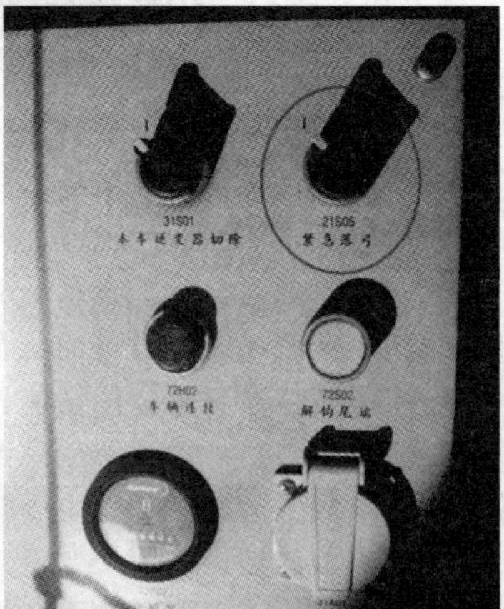

图 3-51　紧急落弓按钮

案例解析：

1. 确认故障现象

（1）列车处于得电状态，否则启动列车，激活蓄电池，并转动司机钥匙至“ON”位，激活司机室。

（2）按下停放制动缓解按钮，观察司机台上的停放制动缓解指示灯以及司机显示屏上的停放制动指示图标。

（3）发现停放制动没有缓解。

2. 查找并排除故障

（1）查看相关控制电路图，分析可能的故障点。

（2）打开 Tc 车设备柜，检查 KLIP 显示情况。

（3）用万用表测量，发现停放制动缓解继电器线圈不得电；检查继电器所有接线，发现接线接头松脱或接头错误，如图 3-52 所示。

图 3-52　停放制动缓解继电器不得电

（4）断开该回路的空气开关，并恢复接线。

（5）合上该回路的空气开关，按下停放制动缓解按钮，列车恢复正常。

（6）整理工具清场，操作完成。

复习思考题

1. 轨道交通车辆的受流装置共有几种形式？每一种受流形式又有哪些分类方式？
2. 请简述避雷器的基本工作原理。
3. 请描述轨道交通车辆牵引逆变器的基本功能及组成。
4. 请描述主控制器的作用和组成。
5. CCU 的全称是什么？它有哪些功能？
6. 司机显示器的功能有哪些？

第四章　列车辅助系统

【学习目标】

1. 了解轨道交通车辆辅助供电系统主要部件设备；
2. 了解轨道交通车辆辅助控制系统的基本组成；
3. 掌握轨道交通车辆辅助供电系统及辅助控制系统主要部件设备的结构和功能。

【知识要求与技能要求】

1. 能够读取并判断辅助逆变器故障，并能初步分析故障原因；
2. 能够掌握轨道交通车辆辅助供电系统及辅助控制系统主要部件设备的技术参数；
3. 能够检查辅助供电及控制系统各电器设备的接线及状态；
4. 能够根据综合线路图对轨道交通车辆辅助系统常见故障进行判断和处置。

第一节　辅助系统设备

一、辅助供电系统

（一）辅助系统的供电网络

目前，全国地铁的辅助系统供电网络主要分为三种：交叉供电形式、分段供电形式、并网供电形式。

1. 交叉供电形式

交叉供电形式主要用于年代较早的地铁列车，每个辅助逆变器负责相应的负载设备，当辅助逆变器发生故障时，辅助逆变器所对应的负载设备立即停止工作，如图 4-1 所示。

交叉供电形式的特点从列车布线和控制方式两方面来说是非常简便的，无须 TCMS 系统配合，然而这种供电的缺点是，当辅助逆变器发生故障时，相应的负载设备将停止工作，尤其是空调机组停止工作，在夏天时对乘客的舒适度会有明显下降。

因此，为了保证在某台辅助逆变器发生故障时，列车仍能可靠运行，在负载分配上采取以下措施：

（1）将整列车的辅助逆变器按其负载的性质分成两组供电系统，当一台逆变器发生故障时，能保证在每一节车辆上有一半通风空调系统能得电工作，从乘客的乘坐舒适性及必需的车厢通风考虑，这种负载分配方式是极其必要的。

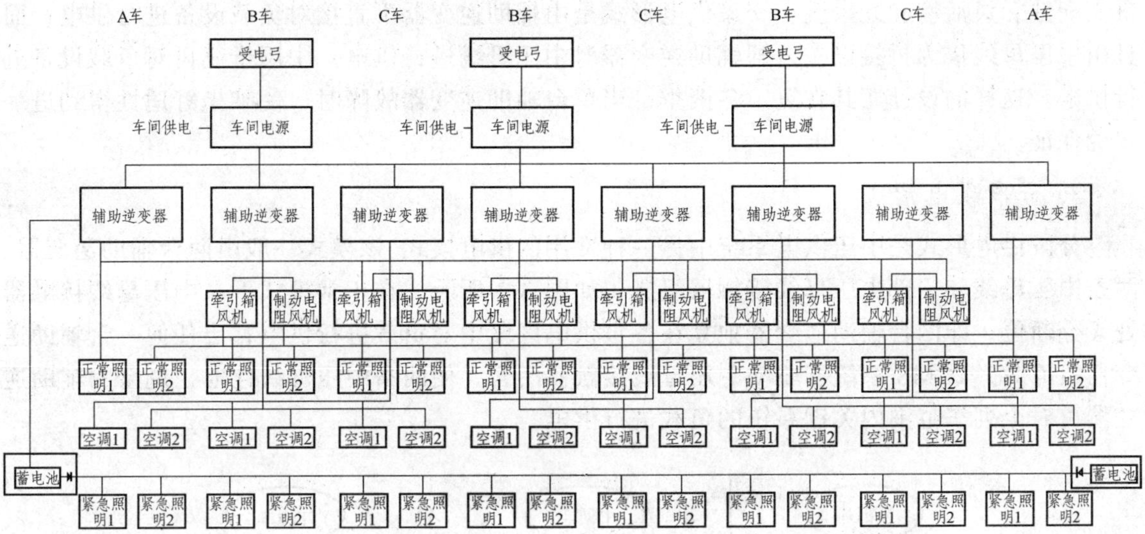

图 4-1　交叉供电形式示意图

（2）另一组供电系统由存余的几台（一般为两台）辅助逆变器组成，它为整列车提供 DC 110 V 电源。

（3）在正常工作状态时，该组供电系统内的几台辅助逆变器各负担全列车一般的冷却通风负载。当有一台辅助逆变器发生故障后，该逆变器所承担的负载自动切换至另一台逆变器承担，以保证整列车主要电气设备的冷却通风正常工作。

2. 并网供电形式

并网供电形式是目前逐步应用于地铁列车领域的一项新技术，并且在未来地铁行业发展中成为辅助系统的主流技术趋势，如图 4-2 所示。

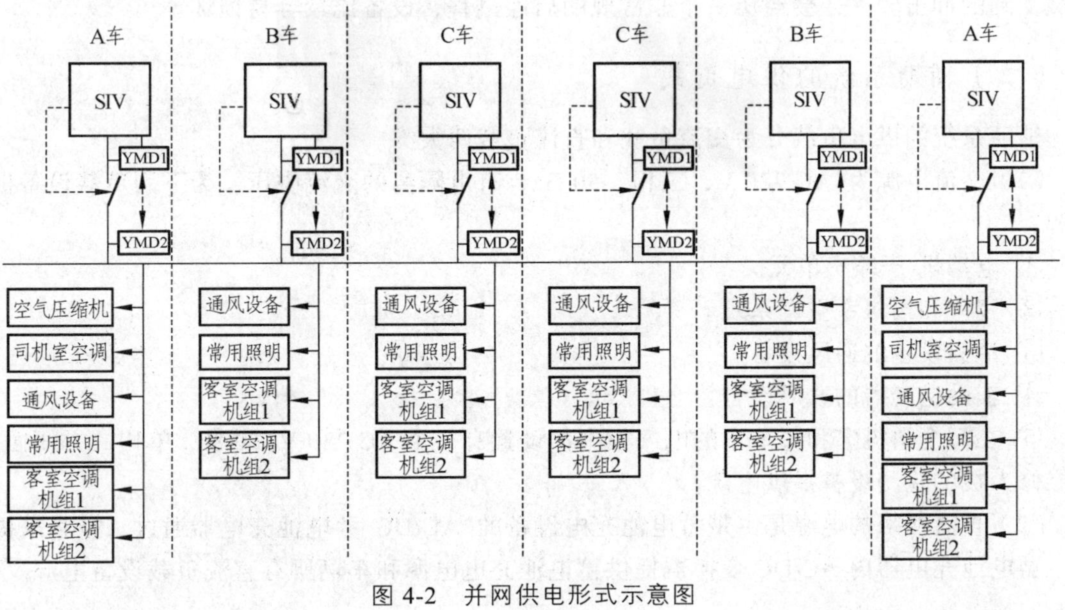

图 4-2　并网供电形式示意图

和原有的交叉供电模式相比，中压交流并联供电技术的最大优势在于提高了辅助电源的可支配性、灵活性和冗余度。交叉供电形式是由辅助逆变器不直接对负载设备进行供电，而且由中压母线作为桥接设备，即辅助逆变器对中压母线进行供电，中压母线再对负载设备进行供电。这样的设计尤其在夏、冬两季，当单台辅助逆变器故障时，使乘坐舒适性得到进一步的保证。

3. 分段供电形式

分段供电形式是中压供电系统中另一种常用的供电模式。该模式一般由两台辅助逆变器、两条中压母线和一部中压母线接触器组成，如图 4-3 所示。在正常模式下，中压母线接触器处于分断位，即两台辅助逆变器独立在各自供电区段中对负载进行供电；当任何一台辅助逆变器故障时，TCMS 系统会驱动中压母线接触器闭合，使两条中压母线连通，剩余的辅助逆变器可对全列车范围内关键系统的负载进行供电。

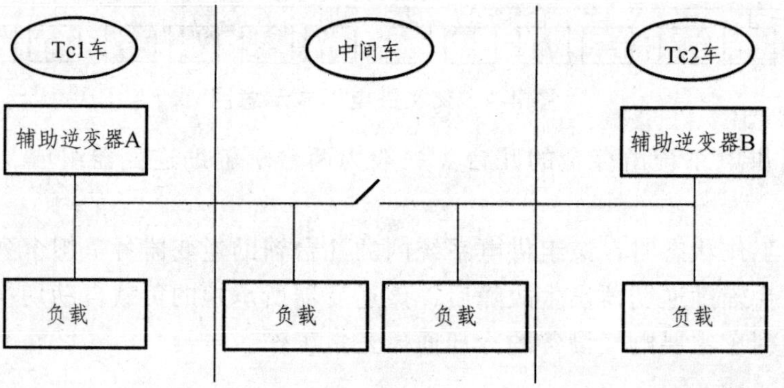

图 4-3　分段供电形式示意图

这种供电模式平时各自独立供电，控制简便，然而该供电模式在辅助逆变器发生故障时，负载受到的冲击较大，会经历一个非常规的启停过程，设备比较容易损坏。

（二）辅助系统的供电负载

辅助系统的供电负载分为交流负载和直流负载两大类。

（1）交流电源为 AC 380 V，三相，50 Hz，有电隔离的交流中压，为下列负载设备提供电源：

① 电动机-压缩机单元。

② 客室和司机室空调系统。

③ 牵引设备的通风设备。

④ 辅助逆变器的通风设备。

⑤ 在每个司机室和每节车的电气柜中都设置有一个 AC 230 V，50 Hz，单相的方便插座，为维修人员的检测设备提供电源。

（2）直流网络的电源是由带蓄电池充电设备的 AC/DC 蓄电池充电器通过二极管来提供的。蓄电池充电器内 AC/DC 变换器提供蓄电池充电电源和车辆所有直流负载设备电源。

直流蓄电池充电器提供额定 DC 110 V 电源，直接提供至：

① 内部紧急照明。

② 外部照明（包括 24 V DC/DC 变换器）。

③ 其他司机室设备。

④ 控制电子（牵引/制动控制单元、静止逆变器控制单元、车门控制单元等）。

⑤ 蓄电池充电。

⑥ 通信系统（列车网络控制设备）。

⑦ 维护和诊断系统。

⑧ 监测/控制电路。

⑨ 列车自动控制系统车载设备。

二、辅助逆变器

1. 辅助逆变器的组成和功能

辅助逆变器主要由直流滤波环节、三相逆变环节、三相滤波环节、隔离变压环节、整流环节、输出环节组成，如图 4-4 所示。

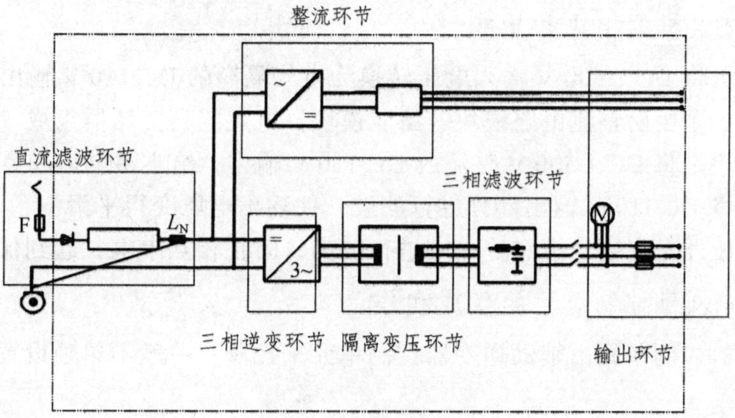

图 4-4　辅助逆变器逻辑图

直流滤波环节：一般列车采用 LC 直流滤波环节，即采用一个电抗器和电容器组成直流输入端的滤波环节，为了过滤接触网中的高次谐波，确保直流输入端的波形良好。

三相逆变环节：采用三相桥式逆变电路，将输入端的 DC 1 500 V 电压转换成 AC 400 V 交流电，该环节是辅助逆变器的主要环节。

隔离变压环节：一般采用隔离变压器，主要是起两个作用。第一是变压作用，三相逆变环节输出的 AC 400 V 交流电降为 AC 380 V 交流电；第二是起到隔离保护作用，如果辅助逆变器的主回路存在短路故障，不会影响到负载，如果负载存在短路故障，不会影响到辅助逆变器，将负载和辅助逆变器进行隔离保护。

三相滤波环节：将 AC 380 V 交流电进行三相滤波，确保输出波形良好。

整流环节：以桥式整流电路组成，将电压转换成 DC 110 V，供给直流负载使用。

输出环节：辅助逆变器将 AC 380 V 和 DC 110 V 进行输出，传送到负载或者中压母线上。

2. 辅助逆变器控制单元的组成和作用

辅助逆变器控制单元主要由控制模块、驱动模块、通信模块、检测模块、保护模块组成。

控制模块：控制模块里会存入程序代码，辅助逆变器控制单元会执行既定的逻辑控制。

驱动模块：会使辅助逆变器 IGBT 驱动板进行开或者关操作，控制 IGBT 驱动板的占空比。

通信模块：负责辅助逆变器控制单元和列车控制单元的数据通信互通，将辅助逆变器状态发送给列车控制单元，接收列车控制单元的指令。

检测模块：负责收集辅助逆变器的各种电压传感器、电流传感器、风速传感器、流量传感器等外部数据。

保护模块：主要进行过压保护、过流保护、过载保护、温度保护等保护动作，将故障影响降低到最低。

三、蓄电池充电机

1. 蓄电池充电机的组成和功能

蓄电池充电机将 DC 1 500 V 输入电压转换为电气隔离的 DC 110 V 输出电压。

蓄电池充电机主要由整流电路模块、滤波模块、电气隔离变压器组成。

整流电路模块是将 DC 1 500 V 整流成 DC 110 V 输出，给主蓄电池和直流负载供电。

滤波模块是将 DC 110 V 输出部分进行滤波，使输出电压变得平滑。

电气隔离变压器是将输出端和输入端进行隔离，防止相互串电，起到保护作用。

2. 蓄电池充电机控制单元的组成和作用

蓄电池充电机控制单元由辅助逆变器控制单元来控制，一般不单独设置单独的蓄电池充电机控制单元。

四、主蓄电池

1. 主蓄电池的组成和作用

列车的主蓄电池由 DC 110 V 镍镉可充电电池单体相互串联组成，一般由 80 只或 84 只单体组成一组电池组，在国内已运行的列车中，蓄电池按容量分有 60 Ah、120 Ah、140 Ah、160 Ah 四种。蓄电池容量的选择是由列车在紧急状态（接触网断电）时的直流负载所决定的。在车辆设计过程中，需要对直流负载的功率进行预估和测算，并留有一定余量，以便选择合适容量的蓄电池。

蓄电池按组分有每列车两组和四组蓄电池两种。每个电池组以浮充电模式与逆变器充电器相连接，每一蓄电池组装在蓄电池箱（见图 4-5）内，采用充足的自然通风。蓄电池为列车在启动及紧急状况（无高压电源）时为列车的直流和交流负载提供 45 min 的电源。

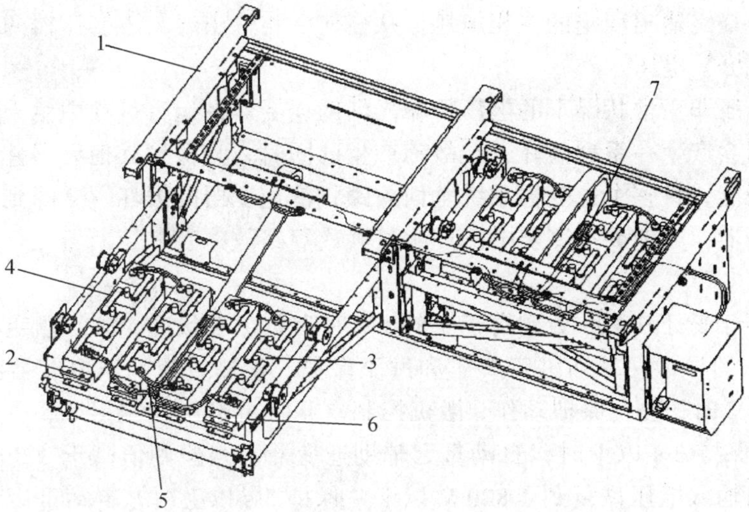

图 4-5　蓄电池箱

1—蓄电池盒；2—蓄电池托架；3—电池组；4—电池连接条；
5—电缆连接器；6—托架框；7—温度传感器

2. 主蓄电池的功能

列车启动时，主蓄电池为列车启动时的电气设备提供直流电源，直至列车辅助逆变器正常工作，之后主蓄电池处于浮充电状态。

在列车运行过程，若整列车失去高压电源时，主蓄电池的容量也能够为下列负载提供 45 min 的电能：客室紧急照明、列车控制系统和监视设备、车辆通信设备、头灯及尾灯、紧急通风设备。

在为以上负载提供 45 min 的电能内，还要求能打开或关闭车门一次。这样列车在失去高压的紧急状况下，主蓄电池保证了列车上的必要设备能继续工作，保障了列车的安全性能。

3. 主蓄电池的化学特性

目前，轨道交通车辆的蓄电池多采用镍镉碱性蓄电池，镍铬蓄电池具有使用寿命长（充放电循环周期高达数千次）、机械性能好（耐冲击和振动）、自放电小、低温性能好（－40 °C）等优点，被广泛应用在各个领域。

五、线网供电和车间外接电源供电

1. 线网供电

（1）线网电压正常状况下的电压传输。城轨列车辅助逆变器额定的工作电压为直流 1 500 V，当线网电压在直流 1 100 V 和直流 1 800 V 之间波动时，辅助逆变器均能正常工作。从受电弓或集电靴接受的直流高压电经过预充电单元以及电抗器和电容器滤波后，送至两个并联的 IGBT 逆变器模块，在辅助逆变器控制单元的控制下，将两个逆变器模块错开一定角度的 PWM（脉宽宽度调制）输出电压分别送入三相变压器，由变压器耦合得到接近正弦的十二阶梯波，最后经正弦滤波器滤波得到低谐波含量的三相准正弦电压，输出电压稳定后输出接触器闭合，最终输出稳定的三相电压。从任何一相输出线与主变压器的中性点之间均可得到单相交流 220 V 电压。

（2）线网电压非正常状况下的电压传输。辅助逆变器在运行过程中由于某部件的损坏或外界因素的原因会产生一系列故障，在故障产生的同时，为保护其他元器件不受损坏，逆变器有快速保护功能，将整个逆变器系统全面封锁，使逆变器的损坏程度降到最低。如在电网输入端接有熔断器，当辅助逆变器电路产生过载或短路故障时，熔断器先行熔断，保护电路和电气元件。

线网电压处于低于 1 100 V 或高于 1 800 V 时为非正常状况，辅助逆变器的电压传感器检测到线网电压的异常，从而进行欠压和过压保护。检测直流滤波电容器的端电压，当检测值低于 1 100 V 时，触发保护动作，微机控制单元不再发送控制指令，当输入电压回复到 1 100 V 以上并保持 3 s 以上时，自动重启辅助逆变器。当检测值高于 1 800 V 时，也将触发保护动作，当输入电压恢复到 1 800 V 以下并保持 3 s 以上时，自动重启辅助逆变器微机控制单元。

此外，还有霍尔电流传感器对输出电流进行监控，如果故障电流大于最大限制电流，就封锁逆变器的输出，进而进行保护。

辅助逆变器的有些故障可自动复位，不要求司机采取任何措施。故障有一个重复限制，这样不会连续复位。如果在 1 min 内发生第二次同类故障，辅助逆变器运行被锁定，要求手动复位。

2. 车间外接电源供电

车间外接电源是城市轨道交通列车进行静态调试时，由于受流器不能从供电接触网得到电源而使用的辅助受流器。它主要供列车在检修库内整车调试或部分设备需进行有电检查时使用，将外部电源通过电缆插头与列车车间外接电源插座相连，便可供电给列车电源系统。车间外接电源只向列车的辅助系统供电，一般通过隔离二极管或接触器与列车主电路隔离。

车间电源系统由电源插座盖、电源插座、熔断器、接触器和隔离二极管组成，如图 4-6 所示。车间电源的电气元件与其他高压电气元件集中在箱内，由电源插座提供 DC 1 500 V 电源。

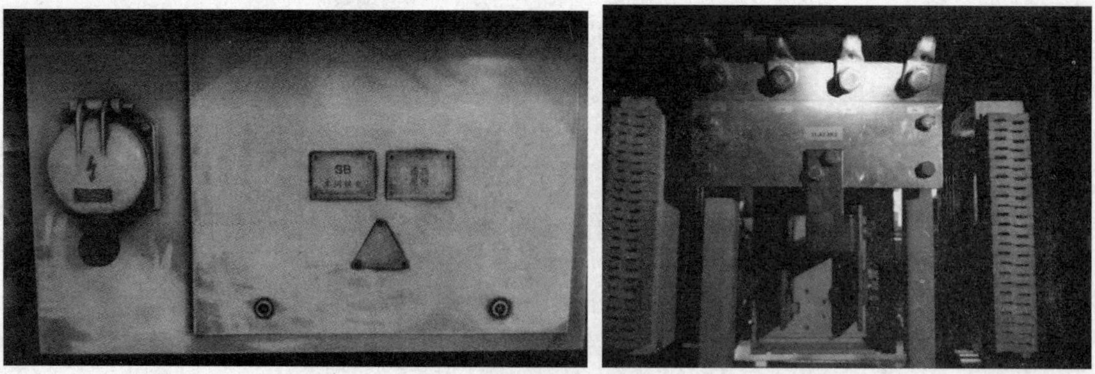

图 4-6　车间电源

六、中压母线与低压母线

1. 中压母线的电压和负载

辅助供电系统中的中压母线由列车上的辅助逆变器供电，贯穿整个列车，为轨道交通车辆上的交流负载提供交流 380 V、50 Hz 电源。

中压母线的负载主要为交流负载，负载设备有：

（1）电动机-压缩机单元。

（2）客室和司机室空调系统。

（3）牵引设备的通风设备。

（4）辅助逆变器的通风设备。

（5）在每个司机室和每节车的电气柜中都设置有一个 AC 220 V、50 Hz、单相的方便插座，为维修人员的检测设备提供电源。

2. 低压母线的电压和负载

辅助供电系统中的低压母线由列车上的蓄电池充电机供电，贯穿整个列车，为轨道交通车辆上的蓄电池浮充电，同时为全列车的直流低压控制设备提供直流 110 V 电源。

城市轨道交通列车上一般有两条低压母线，其中一条由蓄电池输出开关控制，称为永久母线；另一条由列车激活开关控制，称为非永久母线。

低压母线的负载主要为直流负载，负载设备有：

（1）内部紧急照明。

（2）外部照明（包括 24 V DC/DC 变换器）。

（3）其他司机室设备。

（4）控制电子（牵引/制动控制单元、静止逆变器控制单元、车门控制单元等）。

（5）蓄电池充电。

（6）通信系统（列车网络控制设备）。

（7）维护和诊断系统。

（8）监测/控制电路。

（9）列车自动控制系统车载设备。

第二节　辅助控制系统

一、照明系统

1. 头灯控制

轨道交通车辆前端的头灯用于列车运营过程中前进方向的照明，供司机对前方路况及信息进行观察。

头灯位于每节 A 型车的 1 位端，采用卤素灯或更优的灯具，提供“远光”和“近光”两种照度。两盏头灯通常安装于列车前端的端墙下方左右两侧对称的位置，分别装在带有嵌装玻璃可调的灯具中，该灯具允许进行水平和垂直方向的适当调节。在晴天、正常工作并无其他光源时，要求头灯在“亮”照明强度工况下，在距离列车紧急制动距离处照度不应小于 2 Lux，这是因为当列车在最高时速（80 km/h）时，其紧急制动的正常制动距离为 $190 \times (1 \pm 0.05)$ m，这样 215 m 的照度距离保证了司机在操作时，一旦发生异常情况能有效采取紧急制动措施，确保列车运营安全，避免对列车或阻挡物（人、设备等）的不必要损坏。

头灯模块保证能方便地从车体外部更换灯泡。头灯防护等级为 IP65。

远光灯和近光灯具有方向调整功能；由一组附有压簧的调整螺钉将其固定，调整时旋转调整螺钉，此时弹簧随动，以使反光镜保持所需要的位置，反光罩调整螺钉孔与螺钉之间留有的间隙，可使反光罩上下左右调整均为 ±8°，光柱调整到预定位罩既可，因螺母具有自锁紧功能，不全因振动而自行松动。

2. 尾灯控制

尾灯的作用是可以确保本列车会被后续列车观察到。尾灯使用 LED 灯具，安装在每节 A 型车的 1 位端，尾灯安装于头灯相邻的位置，其形状大小与头灯类似，由蓄电池供电。

在晴天、正常工作并无其他光源时，要求在 215 m 处能见到尾灯亮，尾灯为红色，尾灯防护等级为 IP65。

3. 运行灯控制

城市轨道交通列车的运行灯是用来显示列车运行状态的指示灯。红色运行灯亮，表示本车为列车尾端或本车反向行驶。白色运行灯亮，表示本车为列车前进方向或为主控制室端。

运行灯由两组不同颜色的不聚光灯组成，分别安装于列车后端墙上近车顶的左右两侧，一般两组灯具的颜色分别为红色和白色，见表 4-1。

表 4-1 运行灯控制表

操作条件	主控室端	非主控室端
蓄电池激活	头灯灭，尾灯亮，红色运行灯亮	头灯灭，尾灯亮，红色运行灯亮
钥匙激活，方向手柄在 ATC 位	头灯亮，尾灯灭，白色运行灯亮	头灯灭，尾灯亮，红色运行灯亮
钥匙激活，方向手柄在向前位	头灯亮，尾灯灭，白色运行灯亮	头灯灭，尾灯亮，红色运行灯亮
钥匙激活，方向手柄在“0”位	头灯亮，尾灯亮，红色、白色运行灯均亮	头灯灭，尾灯亮，红色运行灯亮
钥匙激活，方向手柄在向后位	头灯亮，尾灯亮，红色、白色运行灯均亮	头灯亮，尾灯亮，红色、白色运行灯均亮

4. 客室照明和应急照明控制

客室照明为列车客室正常照明，一般情况下，列车客室照明为正常开启。

应急照明为列车应急情况下的紧急照明，当列车发生紧急情况下，应急照明需要一直亮起，一般紧急照明为每节车的两端照明，确保客室内视线可见即可。

司机室设有照明开启和关闭旋钮，可选择客室照明/应急照明开启或关闭。

二、乘客信息系统

（一）乘客信息系统的基本组成

乘客信息系统为乘客提供预报站及到站语音广播、紧急报警、站点信息显示、多媒体信息播放，以及为乘务人员提供广播对讲和视频监控。该系统主要由列车广播系统、媒体播放系统以及视频监控系统三个子系统组成，上海某条线路车辆的乘客信息系统的网络拓扑图如图 4-7 所示。

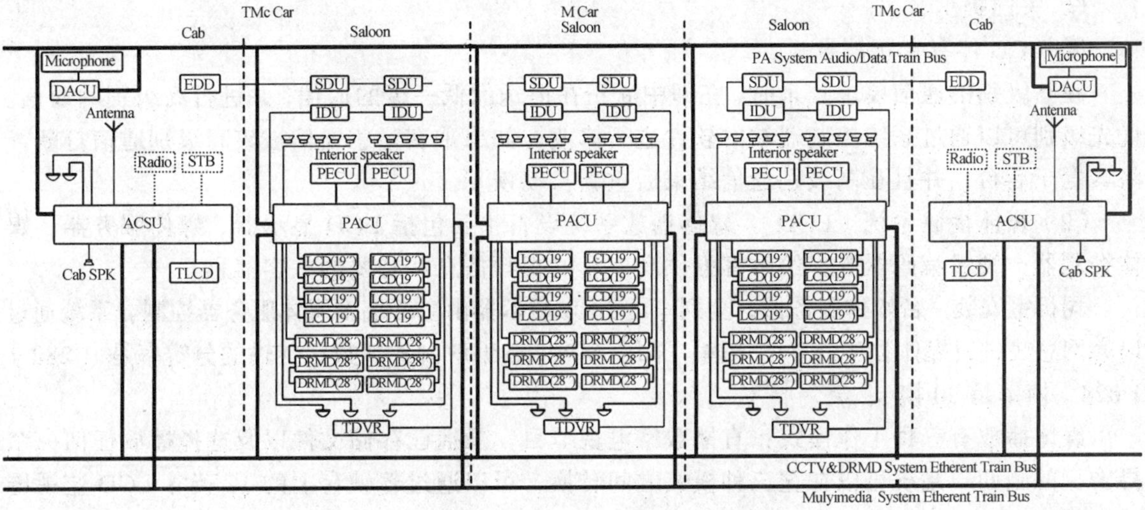

图 4-7　乘客信息系统网络拓扑图

（1）列车广播系统（PA）。广播系统具有以下音频通信功能：

① 司机对客室广播。

② 两个司机室之间的对讲。

③ 乘客与司机紧急对讲。

④ 紧急信息广播。

⑤ 数字化报站广播。

⑥ 关门提示音广播。

⑦ LCD 伴音音频信号。

⑧ 运营控制中心对客室广播。

列车广播系统同时具有以下信息显示功能：

① 前端目的地显示。

② 车侧目的地显示。

③ 客室内部信息显示。

④ 动态地图显示。

其中，LED（发光二极管）信息显示与广播系统同步。

广播系统提供给司机可控的 8 种通信方式和给乘客乘车时语音上的必要信息。优先级顺序可根据用户需要，使用系统设置软件进行调整。该 8 种通信方式的缺省优先级排列如下：

① 运营控制中心对客室广播。

② 司机与司机对讲。

③ 乘客与司机对讲。

④ 司机对客室广播。

⑤ 紧急信息广播。

⑥ 数字化报站广播。

⑦ 关门提示音。

⑧ LCD 伴音音频信号。

在高级别的通信要求到来时，立即中断正在播送的低一级的通信，并进行高级别的通信。优先级别可以通过系统控制器端的软件进行修改。如果乘客紧急通信被较高级别通信打断，将其置于后台，并且在高级别通信结束后重新自动恢复。

（2）媒体播放系统（LCD）。媒体播放系统设备主要包括 LCD 显示器、媒体服务器、媒体控制器、视频编码器等，给乘客提供高质量的视频信息和必要的旅客信息。

司机室安装一台媒体服务器，全列车的 LCD 显示器由激活端多媒体服务器控制。系统通过以太网总线进行媒体数字信息的传输。采用 MPEG4 编解制式，数字传输的分辨率是 1 280 × 1 024，帧率是 30 帧/s。

媒体播放有三种工作模式：直播数字电视节目、录播已存储文件以及选择播放任何一个摄像机的画面。系统可以在这三种模式之间转换，可以通过驾驶台上的 12 英寸 LCD 监视屏实现转换操作。

列车乘客信息系统的媒体播放系统具有以下功能：

① 播放实时数字电视信息。

② 本地存储信息播放。

③ 显示运营信息以及紧急信息等。

④ 显示选定的摄像机画面等。

（3）视频监控系统（CCTV）。列车视频监控系统可以给司机室提供客室监控状况，同时实现与车门紧急解锁装置、乘客紧急报警装置、火灾报报警系统的联动功能，并对监控录像进行存储。

各司机室安装一台彩色半球红外摄像机、一台硬盘录像机和一台 12 英寸的触摸显示屏。客室安装三台 300 万像素的 360°静态全方位摄像机。

视频监控系统履行以下功能：

① 司机室监控。

② 客室监控。

③ 与车门紧急解锁装置、乘客紧急报警装置、火灾报警系统联动。

④ 对监控视频进行存储。

（二）乘客信息系统的基本功能

乘客信息系统的具有如下功能。

1. 广播系统功能

（1）司机对乘客广播。列车运营时，司机操作广播控制盒（或单击触摸屏）上的 PA（广播）按钮，如果没有其他更高优先级的功能正在执行，司机对乘客广播功能被激活。

司机按下 PTT（Push-To-Talk）按钮，司机的播报内容传送到客室扬声器和其他司机室扬声器，同时本地监听扬声器关闭，避免回音。

司机对客室广播可以通过以下任一条件终止：PTT 按钮被松开的时间达到 60 s；激活该功能的司机再次按下控制面板上的 PA 按钮；有优先级更高的广播功能被激活。

司机广播在两个司机室均可启动，按操作的时间先后确定优先级。

在两列车重联时，通过车钩以太网总线和音频总线的连接，司机可以对所有客室广播。司机广播在每个司机室均可启动，按操作的时间先后确定优先级。

（2）乘客与司机紧急对讲。在客室出现紧急情况或突发事件时，乘客可按下设置在客室内紧急对讲装置上的按钮，并通过按钮旁的内藏式对讲装置与司机对话。乘客紧急对讲装置激活时，可以触发视频监控系统，将报警车厢的画面显示在司机室的触摸屏监视器上。

列车上乘客发出的通话请求包括车厢编号及乘客紧急对讲装置编号等报警信息自动显示在触摸屏监视器上。当有多路报警时，触摸屏将显示所有的报警点，司机可选择任意报警点进行通话，还可一次性复位所有的紧急呼叫请求。

（3）无线电广播。列车运营时，运营控制中心（OCC）可以通过客室扬声器对乘客广播。列车广播系统为无线电装置提供一组控制接口与一组音频接口，能够自动接收车载无线设备的控制激活信号，将从音频接口接收的音频信息通过广播系统对乘客广播。

（4）紧急信息广播。当遇到紧急情况时，如发生火灾、严重故障等，司机可以通过 HMI（人机界面）选择相应的紧急广播信息进行播报，广播控制单元将预先录制好的信息内容通过客室扬声器播放，同时列车上所有文字显示器上显示相应的紧急信息，司机通过监听扬声器可监听紧急信息的广播。

紧急广播的优先级高于正常报站广播，可随时中断正常报站广播，取消紧急广播后可自动返回正常报站广播，不需要重新设置路径和跳站。

紧急信息（预定义信息）的数量最多可达到 150 条，循环次数可以为 1 次/多次/无限次。循环时间间隔可通过软件进行调节。显示及播报内容可由用户进行编辑。

（5）数字化报站。列车广播系统提供普通话、英文两种语言的数字化语音报站功能，播报信息可以由 TCMS 自动触发，也可以通过 TCMS 的 HMI 手动触发。司机可通过操作 HMI 来激活和终止当前广播。同时司机可以通过监听扬声器监听客室广播。

数字化报站采用 MP3（一种数字音频压缩格式，可将音频压缩为极小的文件，用于从网上下载音频文件）的语音格式，存储在广播控制单元的 FLASH 闪存中，通过音频线进行播放。系统提供 200 个车站，每站至少 60 s 的音频，总体能提供 360 min 的语音播报和显示内容。司机室主控制器提供以太网维护端口，通过维护软件，可进行编辑和下载数据，方便用户操作。

站间广播分为三次：出站广播、进站广播、到站广播。

（6）关门提示音广播。当列车广播系统接收到 TCMS 的关门信号时，开始播放关门提示音。

关门提示音采用 MP3 的语音格式，存储在广播控制单元的 FLASH 闪存中。能够存储多种类型的提示音语音文件，其长短和类型可由用户选择调整，播放次数与循环间隔由用户设置。

关门提示音的音量可通过触摸屏进行单独调节，并可根据环境噪声进行自动调整。

（7）目的地信息显示。在司机室的前端各设 1 个目的地显示屏，在每节车两侧各设 1 个目的地显示屏，显示屏由本车厢的广播控制单元控制。

运营开始时，本车厢的广播控制单元通过 RS485 总线将显示内容发到本车厢的目的地显示屏上。广播控制单元不间断查询各个目的地显示屏的状态，并且将收集到的状态信息和故障信息发到 TCMS。

（8）客室内部信息显示。客室两端贯通道上方各安装一块显示屏，由本车厢的广播控制单元控制其显示内容，对超出屏幕显示数目的文字内容采用滚动显示模式，可根据需要在维护软件中选择移动、静止、展开、淡入、淡出等效果。广播控制单元不间断查询各个客室内部信息显示屏的状态，并且将收集到的状态信息和故障信息发到 TCMS。

（9）动态地图显示。客室内安装动态地图显示屏，动态地显示列车到站信息，采用全点阵显示屏，显示列车的运行线路、运行方向、终点站、列车将要到达的下一站、换乘站和用于换乘的相应线路、客室侧门打开侧指示等信息。

驶过的车站用红色点，前方到站使用闪烁的黄色点，下一站以后的各站用绿色点表示，显示屏上的每个点显示方式可由用户通过软件进行编辑。

2. 媒体播放系统功能

（1）摄像机画面显示。可以通过触摸屏进行设置，选择包括司机室和客室中任意一台摄像机的画面播放到客室内的 LCD 屏幕上。

（2）紧急信息播放。在列车遇到紧急情况时，司机通过 HMI 手动触发紧急信息，广播系统接收到该指令后通过媒体播放系统控制本列车所有 LCD 显示终端全屏显示该预案处理信息，紧急预案处理信息需预先存储在多媒体服务器的硬盘中。

（3）运营信息显示。媒体服务器通过与广播系统的接口接收运营到站等信息，进行编码处理后在 LCD 显示器上分区显示。站名显示与自动报站一起同步设定。显示的车站信息与广播系统存储的运营路线一致。

运营信息的显示内容和方式用户可通过软件编辑。

（4）媒体伴音播放。LCD 显示屏自带扬声器，播放视频时可以播放伴音，可以通过驾驶台触摸监视屏上的 LCD 播放界面进行控制、调节音量大小及开关。司机对 LCD 显示屏音量所进行的所有操作由系统进行记录，并保存在操作日志中。

3. 列车视频监控系统功能

（1）图像采集传输。系统采用全数字网络化监控方案，通过交换机和网线构成列车以太网络，客室的硬盘录像机集成在客室车辆控制器中，通过以太网接口连接各个摄像机。

客室摄像机采集的图像经过编码处理后保存在司机室的监控硬盘上。各视频图像通过编码器编码为 MPEG4 格式，存储文件分辨率可达 704×576，其格式为通用格式，可用通用播放器进行播放。同时也将车厢号、图像摄取时间、摄像机编号、图像水印等信息一并写入视频图像数据。

摄像机采集的图像为高清晰度、低时延的稳定图像，在车厢内平均照度不小于 200 Lux 的情况下，监视图像质量不低于 GB 50198 中规定的 4 级（图像上稍有可觉察的损伤或干扰，但并不令人讨厌），回放图像质量不低于标准中规定的 3 级（图像上有明显的损伤或干扰，令人感到讨厌）。

（2）视频图像显示。车厢的视频监视信息通过以太网实时发送到司机室监控触摸屏，司机可通过触摸屏选择查看各车厢的监控情况。可以分屏显示各客室和司机室的视频图像。可以通过触摸屏或 PTU 管理软件更改其显示方式。

司机通过视频监控屏选择指定的摄像头后，视频监控主机即调用所选择摄像机信号在触摸屏上显示，同时可以设置选择指定的摄像头画面发送到客室内 LCD 屏幕上显示。

（3）报警联动。系统具有联动功能。当有客室侧门紧急解锁装置解锁、乘客紧急对讲装置激活、火灾报警等事件发生时，视频监控主机在接收到对应的紧急事件触发信号后，自动在视频监控触摸屏上显示对应位置的视频图像，并有声光报警提示。系统默认全屏显示报警事件对应位置摄像机的视频图像，对应摄像机的图标变成红色，同时相应的叠加字符也变成红色进行告警提示。如果存在多个报警，则以轮巡的方式显示所有报警点所对应位置的视频监控图像。触发的乘客紧急对讲装置编号及所在的车厢编号同时显示在监控触摸屏上。

（4）视频存储。司机室内的录像机采用大容量数字存储硬盘，所有摄像机采集图像 25 帧/s，存储硬盘可连续存储 360 h。当存储空间不足时（达到 95%），硬盘录像机发出报警信息，并在监控触摸屏上显示报警信息，并启动覆盖机制，按照先进先出的方式，自动覆盖最早录制的视频文件。

为方便系统维护，实现视频文件查询、回放和下载等功能，可对视频文件的命名规则、大小、存储机制进行规定。

三、火灾报警系统

1. 火灾报警系统的基本组成

火灾报警系统由控制卡组成，控制卡和报警线路连接。

2. 火灾报警系统的基本功能

火灾探测系统自动监控车辆上的指定区域，所有的操作状态都可通过无电压触点传递给列车控制系统。

热传感器受环境温度控制，一旦温度高达 90 °C，控制单元会接收到一个信号，传感器上红色 LED 灯闪烁。

烟雾探测器由一个测量箱和白色聚碳酸酯罩内的电路板组成。烟雾探测器传感器的功能依照光学原理，如果箱子里有烟雾，光电二极管被这两束脉冲光线中的任意一束击中，则烟雾探测器进入警报状态，白色 LED 灯变亮，显示警报（发红光）。

四、车门电气控制

车门电气控制主要包含车门正常的开关门控制逻辑，以及 ATP 开门旁路使用后车门的控制逻辑。

ATP 开门旁路的作用是在通号设备无法发出开门允许信号的情况下，允许车门可以被打开的旁路开关。

1. 车门控制工作的前提条件

（1）司机激活钥匙，主控制器钥匙接通继电器的线圈得电。

（2）列车速度为 0 km/h，车辆速度>0 继电器的线圈失电。

对于第一个条件，只要司机用司机钥匙打开主控制器时，就可满足。对于第二个条件，只要列车处于静止状态，就可满足。所以，一般来说只有列车静止时，车门控制回路才能得电工作。

2. ATP 开门旁路未切除时车门的控制

以开左侧门为例，在此工作状态下，列车车门解锁和复位指令由 ATP 发出。当列车进站以后，车载 ATP 系统收到车站 ATP 装置的解锁指令，使 ATP 允许开左门继电器的线圈得电后，驱动左门解锁继电器线圈得电，使车门解锁，为开门创造条件。

当车门解锁后，司机按下左门开门按钮，这样 SIBAS KLIP 输入模块监测到一个高电平，判断出司机希望执行开左门操作。

当列车停靠一个站台规定时间后，车载 ATP 系统收到车站 ATP 装置的复位指令，马上使车上所有的左门解锁继电器线圈失电，为关门后锁门创造条件。

当司机按下关左门按钮，这样 SIBAS KLIP 输入模块会监测到一个关门低电平，判断出司机希望执行列车关左门操作。

3. ATP 开门旁路切除时车门的控制

当司机将 ATP 开门旁路旋钮开关拨向切除位置后，旁路状态指示灯得电发光，同时 ATP 装置和切除相关的输入变为低电平。SIBAS KLIP 输入模块监测到一个高电平，判断出司机已经使用 ATP 开门旁路。

当列车进站时，只有当司机按下开左门按钮后，81-K02 继电器线圈得电，然后车上所有左门解锁继电器线圈得电，使车门解锁，为开门创造条件。此时 SIBAS KLIP 输入模块监测到一个高电平，判断出司机希望执行开左门操作。

由于 ATP 车门系统已被旁路，当关门按钮按下后，才使车上所有车左门解锁继电器 81-K04 继电器线圈失电，为关门后锁门创造条件。SIBAS KLIP 输入模块监测到一个低电平信号，判断出司机希望执行关左门操作。

4. 开门的过程控制

当司机按下开门按钮，SIBAS KLIP 输入模块监测到开门信号后，SIBAS KLIP 输出模块会使车门继电器线圈得电，然后车门进行解锁，车门也会随即打开。

5. 关门的过程控制

当司机按下关门按钮，SIBAS KLIP 输入模块监测到关门信号后，SIBAS KLIP 输出模块会使关左门延时继电器得电，并且切断开左门继电器线圈供电，这样车门会向关门方向运动，当车门运动到锁定位置时，车门被锁闭，关门过程完成。

五、车门安全回路控制

车门安全回路是司机确认车门是否关好且锁好的重要回路，当两侧车门全部关好且锁好时，司机室的关门灯会亮起，司机根据关门灯的状态可以有效知道车门已经全部关好锁好，当有一扇车门或者多扇车门没有关好且锁好，司机室的关门灯就会灭掉，司机可以再根据司机室显示屏上的车门状态知道哪扇车门没有关好。

部分列车的关门灯设置为一个，部分列车的关门灯即左右侧关门按钮，数量为两个，如图 4-8 所示。

图 4-8　驾驶台上的关门灯

每扇车门有四种限位开关参与安全回路控制，分别是关到位限位开关、锁到位限位开关、切除限位开关、紧急解锁限位开关。其中，关到位限位开关、锁到位限位开关、紧急解锁限位开关为串联关系，切除限位开关和其他三种限位开关为并联关系，如图 4-9 所示。

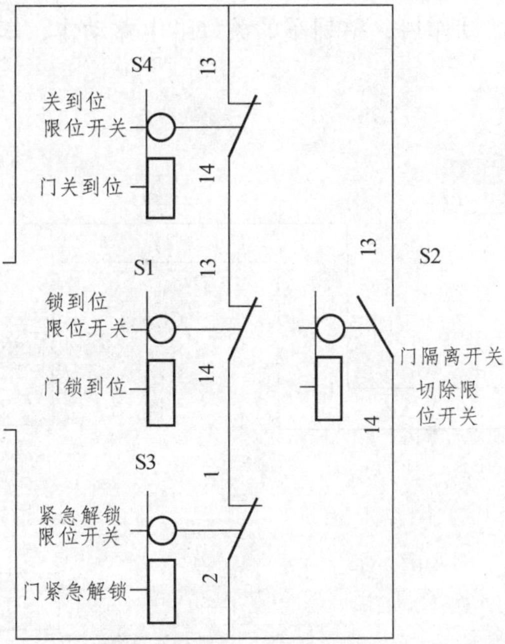

图 4-9　车门安全回路逻辑关系

每节车车门左右侧都有一个车门关好继电器控制，当一扇车门关好锁好且未使用切除开关和紧急解锁装置，一扇车门的限位开关建立通路，当五扇车门的限位开关都建立通路后，单节车的车门关好继电器工作，如图 4-10 所示。

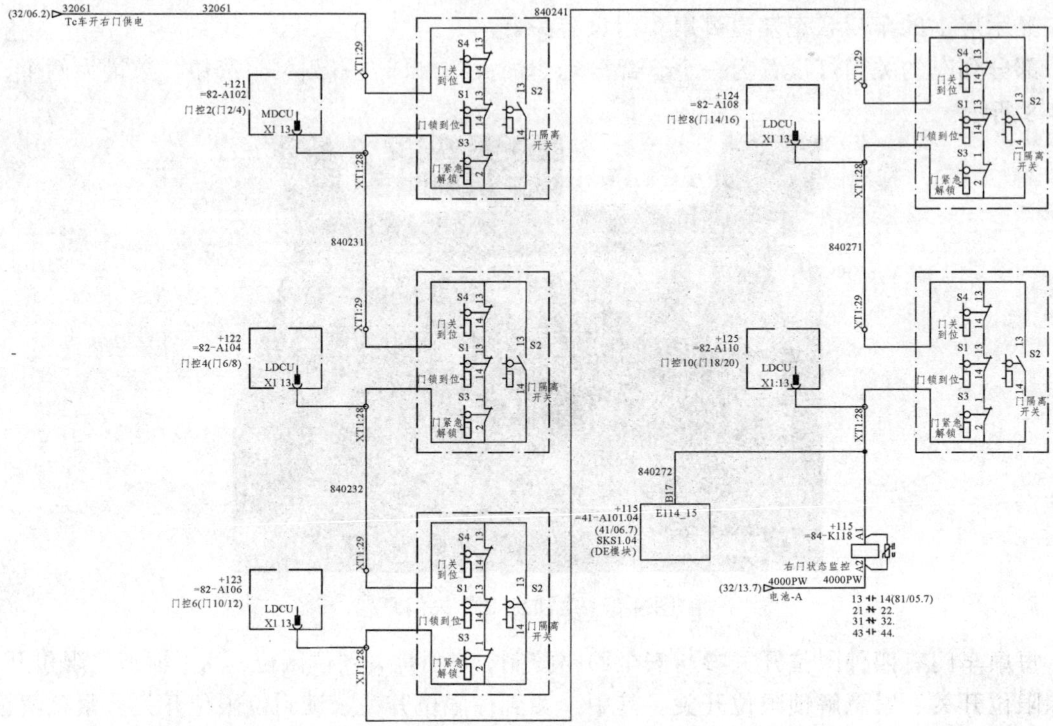

图 4-10　单扇车门关好控制回路

当所有车门关好继电器动作后，整列车的关好继电器动作，车门的关门灯立即亮起，如图 4-11 所示。

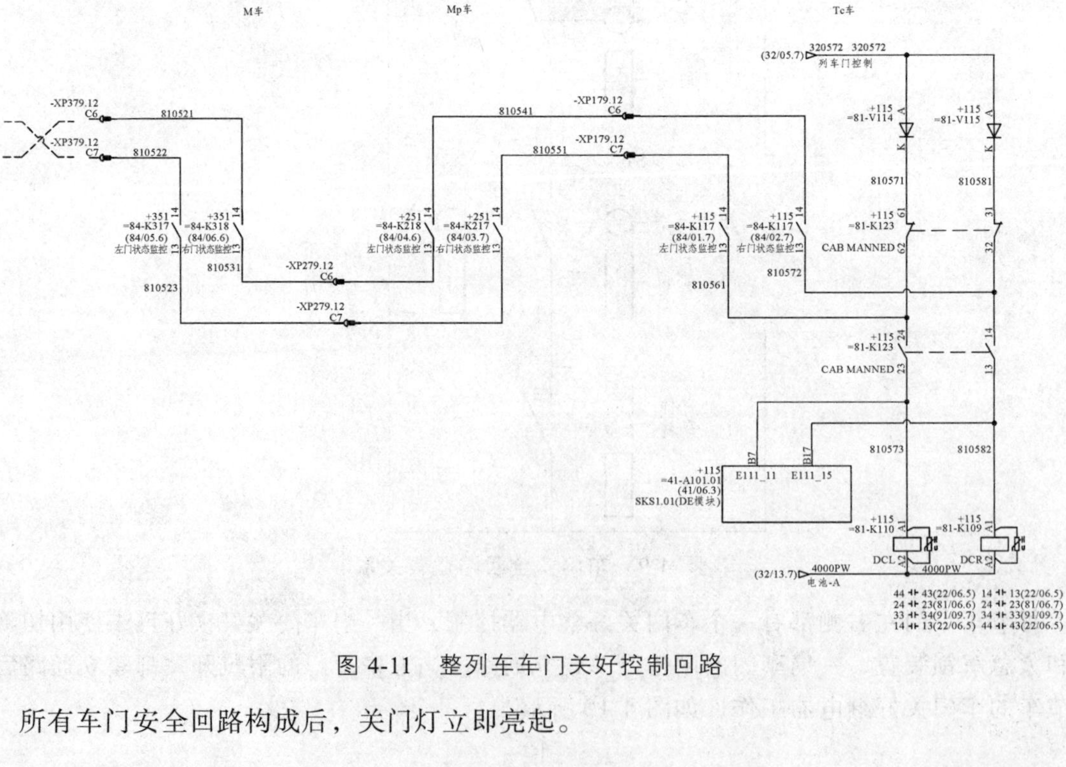

图 4-11　整列车车门关好控制回路

所有车门安全回路构成后，关门灯立即亮起。

【案例一】

案例经过：蓄电池是列车辅助供电系统的重要组成部分，其状态直接影响列车启车、应急供电等一系列功能。列车检修工应掌握蓄电池日常维护保养内容，做好蓄电池的液位高度和电压值检查。

案例解析：

（1）确认列车处于收车状态。

（2）打开蓄电池箱，断开蓄电池闸刀（见图 4-12 的“1”）和断开负极保险（见图 4-12 的“2”）。

图 4-12　断开蓄电池砸到和负极保险

（3）打开蓄电池箱盖，拉出蓄电池组，如图 4-13 所示，检查蓄电池箱的外观、底部及内部是否有漏液现象，通风孔及漏液孔是否通畅无杂物。

图 4-13　蓄电池组外观检查

（4）查看蓄电池液面，如果液面过低时，需加液。查看方法有两种：一种为通过蓄电池盒外的液位刻度检查法，正常液面须在最大刻度线以上 5 mm 处，如图 4-14 所示；另一种为通过玻璃棒直接测量液位高度的方法，正常高度在铅板上 20 ~ 60 mm，如图 4-15 所示。

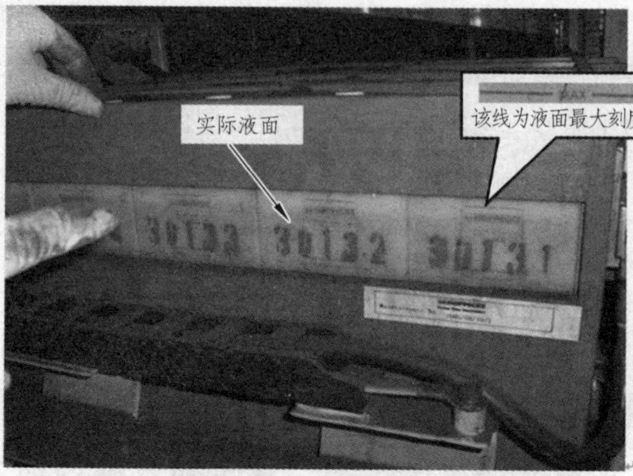

图 4-14　液位刻度检查法

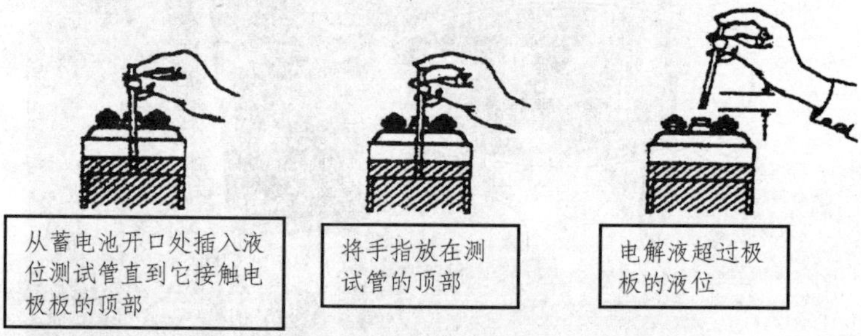

图 4-15　玻璃棒测量法

（5）测量蓄电池单体电池的电压，该电压正常值≥1.2 V，如图 4-16 所示。

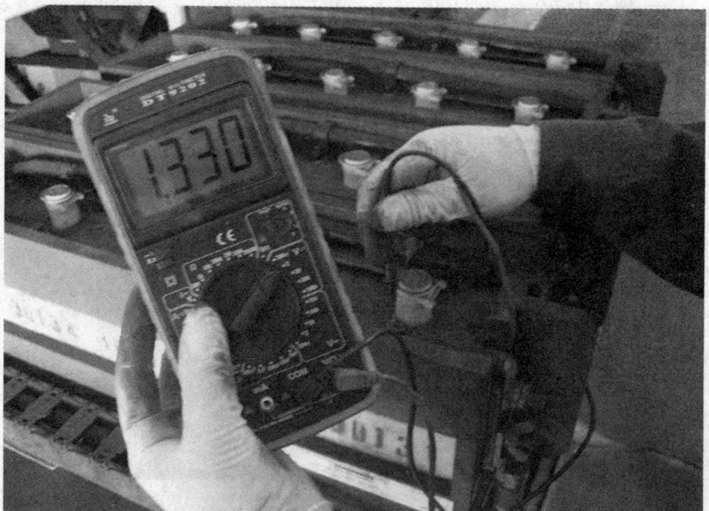

图 4-16　测量蓄电池单体电池电压

（6）测量蓄电池组整体电压，该电压正常值≥100 V，如图 4-17 所示。

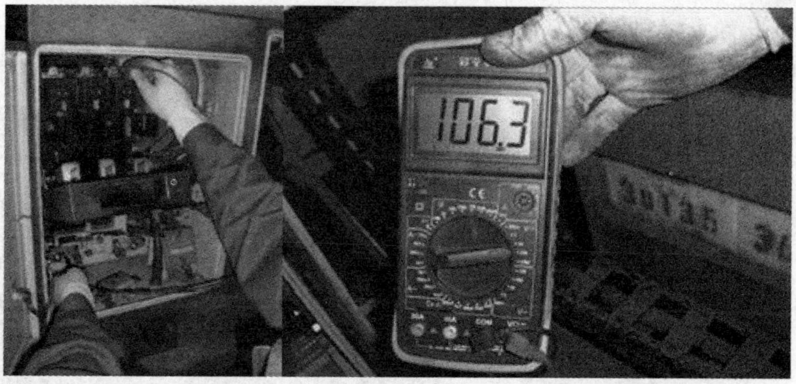

图 4-17　测量蓄电池组整体电压

（7）检查完成后，蓄电池箱复位，蓄电池负极保险及闸刀复位，关闭所有箱盖。

（8）整理工具清场，操作完成。

【案例二】

案例经过：客室侧门是列车重要的设备，其可靠性直接影响列车运行安全。而车门故障比较多发，故障原因有机械尺寸问题、电气部件损坏或电气控制问题等，列车检修工应掌握车门简单故障的处置。本案例要求判断车门故障点，并更换损坏的门控继电器。

案例解析：

1. 故障点排查

（1）打开主控制器钥匙，启车。

（2）进行开关门操作，故障状态为车门没有动作。

（3）通过综合线路图分析可能造成此故障的故障点。

（4）打开司机室电气设备柜，找到门控继电器，用万用表测量继电器各触头，发现该继电器故障，如图 4-18 所示。

图 4-18　查找故障点

2. 故障处置

（1）断开相应的车门断路器。

（2）用白布平置于接触器下方，避免螺丝掉入其他部件内。

（3）松开门控继电器的接线，并更换该继电器，如图 4-19 所示。

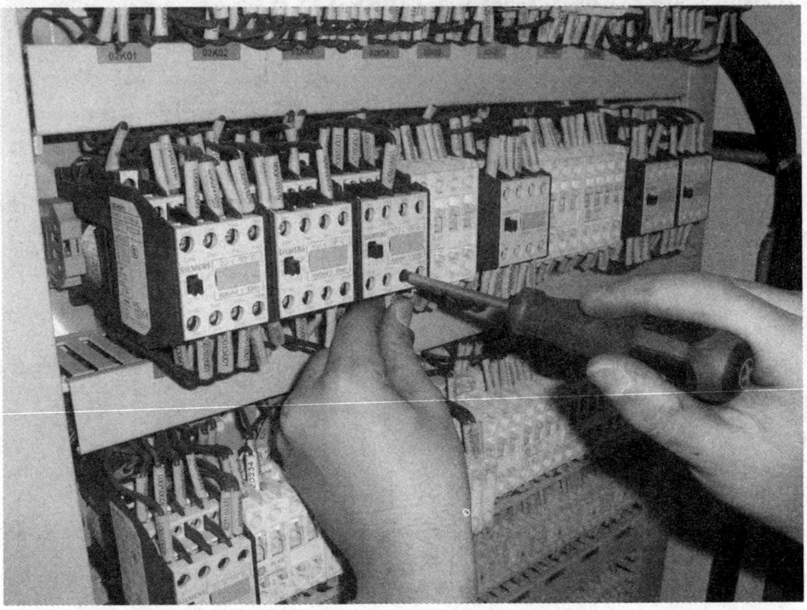

图 4-19　更换门控继电器

3. 状态测试

（1）复位车门断路器。

（2）进行开关门操作，车门应开、关正常。

（3）关闭设备柜，关闭主控制器钥匙，收车。

（4）整理工具清场，操作完成。

复习思考题

1. 列车使用的供电网络形式有哪几种？
2. 哪种供电网络形式是未来发展的趋势？
3. 列车的供电等级共有哪几种？
4. 车门安全回路中单扇车门共有哪几种限位开关参与？

第五章　列车的检修与维护

【学习目标】

1. 了解城市轨道交通列车检修制度；
2. 了解城市轨道交通列车检修规程；
3. 了解列车故障的分析及反思。

【知识要求与技能要求】

1. 掌握列车检修常见工器具使用；
2. 掌握列车检修专业术语。

第一节　城市轨道交通列车检修制度

城市轨道交通列车运行一段时间后，各部件和构件由于振动或磨耗会产生松动、变形或损坏。为了保证运行安全和提高使用寿命，有关管理部门都要预先制定车辆的日常检查、维护规范和车辆检修的各种技术规程。轨道交通车辆的检修规程通常分为日检、月检、定修、架修和大修。高修程覆盖低修程。

1. 日检（每日）

对容易出现危及行车安全的各主要部件（如轮对、弹簧、转向架、受电弓、控制装置、空气制动装置、车钩及缓冲装置、车门风动开关装置、车体、车灯等）进行外观检查，对危及行车安全的故障及时进行重点修理。

2. 周检（双周）

对车辆各系统状态进行进一步的检查，对滤网、油液等部件进行更换，下载、存储列车控制系统数据信息，并进行必要的静、动态试验。

3. 月检（三月）

对车辆外观和一般功能进行检查，即对车辆主要部件的技术状态进行外观检查和必要试验，对危及行车安全的故障进行全面修理。

4. 定修（一年或 100 000 km）

主要是预防性的修理，对各大部件的技术状态和作用做较仔细检查，对车上的仪器和仪表进行校验，对主蓄电池进行活化处理，对检查发现的故障进行针对性修理，检修工作结束前需对列车进行静、动态调试，调试正常的列车方能投入运营。

5. 架修（五年或 500 000 km）

主要目标是检测和修理大型部件（如走行部、牵引电机、传动装置等），同时，经架车，对车辆各部件进行解体和全面检查、修理、试验，对计量的仪器、仪表进行校验，车体要重新油漆标记，列车组装后需对列车进行静、动态调试，调试正常的列车方能投入运营。

6. 大修（十年或 1 000 000 km）

全面恢复性修理。要求对车辆实施全面解体，通过检查、整形、修理、试验、重新油漆、组装及静、动态调试，完全恢复车辆性能，基本上达到新车出厂水平。

7. 均衡修

为了减少扣车时间，保证投入正线运营的车辆数，将列车一年的维修保养工作分摊到 12 个月中完成。一般每月修一天或两天。

车辆的修程实施取决于运营时间和走行里程数这两个参数，当二者之中有一参数达到，就应实施相应的修程。城轨列车检修工从事的工作就是根据车辆的修程对列车进行维护和检修。

第二节　城市轨道交通列车检修规程

一、检修规程的编制要求

国内地铁列车检修制度基本沿用了传统的城市轨道交通车辆的检修经验，符合车辆检修要求。根据车辆检修技术管理规程，采用预防性“计划检修”方式和发生列车故障后的“状态维修”方式。无论采用哪种检修方式，均需要制定相应的维修规程。

1. 编制依据

编制《列车各检修规程》，应结合轨道交通行业规范，借鉴同行以列车运营、管理、维修经验，依据《车辆技术规格书》《维修手册》《维修计划》《各修程维修规程》等技术文件资料，并结合现有列车的实际使用情况。

2. 编制原则

《列车各维修规程》的编制应按照“科学、合理、有理、有据”的原则进行编制，按照“严肃、认真、科学、审慎”的原则进行审核。高级别的修程应涵盖低级别的修程，如大修规程包含架修规程、定修规程、三月检规程、双周检规程和日检规程的所有内容，以此类推。

3. 编制流程

根据公司《资产设备管理规定》，由维修部门根据检修类别划分原则，组织专业技术人员编制列车各检修规程，公司技术管理部门负责对检修规程进行论证和审定。

4. 修订完善

经审定实施的检修规程可根据生产实际情况，由维修部门向公司提出对现有规程的修订申请；公司技术管理部门负责组织专业技术人员进行讨论，给出结论意见。

5. 修程样表

根据所检修零部件的检修内容、方法、使用的工器具及相应的技术要求，按照表 5-1 所示的格式，填写列车检修规程，以便检修时能够有据可循。

表 5-1　列车规程编制样表

<table>
<tr><td>序号</td><td>项目</td><td colspan="4">内容</td><td colspan="2">方法</td><td colspan="2">工器具材料</td><td colspan="3">技术要求</td></tr>
<tr><td></td><td></td><td colspan="4"></td><td colspan="2"></td><td colspan="2"></td><td colspan="3"></td></tr>
<tr><td></td><td></td><td></td><td></td><td></td><td></td><td></td><td></td><td></td><td></td><td></td><td colspan="2" rowspan="2">（项目名称）</td></tr>
<tr><td></td><td></td><td></td><td></td><td></td><td></td><td></td><td></td><td></td><td></td><td></td></tr>
<tr><td>版本</td><td>编制</td><td>日期</td><td>校对</td><td>日期</td><td>项目审核</td><td>日期</td><td>部门审核</td><td>日期</td><td>专业审核</td><td>日期</td><td>分页数</td><td></td></tr>
</table>

通常，车辆的检修修程分日常检修和定期检修。其中，日常检修包括日检、双周检、月（三月）检、定修（年修）；定期检修包括架修、大修。目前，国内部分地铁采用的是日检、均衡修、架修和大修的检修方式，如上海地铁。这种检修方式的优点在于，在保障列车正常检修状态的情况下，尽可能提高列车的使用率。

二、检修规程的作业类型

根据日检作业要求，日检内容主要涉及车内电气、车下电气、转向架、车体车门和车钩、制动系统及气路、PIS 系统 6 个方面。而车顶电气因受断电登顶的限制，只采取故障修方式。

根据双周检作业要求，周检内容主要涉及车顶电气、车内电气、车下电气、转向架、车体车门和车钩、制动系统及气路、PIS 系统、静动态调试 8 个方面。

根据三月检作业要求，月检内容主要涉及车顶电气、车内电气、车下电气、转向架、车体车门和车钩、制动系统及气路、PIS 系统、静动态调试 8 个方面。

根据年检作业要求，定修内容主要涉及车顶电气、车内电气、车下电气、转向架、车体车门和车钩、制动系统及气路、PIS 系统、静动态调试 8 个方面（见表 5-2）。

表 5-2　日常修程作业项目比照表

序号	作业类型	作业项目			
		日检	双周检	三月检	定修
1	车顶电气	—	受电弓	受电弓	受电弓
2		—	避雷器	避雷器	避雷器
3		—	空调机组	空调机组	空调机组
4		—	—	—	司机室空调
5	车内电气	司机室	司机室	司机室	司机室
6		司机显示单元	司机显示单元	司机显示单元	司机显示单元
7		客室通信	客室通信	客室通信	客室通信
8		电气设备柜	电气设备柜	电气设备柜	电气设备柜
9		前部照明	前部照明	前部照明	前部照明
10		系统功能	系统功能	系统功能	系统功能
11		—	—	主处理单元	主处理单元
12		—	—	—	远程输入/输出模块
13		—	—	—	车载 ATP 柜
14	车下电气	车载 ATC 接收装置	车载 ATC 接收装置	车载 ATC 接收装置	车载 ATC 接收装置
15		各类电气设备	各类电气设备	各类电气设备	各类电气设备
16		牵引电机	牵引电机	牵引电机	牵引电机
17		接地装置和电缆	接地装置和电缆	接地装置和电缆	接地装置和电缆
18		—	蓄电池箱	蓄电池箱	蓄电池箱
19		—	辅助逆变器	辅助逆变器	辅助逆变器
20		—	—	牵引逆变器	牵引逆变器
21		—	—	制动电阻箱	制动电阻箱
22		—	—	—	空压机电机
23		—	—	—	空调紧急逆变器
24		—	—	—	制动电子控制单元
25	转向架	轮对	轮对	轮对	轮对
26		轴箱	轴箱	轴箱	轴箱
27		一系弹簧	一系弹簧	一系弹簧	一系弹簧
28		二系弹簧	二系弹簧	二系弹簧	二系弹簧
29		构架	构架	构架	构架
30		中央牵引装置	中央牵引装置	中央牵引装置	中央牵引装置
31		抗侧滚扭杆	抗侧滚扭杆	抗侧滚扭杆	抗侧滚扭杆

续表

序号	作业类型	作业项目			
		日检	双周检	三月检	定修
32	转向架	联轴节	联轴节	联轴节	联轴节
33		横向止挡	横向止挡	横向止挡	横向止挡
34		齿轮箱及悬挂	齿轮箱及悬挂	齿轮箱及悬挂	齿轮箱及悬挂
35		液压减振器	液压减振器	液压减振器	液压减振器
36		高度调节阀	高度调节阀	高度调节阀	高度调节阀
37		—	—	地板面高度	地板面高度
38		—	—	—	轴端速度传感器
39		—	—	—	接地回流装置及接地电缆
40		—	—	—	转向架上的风管
41	车体车门和车钩	车体外观	车体外观	车体外观	车体外观
42		司机室	司机室	司机室	司机室
43		客室车厢	客室车厢	客室车厢	客室车厢
44		客室侧门	客室侧门	客室侧门	客室侧门
45		贯通道	贯通道	贯通道	贯通道
46		全自动车钩	全自动车钩	全自动车钩	全自动车钩
47		半自动车钩	半自动车钩	半自动车钩	半自动车钩
48		半永久车钩	半永久车钩	半永久车钩	半永久车钩
49		—	—	—	紧急逃生门
50	制动系统及气路	单元制动机	单元制动机	单元制动机	单元制动机
51		空压机单元及干燥器	空压机单元及干燥器	空压机单元及干燥器	空压机单元及干燥器
52		各类风管及阀门	各类风管及阀门	各类风管及阀门	各类风管及阀门
53		—	—	主风缸	主风缸
54		—	—	制动风缸	制动风缸
55		—	—	空簧风缸	空簧风缸
56		—	—	停放制动电磁阀	停放制动电磁阀
57		—	—	—	气制动控制单元
58		—	—	—	防滑阀
59	PIS 系统	司机室摄像头	司机室摄像头	司机室摄像头	司机室摄像头
60		客室摄像头	客室摄像头	客室摄像头	客室摄像头
61		液晶触摸屏	液晶触摸屏	液晶触摸屏	液晶触摸屏

续表

序号	作业类型	作业项目			
		日检	双周检	三月检	定修
62	PIS 系统	车辆间网络连接	车辆间网络连接	车辆间网络连接	车辆间网络连接
63		LCD 天线与机顶盒	LCD 天线与机顶盒	LCD 天线与机顶盒	LCD 天线与机顶盒
64		客室 LCD 显示屏	客室 LCD 显示屏	客室 LCD 显示屏	客室 LCD 显示屏
65	静动态调试	—	静态调试	静态调试	静态调试
66		—	动态调试	动态调试	动态调试
67		—	—	—	轮径设置
68		—	—	—	制动故障下载
69		—	—	—	故障模拟
70		—	—	—	ATP 试验

架修和大修维修等级最高，维修项目更多，维修难度更大，主要以部件修为主，因此修程编制与日常维修修程有明显差异。根据架修作业要求，架修内容主要涉及列车预检、列车分解和运送、车顶电气、司机室电气、客室电气、电子设备、车下电气、转向架、车体、车门、车钩、制动系统及气路、空调、列车组装和运送、静态调试、动态调试 16 个方面（见表 5-3）。

表 5-3　架修修程作业项目表

序号	作业类型	作业项目
1	列车预检	列车预检
2		预检调试
3		列车清洁
4		列车解编
5	列车分解和运送	转向架拆卸
6		车体运送
7		主要零部件拆卸
8	车顶电气	受电弓总成
9		绝缘子
10		分流导线
11		受电弓调节和测试
12		避雷器
13		熔断器箱

续表

序号	作业类型	作业项目
14	司机室电气	司机室驾驶台
15		司控器
16		司机显示单元
17		司机室设备柜
18		司机室车头电气
19		司机室照明
20	客室电气	客室设备柜
21		空调控制单元
22		客室照明
23	车下电气	空压机电气
24		辅助逆变器箱
25		蓄电池箱
26		牵引逆变器箱
27		牵引电机
28		高速断路器
29		制动电阻箱
30	电子设备	乘客信息系统
31		列车控制单元
32		列车信号模块
33		网络通信模块
34	转向架	转向架分解
35		构架
36		一系悬挂
37		二系悬挂（空气弹簧总成、抗侧滚扭杆、液压减振器、横向止挡）
38		中央牵引装置
39		轮对与轴箱轴承
40		齿轮箱与联轴节
41		接地回流装置
42		转向架组装与测试
43	车体	车体外部
44		司机室与客室内装
45		司机室座椅
46		挡风玻璃与雨刮器

续表

序号	作业类型	作业项目
47	车门	客室侧门
48		司机室侧门
49		司机室/客室通道门
50		紧急逃生门
51		贯通道
52	车钩	全自动车钩
53		半自动车钩
54		半永久车钩
55	制动系统及气路	供风系统（空压机及控制箱、双塔干燥器、空气过滤器、储气风缸及压力传感器）
56		制动电子控制单元
57		气制动控制单元
58		单元制动机
59		各种阀类（防滑阀、高度调节阀、均衡阀、差压阀）
60		气喇叭及电磁阀
61		双针压力表
62		各类风管及阀门
63	空调	客室空调机组
64		风道
65		司机室空调
66		空调调试
67	列车组装和运送	车底主要总成安装
68		转向架安装
69		列车连挂
70		车顶总成安装
71	静态调试	车辆初始状态检查
72		车体尺寸测量
73		列车得电检查
74		设备功能检查（受电弓、司机室电气、客室侧门、空调、广播系统、空压机、视频监控系统、紧急逃生门功能测试、旁路开关等）
75		列车气密性试验
76		制动压力测试
77		蓄电池电压测试
78		车体密封性测试
79	动态调试	常规牵引试验
80		制动试验
81		限速模式试验
82		洗车模式试验
83		故障模拟试验

三、检修规程的作业内容

根据修程等级不同，维修作业要求也不同，各修程的作业内容会有较大差异，现以列车客室侧门为例加以说明（见表5-4）。

表5-4 客室侧门各修程内容对比表

修程	项目	内容	方法	工器具材料	技术要求
日检	客室侧门	1. 检查车门外观、橡胶件和玻璃窗	目测检查	手电筒	1. 无损伤
		2. 检查开关门动作以及指示灯、蜂鸣器功能	操作检查		2. 指示灯亮，蜂鸣器声音响亮；开关门动作灵活、整齐
		3. 检查车门导向螺栓及导向槽	目测检查		3. 相互之间无接触，防松标记无错位
双周检	客室侧门	1. 检查车门外观、橡胶件和玻璃窗	目测检查	手电筒	1. 无损伤
		2. 检查各装配部件的螺栓			2. 防松标记无错位
		3. 检查驱动叉卡簧的装配情况			3. 固定情况良好，无缺失
		4. 检查关门限位开关、车门切除限位开关、紧急解锁限位开关及主隔离开关的状况			4. 触点状况良好，安装牢固
		5. 检查车门导向螺栓及导向槽			5. 互相之间无接触，防松标记无错位
		6. 检查开关门动作以及车厢内外侧指示灯、蜂鸣器功能	操作检查		6. 指示灯亮，蜂鸣器声音响亮；开关门动作灵活、整齐
三月检	客室侧门	1. 检查车门外观、橡胶件和玻璃窗	目测检查	手电筒	1. 无损伤
		2. 检查各装配部件的螺栓			2. 防松标记无错位
		3. 检查驱动叉卡簧的装配情况			3. 固定情况良好，无缺失
		4. 检查关门限位开关、车门切除限位开关、紧急解锁限位开关及主隔离开关的状况			4. 触点状况良好，安装牢固
		5. 检查车门导向螺栓及导向槽			5. 互相之间无接触，防松标记无错位
		6. 检查开关门动作以及车厢内外侧指示灯、蜂鸣器功能			6. 指示灯亮，蜂鸣器声音响亮；开关门动作灵活、整齐
		7. 检查障碍物检测功能	操作检查	测试块	7. 测试时，车门再开门触发
		8. 检查退出服务锁功能		专用钥匙	8. 门切除，红色警示灯亮
		9. 检查紧急开门装置功能			9. 触发紧急开门，可手动开门
		10. 关门限位开关尺寸测量、调整		检修工具	10. 按作业指导书操作

续表

修程	项目	内容	方法	工器具材料	技术要求
定修	客室侧门	1. 检查车门外观、橡胶件和玻璃窗	目测检查	手电筒	1. 无损伤
		2. 检查车门盖板上的防尘刷并清洁		刷子、白布	2. 无损坏、无脱落，无灰尘堆积
		3. 检查门控单元的紧固情况及门板止挡		手电筒	3. 无松动，止挡无弯曲、无脱位
		4. 清洁、检查和润滑门控机构	操作检查	检修工具	4. 按作业指导书操作
		5. 检查障碍物检测功能		测试块	5. 测试时，车门再开门触发
		6. 检查退出服务锁功能		专用钥匙	6. 门切除，红色警示灯亮
		7. 检查紧急开门装置的功能			7. 触发紧急开门，可手动开门
		8. 清洁蜂鸣器灯罩		刷子、白布	8. 无灰尘堆积
		9. 关门限位开关尺寸测量、调整		检修工具	9. 按作业指导书操作
		10. 检查开关门动作		司机钥匙	10. 开关动作灵活，整齐到位，开关门时间在 3 s 左右
		11. 检查摆臂的滚轮、压轮及携门架上的滚轮		检修工具	11. 转动灵活，接触良好
		12. 检查门机构的接地线	目测检查	手电筒	12. 无断裂，无灼伤
		13. 检查门锁闭装置功能	操作检查	检修工具	13. 门锁闭到位
		14. 车门机构尺寸调整			14. 按作业指导书操作

从表 5-4 中可看出，在日检、周检低等级的修程中，客室侧门主要以状态检查为主。随着修程等级提升，作业内容逐渐增加，且高等级修程涵盖低等级修程。月检和定修时，需要进行客室侧门部件清洁、更换、测量、调整等作业内容。这样对城轨列车检修工的综合能力要求也随之提高。

四、作业指导书的编制要求

作业指导书是指为保证过程受控而制定的程序，是规定生产作业活动的途径、要求与方法的最细化和具体的操作性文件。

列车的作业指导书，是基于列车各类维修规程的要求，按照作业的顺序，对符合列车各类部件检修流程、作业内容及安全、品质的要点的具体化。作业指导书的编制，应从检修作业的操作要求、可靠性角度出发，使列车检修工对有关该作业项的相关要求、具体作业内容能有全面的了解，对在该岗位上工作可能遇到的危害、风险和隐患有充分预测并做好防范措施。

作业指导书的编制应该包括作业场地要求、作业人员要求、作业工时、工器具材料、作业内容和要求、记录表单等。

第三节 城市轨道交通列车常见故障案例

设施设备故障是比较常见的城市轨道交通事故，它会影响城市轨道交通运营的安全性和可靠性，造成列车延误或停运，给乘客出行带来不便。

城市轨道交通系统是由多个相互独立而又相互关联的子系统组成，系统集成复杂，容易因设备不稳定而引起列车运行故障。因其设施设备故障的主要原因有：一是车辆、供电、机电、通信、信号、线路、桥隧等设备因设计、使用、老化或保养等原因存在安全隐患，导致列车运行故障；二是乘客安全意识不足，工作人员业务素质不强，造成发生列车故障。

作为一名列车检修人员，应该具有较强的工作责任心和团队协作精神，并且具备严谨的分析能力、判断能力，才能减少或避免运营事故的发生。下面通过案例来了解列车故障发生原因及应对措施。

【案例一】维护不当引发的列车故障

1. 事故概况

××月××日，某号线A站至B站上行接触网失电，后接触网恢复供电；7时，01车对02车实施救援时，接触网再次失电；8时08分，车辆、供电抢修人员发现01车第二节车厢I位空调盖板与接触网干涉；8时14分，抢修人员完成I位空调盖板的切割并对相邻受电弓进行绑扎完毕；8时50分，两车自行动车回车库，后续列车动车恢复载客运营。

2. 事故原因

回库后，车辆检修人员对列车进行检查后发现：

（1）01车第二节车厢空调蒸发器箱盖板存在明显的变形，盖板表面存在过电流痕迹，空调框架密封条脱落。而蒸发器盖板与空调机组的两个铰链均能牢固连接，盖板的两个锁扣在锁闭位置。

（2）经分析，故障空调框架处有明显的刮痕，该刮痕与锁舌锁闭位置一致；空调框架处密封条脱落位置在方孔锁锁闭处，说明在盖板脱扣时，由于锁舌在锁闭位置，锁舌与密封条发生干涉，锁舌将密封条拉出安装位置。

（3）经查，一个方孔锁在使用方孔钥匙转动时，锁芯与钥匙转动偶有卡滞现象，且与锁舌不完全同步。对问题方孔锁进行分解后发现，内部圆柱销断裂，导致锁紧功能失效。

根据以上检查结果，该故障是盖板方孔锁内销断裂，导致锁紧功能失效，在列车振动及活塞风的共同作用下造成盖板脱扣。

3. 整改措施

（1）对所有车顶空调的方孔锁进行普查，确保锁芯的转动灵活及锁具的功能完好，同时对全网络列车中各箱体盖板固定螺栓、快速螺栓等形式的锁具进行全面普查排摸。车辆维修部门进一步加强各式锁具功能的检查，以及员工安全意识的教育。

（2）对维修修程中的关键作业项制定作业指导书，明确自检、互检、专检的要求，保障检验流程到位，杜绝日后再次发生此类故障。

【案例二】设计问题引发的运营事故

1. 事故概况

××月××日 11 时 26 分，某号线 03 号车 A 站上行站外接触网跳闸、列车迫停。12 时 35 分，经供电部门确认，A 站至 B 站上行刚性接触网 300 m 左右断裂。

2. 事故原因

现场抢修人员发现，列车的两台受电弓均与接触网干涉，并有不同程度损坏。

初步判断，造成事故的原因可能为受电弓拉杆关节轴承断裂。该关节轴承为国内某轴承厂生产的标准件，材料为 304 不锈钢，后将断裂的拉杆轴承送至有关权威检测中心进行失效分析。经分析，该断裂的受电弓关节轴承力学性能检验结果符合技术要求，但化学成分不符合 304 不锈钢的技术要求。

该断裂的受电弓关节轴承断裂性质为双向弯曲疲劳断裂，裂纹萌生于关节轴承的螺纹处，在双向弯曲应力下发生疲劳断裂。

3. 整改措施

（1）根据该事故制定受电弓普查的技术要求，并对全线路受电弓限期进行普查。

（2）梳理列车运营主要设备的致命部件可能存在的问题，如车体、车门、受电弓、转向架、电机轴承部件，并逐一落实控制措施及整改方案，根据各项节点推进相关工作。

（3）通过日检人员应急预案的培训，加强故障判断能力及应急处置能力，配合司机做好正线故障的处置。

（4）使用进口关节轴承替代现有国产关节轴承。后续对新采购的拉杆关节轴承执行入库检验，确保产品质量。

（5）进一步完善设备的运用技术标准，着手推进完善列车规程关于各部件修程及修制的合理性，逐步完善现有列车各修程作业指导书，细化量化并规范日常维护作业流程。

【案例三】处置协作不力引发的清客事故

1. 事故概况

××月××日 17 时 10 分，某号线 04 号车在 A 站下行进站时因制动故障迫停站外，列车显示第六节车厢制动故障，列车摩擦制动不缓解，司机报行车调度要求日检上车处理，同时切除“摩擦制动缓解旁路开关”，缓解列车常用制动后动车，至 A 站办理上下客作业，后采取边动车边排除的方式继续运行。列车带闸连续运行 5 区间至 F 站，列车走行部冒烟，大量乘客涌出车厢，列车清客退出运营。

2. 故障原因

（1）造成列车制动不缓解是由于该车的制动电子控制单元（BECU）死机所致。列车司机在故障车 B9 阀未切除、制动故障未排除的情况下，盲目动车并带闸连续运行 5 区间，是导致事故的主要原因。

（2）车辆日检人员在上车已确认故障车辆位置的情况下，不迅速到达故障点，不及时进行车辆 B9 阀的切除操作，缺乏快速反应意识和基本的应急处置技能，错失排故时机，导致事态扩大。

3. 整改措施

司机作为列车驾驶的第一责任人，在列车发生故障时，是排故的责任主体。车辆日检人员要准确指导列车司机及时排故，配合行车调度密切关注司机故障处置的进程，了解排故措施的落实情况。特别是列车发生故障时，要做到信息汇报及时、准确。在本案例中，如果各部门人员在各尽其责的同时靠前一步行事，就可以防止故障的扩大，减少事故的影响。

第四节　工器具的使用

城轨列车检修工在列车日常维护保养过程中，需要借助工器具完成特定的作业项目。下面介绍几种列车维修常用的工器具。

一、数字万用表

万用表是一种多功能、多量程的测量仪表，电子电工技术中离不开它。一般万用表可测量直流电流、直流电压、交流电流、交流电压、电阻和音频电平等，有的还可以测电容量、电感量及半导体的一些参数（如β）等，同时可检测二极管及电路的通断性，是设备安装，调试，维护的必备工具。常用的万用表外形如图 5-1 所示。

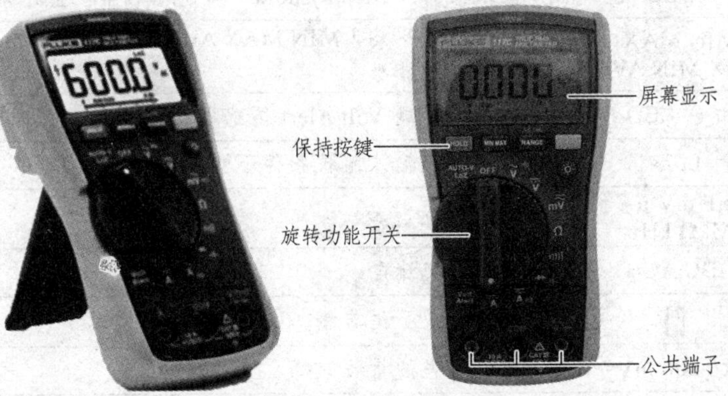

图 5-1　万用表外形

若按显示方式简单区分，万用表可分为指针万用表和数字万用表。

数字万用表是一种多用途电子测量仪器，是针对需要多功能、高分辨率、高精度和自动化测量的用户而设计的产品。数字万用表在具有准和稳的同时，集高速数据采集、自动化测量、任意传感器等多种功能于一身。

（一）按键说明

万用表显示屏符号如图 5-2 所示。

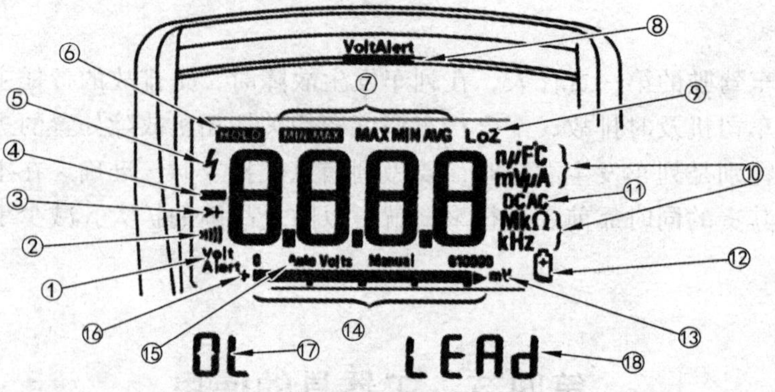

图 5-2　数字式万用表显示屏符号

各个符号的含义如表 5-5 所示。

表 5-5　万用表显示屏符合含义表

序列	符号	含　义
①	Volt Alert	仪表处于 Volt Alert 非接触电压检测模式
②		把仪表设置到通断性测试功能
③		把仪表设置到二极管测试功能
④	−	输入为负值
⑤		危险电压。测得的输入电压≥30 V 或电压过载（OL）
⑥	HOLD	显示保持（Display hold）功能已启用。显示屏冻结当前读数
⑦	MIN MAX MAX MIN AVG	最小最大平均（MIN MAX AVG）功能已启用。显示最大、最小、平均或当前读数
⑧	（红色 LED）	通过非接触 Volt Alert 传感器检测是否存在电压
⑨	LoZ	仪表在低输入阻抗条件下测量电压或电容
⑩	nμF mV μA MkΩ kHz	测量单位
⑪	DC AC	直流或交流电
⑫		电池电量不足告警
⑬	610 000 mV	指示仪表的量程选择
⑭	（模拟指针显示）	模拟显示
⑮	Auto Volts（自动电压） Auto（自动） Manual（手动）	仪表处于自动电压（Auto Volts）功能。自动量程，仪表能自动选择可获得最高分辨率的量程。手动量程，用户自行设置量程
⑯	+	模拟指针显示极性
⑰	OL	⚠ 输入值太大，超出所选量程
⑱	LEAd	⚠ 测试导线警示。当仪表的功能开关转到或转离 A 挡位时，该符号会短暂显示

根据测量物理量的不同，红黑表笔的位置也不同，测量电压、电阻、通断性、电容、二

极管以及频率时，将红表笔插入“V Ω”孔内，黑表笔插进“COM”孔内。测量电流时，将红表笔插进“A”孔内，黑表笔插进“COM”孔内，如图 5-3 和图 5-4 所示。

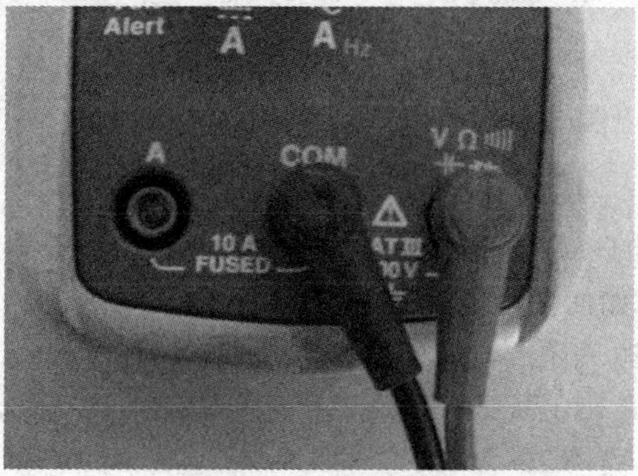

图 5-3　测量电压、电阻、通断性等接线

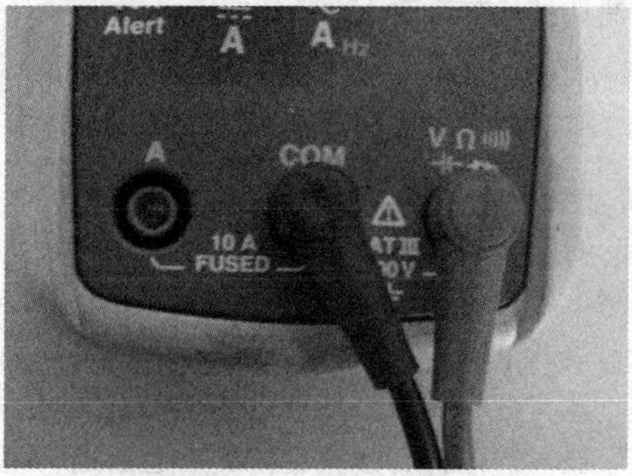

图 5-4　测量电流通断性等接线

根据被测物理量的大小，选择合适的开关挡位，详细挡位描述如表 5-6 所示。

表 5-6　开关挡位功能

开关挡位	测量功能
AUTO-V LOZ	根据所感测到的低阻抗输入情况自动选择交流或直流电压
$\tilde{V}$ Hz Hz（按键）	交流电压量程：0.06 ~ 600 V；频率量程：5 Hz ~ 50 kHz
$\overline{V}$	直流电压量程：0.001 ~ 600 V
m$\tilde{V}$ $\overline{}$	交流电压量程：6.0 ~ 600 mV，直流耦合。直流电压量程：0.1 ~ 600 mV
Ω	电阻量程：0.1 ~ 40 MΩ
•)))	电阻小于 20 Ω 时，蜂鸣器打开；电阻大于 250 Ω 时，蜂鸣器关闭
▶|	二极管测试。电压超过 2.0 V 时，显示过载（OL）符号
⊣⊢	电容量程（法拉）：1 nF 至 9 999 μF
$\tilde{A}$ Hz Hz（按钮）	交流电流量程：0.1 ~ 10 A（> 10 ~ 20 A，30 s 开，10 min 关）。>10.00 A，显示屏闪烁。>20 A，显示 OL（过载）。直流耦合。频率量程：45 Hz ~ 5 kHz
$\overline{A}$	直流电流量程：0.001 ~ 10 A（> 10 ~ 20 A，30 s 开，10 min 关）。>10.00 A，显示屏闪烁。>20 A，显示 OL（过载）
Volt Alert	非接触式感测交流电压

（二）功能及操作

1. 测量电阻

测量电阻的操作方法具体如下：

关断电源：为避免触电，应将电源关断。

选择接线端：如图 5-3 所示，将红色表笔接入电压端，黑色表笔接入公共端。

选择挡位：将开关旋钮旋至欧姆挡。

断开电路：为确保测量值正确，一定要保证电阻两端没有并入电器件，一般应将电阻接线端从端子台上拆下来。

测量：将表笔接至电阻两端，测量电阻。

需要特别注意的是，测量电阻时一定要确保电阻两端没有并入其他电器件。

2. 通断性测试

通断性测试功能是检验是否存在开路、短路的一种方便而迅捷的方法。下面以测量叠袋机测试台变压器输入/输出侧的通断性为例，介绍如何测量电路的通断性。

关断电源：在测试通断性时，一定要先将电源关闭。

选择接线端：将红色表笔接入电压端，将黑色表笔接入公共端。

选择挡位：将开关旋钮旋至通断挡。

测量：在测量前，应先检测万用表两个表笔之间的内阻是否正常，当示数为零时，表明通断挡状态完好。将两只表笔接至接线端，当蜂鸣器发出长鸣声时，两点为短路状态，否则为断路状态。将两只表笔接至变压器输出侧的两个端子台上，显示电阻为 5 Ω，并发出蜂鸣声。将两只表笔分别接至变压器输入侧、输出侧，万用表显示 OL，表明电路为断路，变压器输入/输出侧隔离正常。

注意：当开关旋钮处于通断挡时，切勿在未断电时进行测量。

3. 电压测量

选择接线端：将红色表笔接入电压端，将黑色表笔接至公共端。

选择挡位：当确定电路为交流或直流时，选择交流电压挡或直流电压挡，将开关旋钮旋至相应挡位；当不能确定电路是直流还是交流时，可选择 AUTO-V LOZ，仪表根据 V 和 COM 之间施加的输入电压自动选择直流或交流测量；当需要测量毫伏电压时，应选择毫伏电压挡，即可测量直流毫伏，又可测量交流毫伏。

测量：将两只表笔接至接线端，进行测量。

注意：切勿测量超过量程电压，否则会烧坏万用表。

4. 电流测量

选择接线端：将红色表笔接入电流端，黑色表笔接至公共端。

选择挡位：当待测电路为直流电路时，选择直流挡，当待测电路为交流电路时，选择交流挡。

接线测量：关断电源，切断电路；将仪表串联接入，然后通电测量。

注意：① 选择合适的接线端、开关挡位和量程。

② 当探头处于电流端时，切勿将探头或组件并联。

③ 测量结束后，请及时将探头和电路断开，以防探头损坏。

（三）数字万用表使用注意事项

（1）测量时应使用正确的接线端、开关挡位和量程。

（2）用测量已知电压的方式确认仪表工作正常。

（3）切勿在仪表的接线端之间，或任何接线端和接地之间施加超过仪表上所标示的额定电压。

（4）测试电阻、通断性、二极管或电容器以前，应切断电路的电源，并把所有高压电容器放电。

（5）使用测试导线或探头时，应将手指放在护指装置后面。

（6）只能使用额定电压、类别和额定电流与仪表相同的测试导线，以及经过安全认证机构核准的测试导线。

（7）打开电池盖或仪表外壳以前，应先将测试导线从仪表上拆除。

（8）使用前，先检查测试导线的通断性，读数太高或干扰严重时不要使用该仪表。

二、兆欧表

（一）兆欧表的作用

在电气设备实际运行过程中，电气设备绝缘性能往往决定着整个电气设备的寿命。绝缘性能降低，可能导致非常严重的后果，如火灾、设备损坏等，以致破坏整个系统的正常运行，甚至造成人身伤亡。据统计，电气设备运行中，60%～80%的事故是由绝缘故障导致的。而绝缘检测项目中，兆欧表是测量过程中最常使用的仪表之一。

绝缘电阻是电气设备和电气线路最基本的绝缘指标，而绝缘电阻不能用万用表的欧姆挡测量，因为绝缘电阻的阻值比较大，达到兆欧级以上，万用表在测量电阻时的电源电压较低，在低电压下呈现的电阻值，并不能反映出在高电压作用下的绝缘电阻的真正数值，因此，为了得到准确的绝缘电阻，必须用备有高压电源的兆欧表进行测量。

兆欧表又叫摇表，是一种简便、常用测量高电阻的直读数式仪表，一般用来测量电路、电机绕组、电缆、电气设备等的绝缘电阻。在无特殊规定时，设备的工作电压在 500 V 及以下的使用 500 V 的兆欧表测量；在 500 V 以上 3 000 V 以下的使用 1 000 V 的兆欧表测量；在 3 000 V 及以上的使用 2 500 V 兆欧表测量。常用的兆欧表如图 5-5 所示。

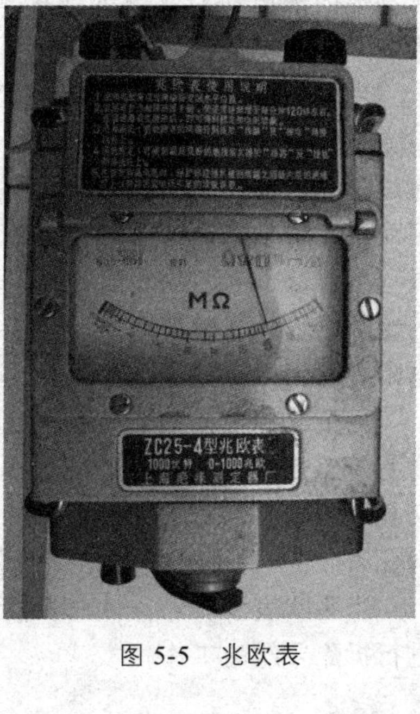

图 5-5　兆欧表

（二）兆欧表的使用方法和注意事项

使用兆欧表测量设备的绝缘电阻时，必须在设备不带电的情况下才能进行测量。为此，测量之前须先将电源切断，并对被测设备进行充分放电不小于 1 min，变压器、电力电缆不小于 2 min。

兆欧表的引线必须使用无破损、无脏污的绝缘良好的单根多股软线，两根引线不能绞缠在一起，应分开单独连接，以免影响测量结果。同时，摇表的引出线不能接错，如接错，会使测量值产生误差或无法进行测量。

兆欧表的接线柱有三个，分别标有 L（线端）、E（地端）和 G（屏蔽端）。在进行一般测量时，将被测绝缘电阻接在 L 和 E 间，如测量线路绝缘电阻时，将被测端接到 L 接线柱，而 E 接线柱接地。

兆欧表在使用前必须进行开路和短路检查。其检查方法为：① 将兆欧表平稳放置，L、E 两接线端开路，摇动兆欧表的手柄，使兆欧表达到 120 r/min 的额定转速，这时的指针应该指在标尺的“∞”刻度处；② 缓慢摇动兆欧表手柄，此时的指针应不在“0”位，然后快速将 L、E 引出线短接，指针应指在“0”位（注意必须缓慢摇动，以免电流过大烧坏线圈），如果指针不指在“∞”或“0”的刻度线上，必须对兆欧表进行检修、校验后才能使用。

一般被测绝缘电阻都接在 L 和 E 两端之前，但当被测绝缘体表面漏电严重时，必须将被测物体的屏蔽环或不需测量的部分与 G 端相连接，这样漏电流就经屏蔽端 G 直接流回发电机的负端形成回路，而不会流过兆欧表的测量机构（动圈），就从根本上消除了表面漏电流的影响。特别应该注意的是，当测量电缆线芯和外表之间的绝缘电阻时，一定要接好屏蔽端 G，因为当空气湿度大或电缆绝缘表面不干净时，其表面的漏电流将很大，为防止被测物体因漏电而对其内部绝缘测量所造成的影响，一般在电缆外表加一个屏蔽环，与兆欧表的 G 端相连。

当用兆欧表摇测电器设备的绝缘电阻时，一定要注意 L 和 E 端不能接反，正确的接法是：L 端接被测设备导体，E 端接设备外壳，G 端接被测设备的绝缘部分。如果将 L 和 E 接反了，流过绝缘体内及表面的漏电流经外壳汇集到地，由地经 L 端流进测量线圈，使 G 失去屏蔽作用而给测量带来很大误差。另外，因为 E 端内部引线同外壳的绝缘程度比，L 端与外壳的绝缘程度要低，当兆欧表放在地上使用时，采用正确接线方式时，E 端对仪表外壳和外壳对地的绝缘电阻相当于短路，不会造成误差，而当 L 和 E 接反时，E 对地的绝缘电阻同被测绝缘电阻并联，而使测量结果偏小，给测量带来较大的误差。

测量绝缘电阻时，发电机的手柄应由慢渐快地摇动。若发现指针指零，说明被测绝缘物有短路现象，这时不能继续摇动，以防表内的动圈因发热而损坏。转动手摇发电机手柄，切忌忽快忽慢，以免指针摆动加大引起误差。一般为 120 r/min，但可以在 ± 20%的范围内变化。

当兆欧表没有停止转动和被测物没有放电之前，不可用手去触及被试物的测量部分，或进行拆除导线的工作。

三、轮径尺

轮径尺主要用于测量转向架车轮轮径尺寸，主要由测量尺和基准模具组成，如图 5-6 所示。

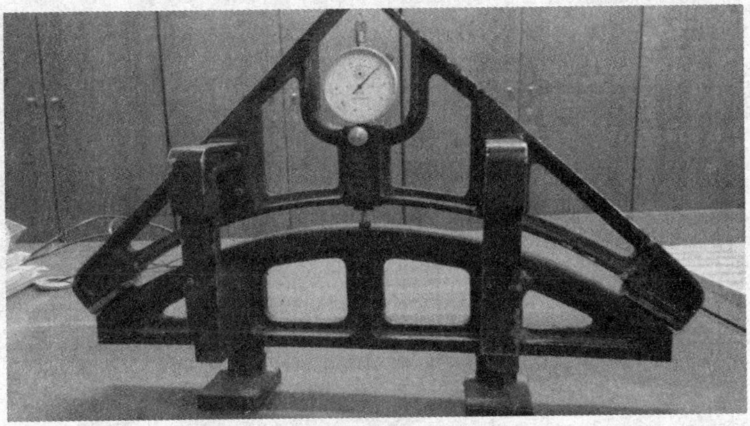

图 5-6　轮径尺

轮径尺操作方法如图 5-7 所示。

（1）把轮径尺垂直安放在基准模具上，通过调节螺母对表具进行校准。

（2）校准完毕的测量尺，密贴固定在车轮踏面上，并正确读取轮径值。

（3）同一轮对的两个车轮、同一转向架的四个车轮及同节车的八个车轮之间，如果轮径尺寸偏差超标，必须进行镟轮作业，修正轮径尺寸。

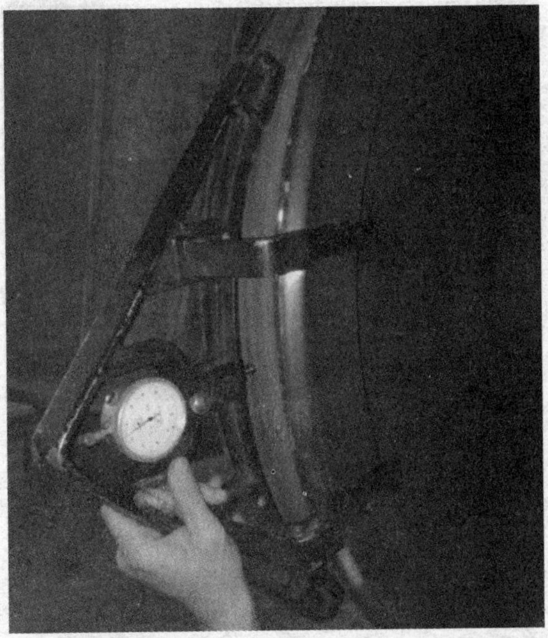

图 5-7　轮径测量

四、轮缘尺

轮缘尺主要用于测量转向架车轮轮缘尺寸，如轮缘高、轮缘厚和 QR 值，主要由测量尺和基准块组成，如图 5-8 所示。

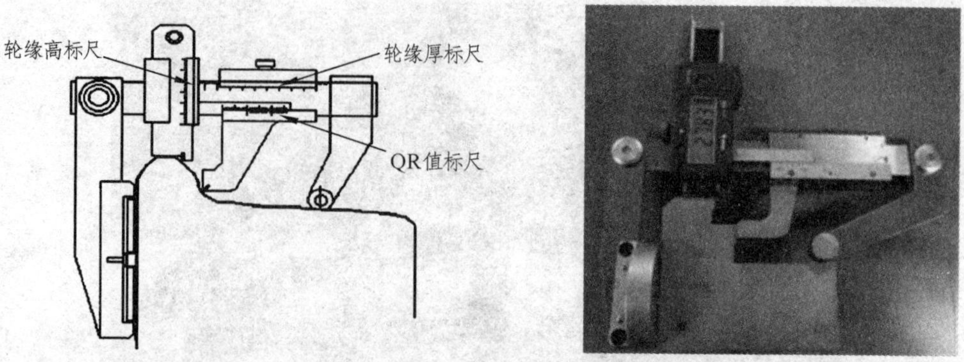

图 5-8　轮缘尺

轮缘尺操作方法如图 5-9 所示。

（1）把轮缘测量尺放置在基准块上，轮缘高、轮缘厚、QR 值三把标尺贴靠基准块，标尺调零。

（2）将轮缘尺的磁铁吸附在轮缘内侧的平面上，定位滚轮贴在踏面上，移动横向标尺，使其测量刃口与轮缘接触，将垂向标尺压至轮缘顶面，读出相应的读数。

（3）轮缘高、轮缘厚和 QR 值均需符合标准，如任意一项超标，必须进行镟轮作业，修正轮缘尺寸。

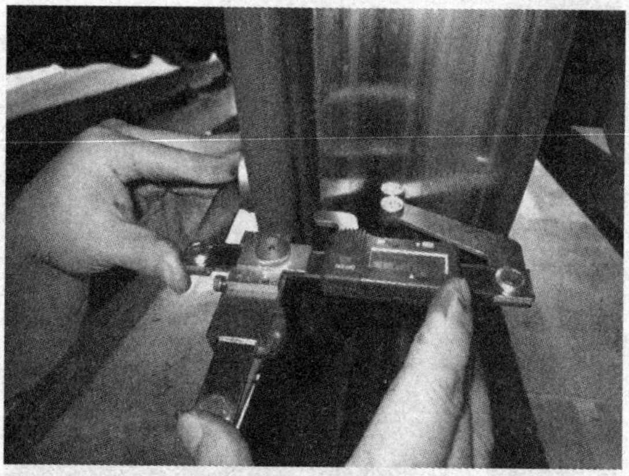

图 5-9　轮缘测量

五、轮对内侧距尺

轮对内侧距尺主要用于测量转向架同一轮对两个车轮间距尺寸，主要由测量尺和基准模具组成，如图 5-10 所示。

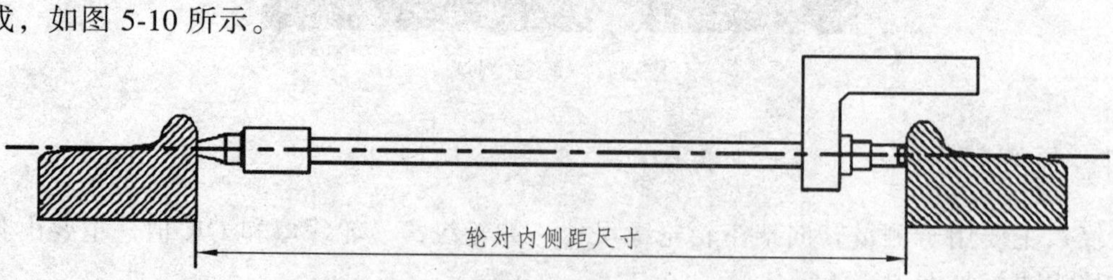

图 5-10　轮对内侧距尺放置位置

内侧距尺操作方法如图 5-11 所示。

图 5-11 轮对内侧距测量

（1）使用基准模具对内侧距尺进行标定。

（2）轮对内侧距尺校准后，将内侧距尺卡到轮对上，一侧（无读数显示侧）固定，移动另一侧（读数显示侧）标尺，使标尺上的刃口卡住车轮，读数。

（3）每个轮对需分别取三点测量轮对内侧距值，即每隔 120°对内侧距进行一次测量。测量时，所读的测量值为最小值。

（4）计算三点测量值的平均值，作为该轮对内侧距的最终测量值。

六、压力表

压力表是制动系统检修过程中不可或缺的工具。检修人员将压力表插入气制动控制单元 BCU 的测试接口，可对制动系统中各环节的压力值进行校核，如图 5-12 和图 5-13 所示。

图 5-12 压力表

图 5-13 气压值测试端口

第五节 专业术语

作为列车检修工，除了需要掌握列车相关专业知识和操作技能外，还需要具有阅读专业资料的能力。表 5-7 列举了轨道交通列车常用英文缩写表。

表 5-7 轨道交通列车常用英文缩写表

英文缩写词	中文名词
A/C	空调
AC	交流电
ACM	辅助逆变器模块
ACU	空调控制单元
A/D	模-数转换
AF	音频
ATC	列车自动控制
ATO	列车自动运行
ATP	列车自动保护
ATS	列车自动监视
AUX	辅助逆变器（直流/交流）
AW(0～3)	列车载重
BATT	主蓄电池
BCU	气制动控制系统
BR	制动电阻器
Cab	司机室
CCU	中央控制单元
CPU	中央处理单元
CVCC	恒定电压/恒定电流
D/A	数-模转换
DACU	司机音频控制单元
DC	直流
DCU	驱动控制单元
DDIO	司机台输入/输出
DIAS	数字式广播装置
DRAM	动态随机存取存储器
DVA	数字声音广播
EBCU (ECU)	电制动控制单元

续表

英文缩写词	中文名词
ED	电制动
EDCU	车门电子控制单元
EMC	电磁兼容性
EMI	电磁干扰
EP	电空（制动）
EPROM	可擦除可编程的只读存储器
GDU	门驱动单元
GMAO	计算机辅助维护管理系统
GRP	玻璃钢
GW	网关
HSCB	高速断路器
HV	高压
I/O	输入/输出
IDU	人机界面
IGBT	绝缘门双极晶体管
INV	辅助逆变器
IPM	智能功率模块
LCD	液晶显示
LED	发光二极管
LF	线路滤波器
LV	低压
LVPS	低压电源
MC	主控器
MCB	微型断路器
MCM	牵引逆变器模块
Metro Display	司机台显示器
MRE	主风缸
MVB	多功能列车总线
NTC	负温度系数
OCC	运营控制中心
PA	公共广播
PA box	牵引和辅助逆变器箱

续表

英文缩写词	中文名词
PALS	广播音量监控
PC	个人计算机
PCB	印刷电路板
PDA	处理数据记录
PH box	牵引逆变器和高压设备箱
PIS	乘客信息系统
PISC	乘客信息系统控制器
PROM	可编程只读存储器
PVC	聚氯乙烯
PWM	脉冲宽度调制
RAM	随机存取存储器
RF	射频
RM	人工限制（模式）
SACU	客室控制单元
SD	客室显示
SM	监控人工（模式）
TCC	列车通信和控制
TCN	列车计算机网络
TCS	列车计算机系统
TCU	列车控制单元
TDS	列车诊断系统
TFT	薄膜晶体管
THD	整体谐波畸变
TIS	列车信息系统
TMS	列车管理系统
URM	非限制（模式）
VCU	车辆控制单元
VR	虚拟现实
VTCU	车辆及列车控制单元
VVVF	调频调压
WSP	防滑保护
WTB	硬线连接列车总线

复习思考题

1. 城市轨道交通车辆检修规程是怎么分类的？
2. 城市轨道交通列车日检作业要求涉及哪些内容？
3. 城市轨道交通列车架修作业要求涉及哪些内容？
4. 如何编制城市轨道交通列车作业指导书？

第六章　跨座式单轨列车技术

【学习目标】

1. 掌握跨座式单轨列车的基本构成；
2. 掌握跨座式单轨列车各系统原理及功能；
3. 能分析、判断、处理跨座式单轨列车故障；
4. 掌握跨座式单轨列车应急抢修的流程及处置方法。

【知识要求与技能要求】

1. 跨座式单轨列车基本结构及各系统功能原理；
2. 跨座式单轨列车故障类型及特点；
3. 跨座式单轨列车故障应急预案。

第一节　跨座式单轨列车基础知识

一、跨座式单轨列车概述

（一）跨座式单轨列车主要技术参数

以下参数参照重庆跨座式单轨列车，具体数值可根据实际需求设计。

（1）列车编组：列车为 2 辆、4 辆、6 辆或 8 辆编组。每列车两端为带司机室动车(Mc)，中间为不带司机室动车(M)。每辆车都有动力，其中每列车动力转向架占转向架总数的 3/4。

4 辆编组：×Mc1+M2+M3+Mc2×

6 辆编组：×Mc1+M2+M4+M5+M3+Mc2×

8 辆编组：×Mc1+M2+M4+M5+M7+M6+M3+Mc2×

其中，Mc1、M2、M3、Mc2、M4、M5、M7、M6 各为一单元；Mc1 或 Mc2 为带司机室动车（带有 1 个动力转向架及 1 个非动力转向架）；M2 或 M3 或 M4 或 M6 为动车（带有两个动力转向架）；M5 或 M7 为不带司机室的动车（带有 1 个动力转向架和一个非动力转向架）；“×”为密接式车钩；“+”为棒式车钩。

（2）车辆主要几何尺寸。

车辆长度：Mc 车 15 500 mm，M 车 14 600 mm；

车体最大宽度：2 980 mm；

车辆总高度：5 300 mm；

客室边门对数：2 对/侧；

列车自重：Mc 车 28.6 t，M 车 27.6 t；车辆平均轴重不大于 11 t。

（3）列车载客：以 4 列编组为例，定员情况如表 6-1 所示；最大超员情况如表 6-2 所示。

表 6-1　跨座式单轨车辆定员情况表

项　目	Mc1	M2	M3	Mc2	列车总人数
座席（AW1）	32	36	36	32	136
站席（6 人/m^2）	119	129	129	119	496
总人数（AW2）	151	165	165	151	632

表 6-2　跨座式单轨车辆最大超员（总人数）情况表

项　目	Mc1	M2	M3	Mc2	列车总人数
座席（AW1）	32	36	36	32	136
站席（9 人/m^2）	179	194	194	179	746
总人数（AW3）	211	230	230	211	882

（4）列车动力性能。

起动加速度：列车速度从 5 km/h 加速到 30 km/h 的平均起动加速度为 0.833 m/s^2；

构造速度：80 km/h；

最高运行速度：75 km/h；

挂钩操作速度：3 km/h；

反向退行最大速度：10 km/h；

正向通过道岔的最大速度：75 km/h；

侧向通过可挠型道岔的最大速度：25 km/h；

侧向通过关节型道岔的最大速度：15 km/h。

车辆设有常用制动、紧急制动和停放制动，常用制动系统由电制动和空气制动系统组成，平均减速度为 1.1 m/s^2；紧急制动平均减速度为 1.25 m/s^2；停放制动采用弹簧制动，空气缓解，能保证超员载荷的列车在 60‰的坡道上停车。

（5）列车故障运行能力。

在各种编组情况下，当列车损失 1/2 牵引动力时：

在定员（AW2）情况下，列车能从故障发生地点维持运行到终点站，并空车回车辆段，维持运行时间为 50 min。

在超员（AW3）情况下，可在 60‰的坡道上起动，运行到前方相邻站，并能空车返回车辆段。

（二）跨座式单轨列车标志的定义

1. 车辆的编号

车辆的编号采用六位数编号，前两位表示线号，中间三位表示编组号，最后一位表示车厢号。下面以 4 编组为例阐述编号的定义。

4 编组车编号示意图如图 6-1 所示。

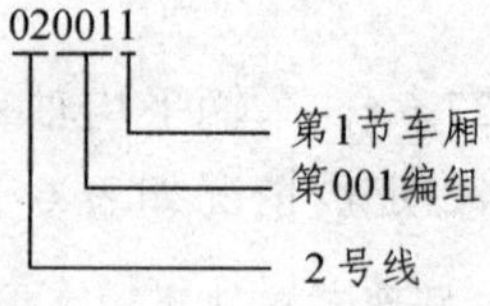

图 6-1　4 编组车编号示意图

2. 车端、车侧、车门等的标识定义

车端的定义：以重庆轨道交通 2 号线为例，列车 Mc1 端指向新山村方向，Mc2 端指向较场口方向，其示意图如图 6-2 所示。

图 6-2　车端定义示意图

车侧的定义：列车分一位侧和二位侧，其中负极侧为一位侧，正极侧为二位侧。4 辆、6 辆和 8 辆编组的定义也一致，其示意图如图 6-3 所示。

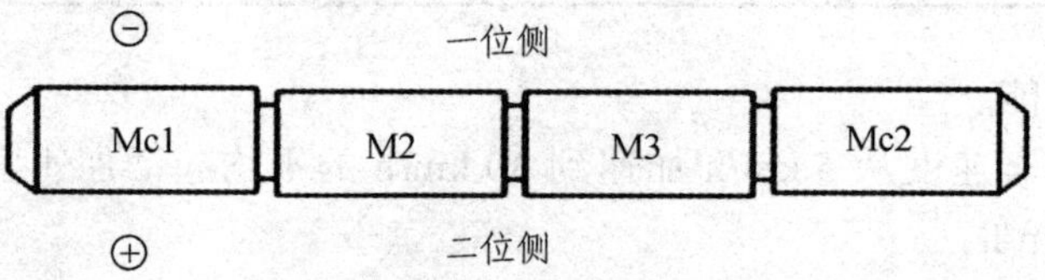

图 6-3　车侧定义示意图

车门的定义：

（1）司机室门。

司机室前端设有 1 扇紧急疏散门；司机室两侧各设有 1 扇折页门，叫司机室侧门；司机室与客室之间设有 1 扇折页门，叫间壁门。其示意图如图 6-4 所示。

（2）客室侧门。

每个客室共设有 4 扇门，叫客室侧门，每侧各两扇。一位侧每节车厢两个车门编号分别为一位门和三位门，其中靠近 Mc1 驾驶室的那扇门为一位门，另一扇为三位门；二位侧每节车厢两个车门编号分别为二位门和四位门，其中靠近 Mc1 驾驶室的那扇门为二位门，另一扇为四位门。其示意图如图 6-5 所示。

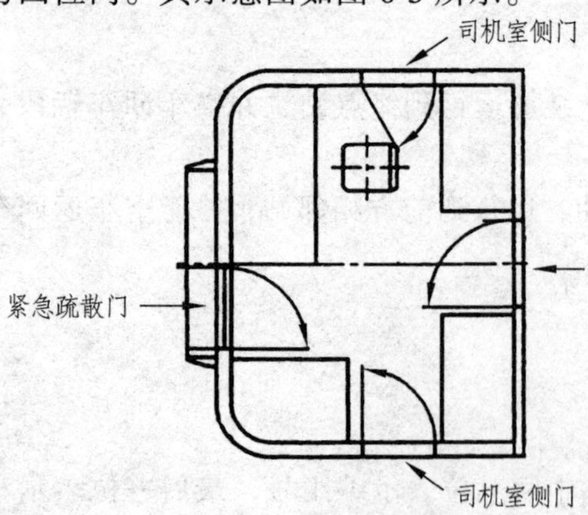

图 6-4　司机室侧门

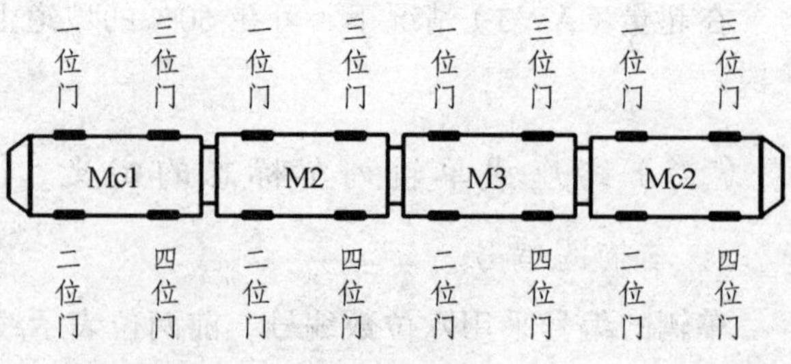

图 6-5　客室侧门

二、跨座式单轨列车关键系统构成及原理

1. 跨座式单轨列车车体

跨座式单轨车车体（见图 6-6）坐落在转向架之上，是跨座式单轨车辆的一个重要组成部分，也是跨座式单轨车辆结构的主体。车体采用铝合金挤压型材，通过焊接组装而成，具有质量轻、抗腐蚀能力强的特点。在地板下设备和转向架四周装有裙板，转向架各部件均进行降噪处理，从而降低列车对运行线路附近的走行噪声污染。其主要功能是运载乘客，承受和传递载荷，安装传动机构、电气设备和内部设施。车体外形尺寸如图 6-7 所示。

图 6-6　重庆轨道交通二号线车辆外形

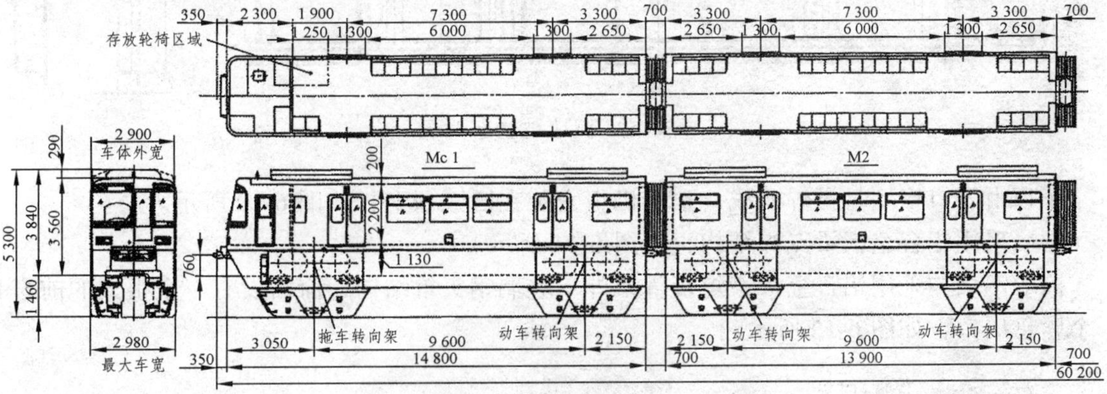

图 6-7　车体外形尺寸图

从结构上来讲，车体由底架、侧墙、车顶、端墙、前端铝结构、侧门、通道、紧急出口、窗结构、防火设备等组成。

底架由两个边梁、五块地板型材、端梁及牵枕缓组成，如图 6-8 所示。

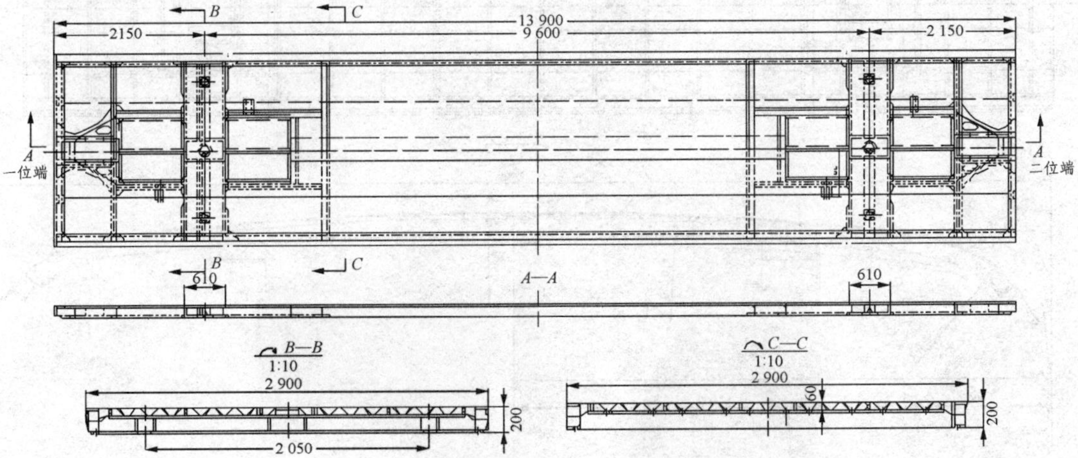

图 6-8　底架结构示意图

侧墙所用型材均为开口铝型材，窗下型材纵向布置，窗上侧墙上边梁纵向通长布置，其余客室门两侧、端部及两窗之间型材为垂向布置，如图 6-9 所示。

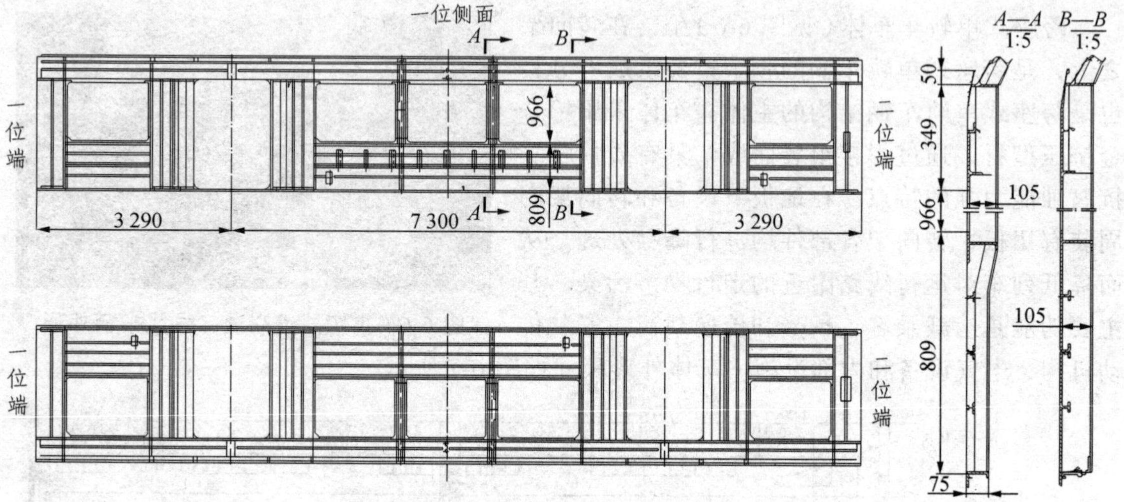

图 6-9　侧墙结构示意图

车顶由开口铝型材拼焊而成，空调机组安装在圆弧顶上，如图 6-10 所示。

端墙采用铝合金板梁点焊结构，如图 6-11 所示。

前端铝结构采用铝合金板梁焊接骨架外罩玻璃钢头罩结构，前面设有一个很大的前窗和一个紧急出口，如图 6-12 所示。

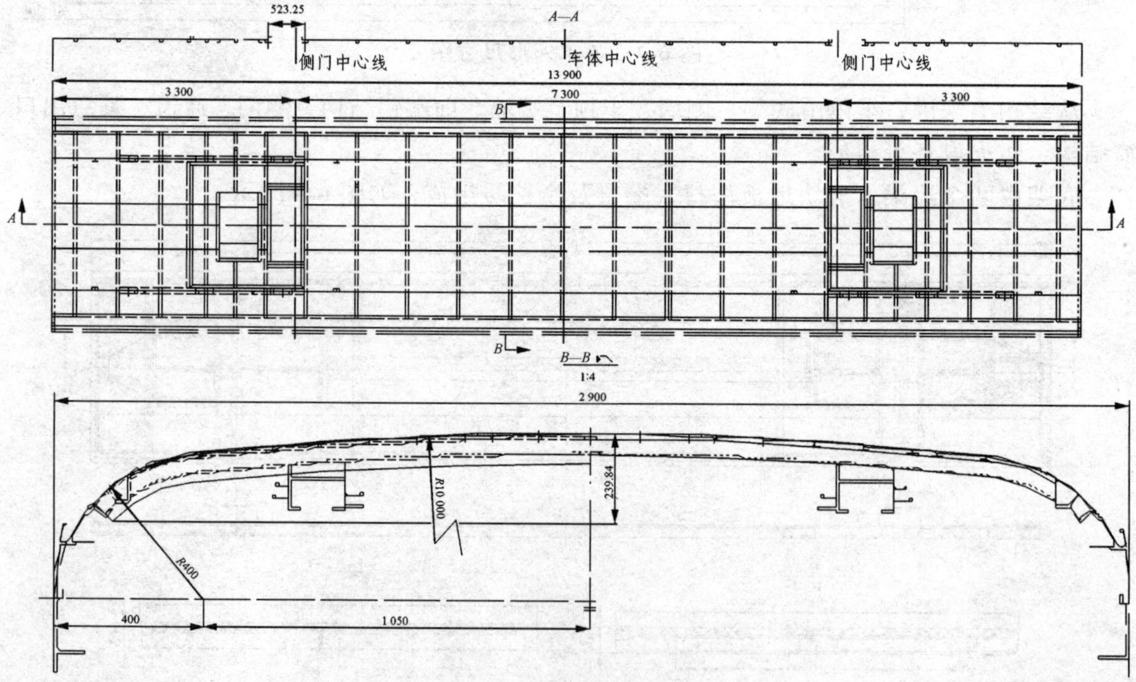

图 6-10　车顶结构示意图

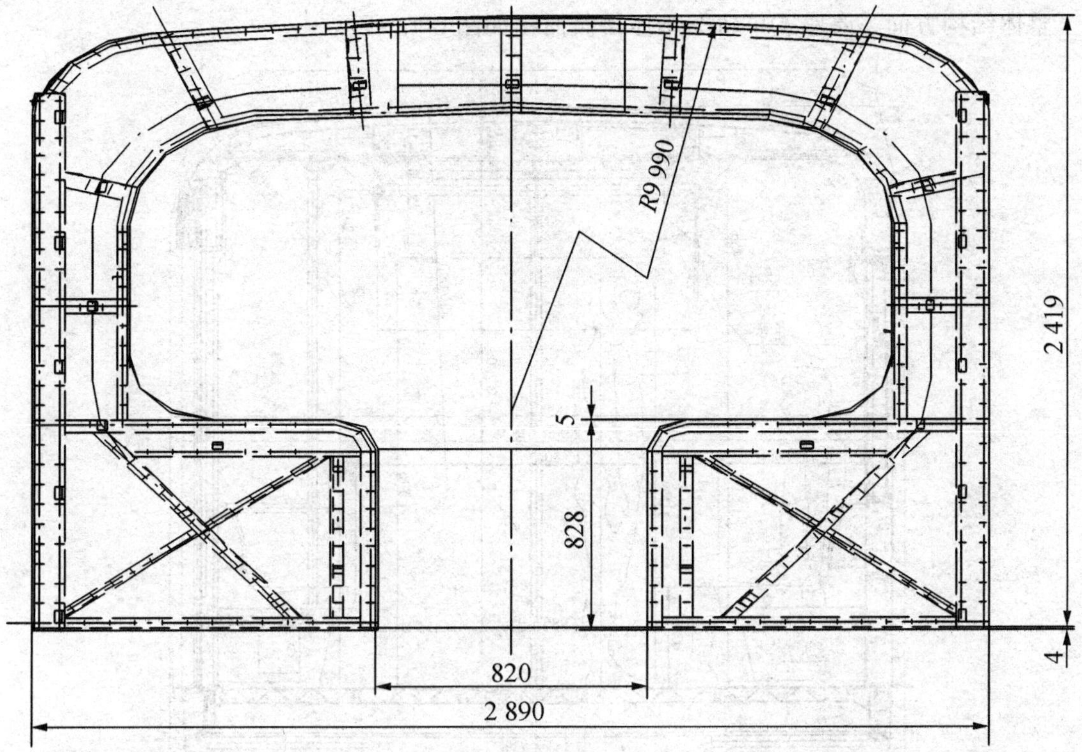

图 6-11　端墙结构示意图

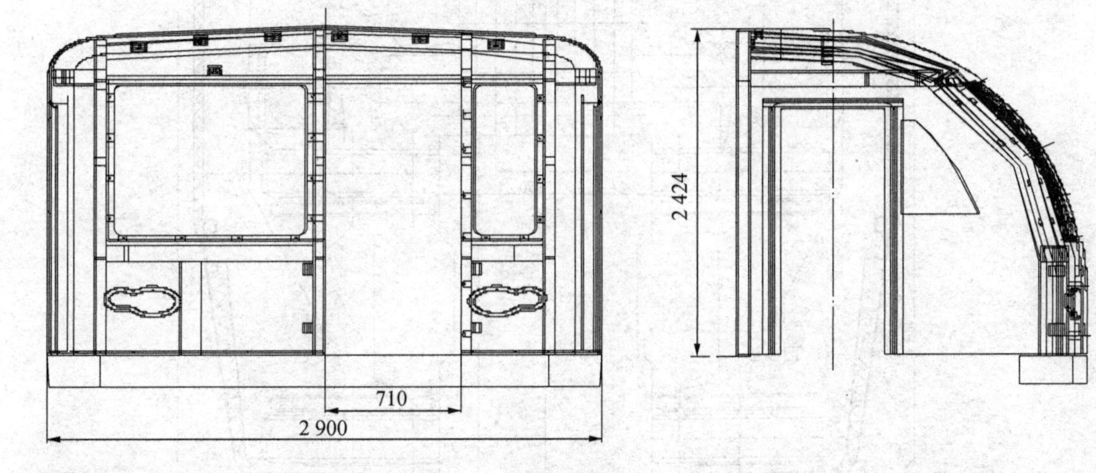

图 6-12　前端铝结构示意图

整体结构方面，跨座式单轨车车体横截面图如图 6-13 所示。

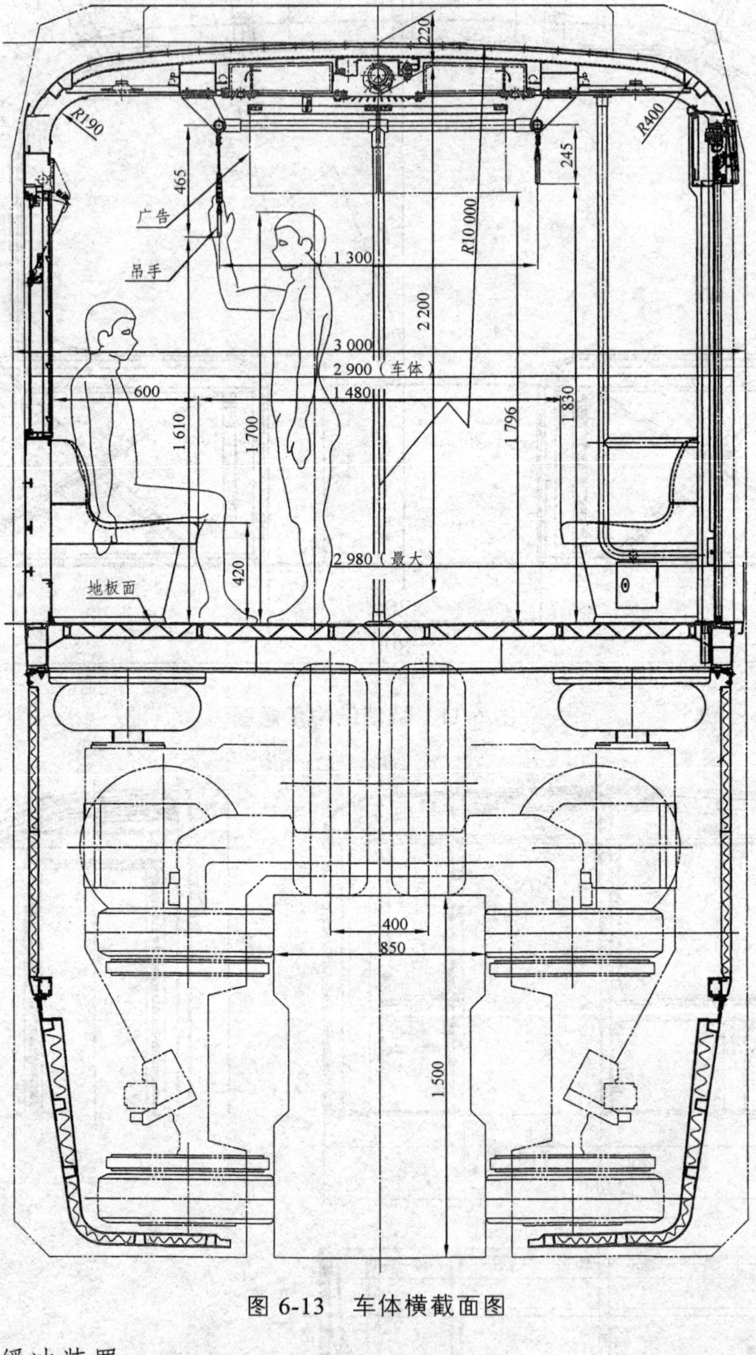

图 6-13　车体横截面图

2. 车钩及缓冲装置

目前，重庆跨座式单轨车所使用的钩缓装置主要有两种类型：一种是分体式密接式钩缓装置（见图 6-14），属于半自动车钩，作为实现两列车之间的连挂，具有传递和缓和纵向力的作用。该车钩接通两车的气源并在两车连挂到位后，锁控装置对连挂状态进行锁定，并向司机提供反馈，防止意外解钩，多用于头车和尾车。

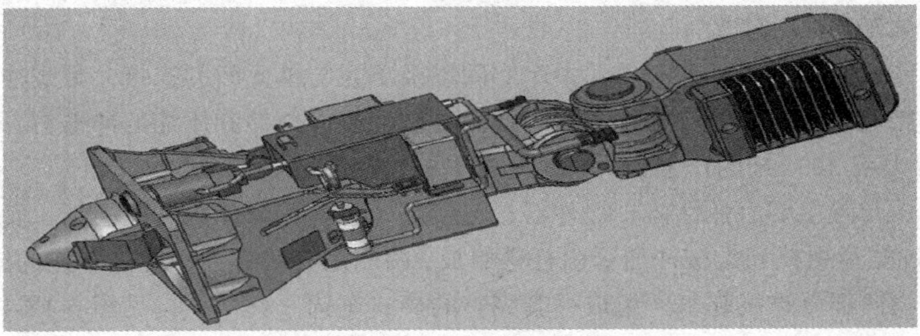

图 6-14　密接式钩缓装置

另一种是棒式钩缓装置（见图 6-15），属于半永久牵引杆的范畴，作为同一编组车辆之间的相互连接，具有传递和缓和纵向力的作用。在通过各种曲线时，棒式车钩能够提供足够的转角，多用于固定编组车辆的连挂。

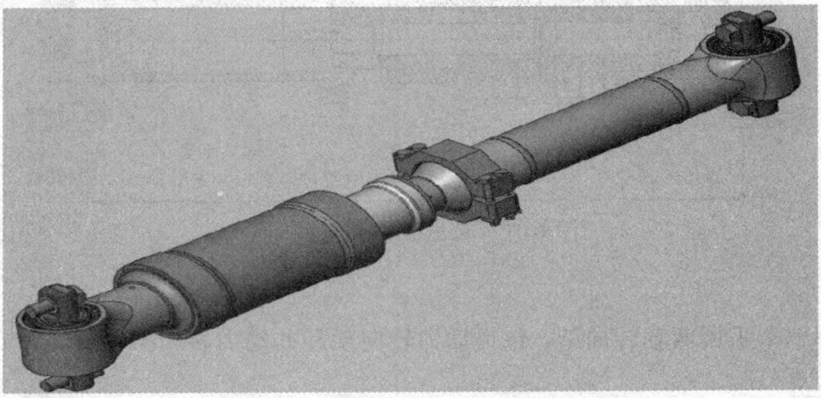

图 6-15　棒式钩缓装置

（1）密接式车钩缓冲装置。

密接式车钩缓冲装置用于列车与列车间的连接，是自动机械连接，带缓冲器，带对中装置，具有导入连挂特性，能在车内进行解钩作业。

密接式钩缓装置主要由钩头、风管连接器、锁定装置、十字节、十字节销、缓冲装置等组成，如图 6-16 所示。

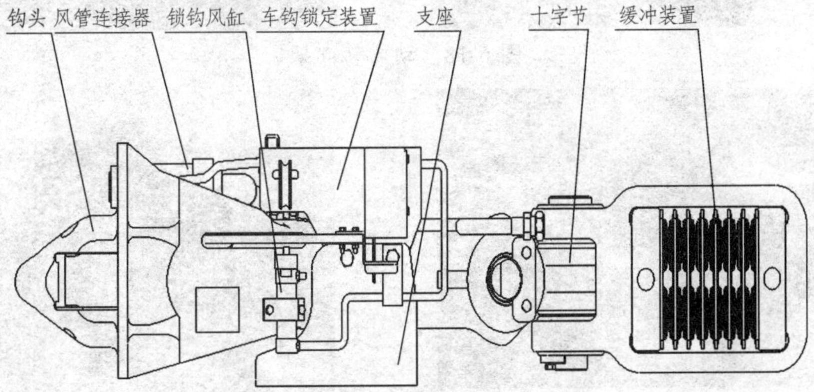

图 6-16　密接式钩缓装置的组成

（2）棒式车钩缓冲装置。

棒式车钩缓冲装置用于列车单元中车厢间以及单元与单元间的连接，带缓冲器。棒式车钩由钢管焊接而成，内部装有缓冲器。其作用是缓冲纵向拉伸和压缩的冲击力，能承受至少 350 kN 的拉力或 350 kN 的压缩力。

棒式钩缓装置主要由弹性体、缓冲器、连接环、金属关节轴承、中心轴、安装螺栓和橡胶套、带缓冲器牵引杆和无缓冲器牵引杆等组成，两端用安装螺栓固定在车体的钩座组成上，通过连接环将两部分连接起来，组成一套完整的棒式车钩。具体结构见图 6-17。

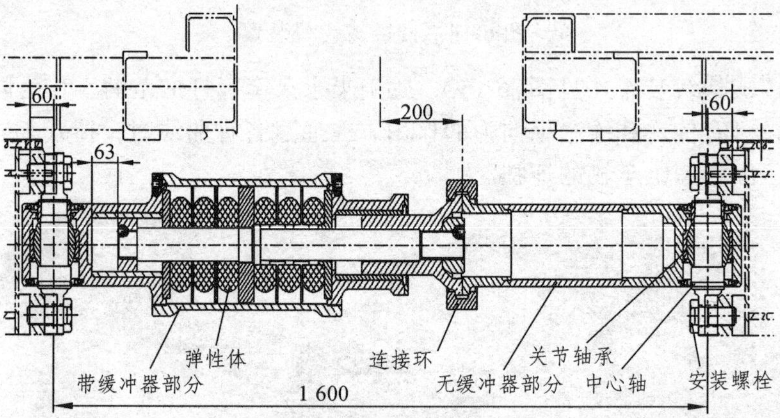

图 6-17　棒式钩缓装置的组成

3. 转向架

跨座式单轨车采用两轴转向架，包括动力转向架和非动力转向架两种类型，如图 6-18 和图 6-19 所示。

图 6-18　动力转向架

图 6-19　非动力转向架

跨座式单轨车辆转向架（见图 6-20）主要由转向架构架、中央悬挂装置、受电弓（受流器）、基础制动装置、走行部分、驱动装置、主牵引电动机及速度传感器装置组成。

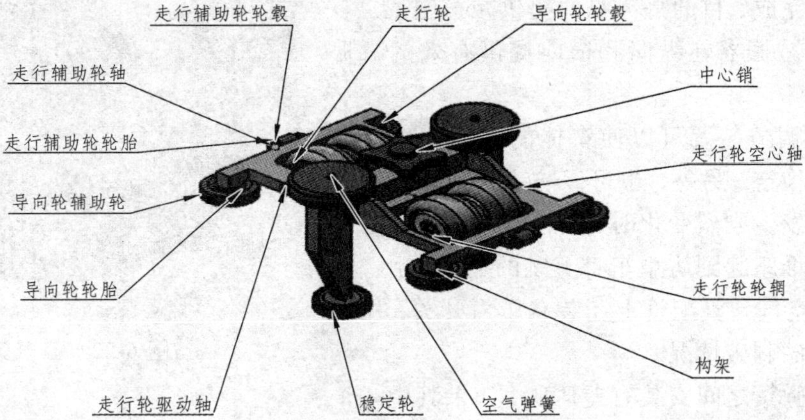

图 6-20　跨座式单轨车辆转向架的组成

（1）转向架构架。

转向架构架包括边梁、横梁、端梁、稳定轮支撑架和导向轮支撑架。这些部件由轧制钢焊接而成，具有合适的性能和轻质量。

（2）中央悬挂装置。

单轨列车的无摇枕中央悬挂装置是通过安装在转向架上的空气弹簧作为底座来直接支撑车体的。采用空气弹簧的目的是为了减少质量。而中心销主要起的是定位作用，限制车体和转向架之间的横向和纵向位移在一定范围内，而不承受垂向载荷。每个转向架配有两个空气弹簧。纵向和横向的负载采用橡胶止挡承担，这种结构可以得到稳定的曲线运行、低噪声和舒适的乘坐感受。中央悬挂装置的结构图如图 6-21 所示。

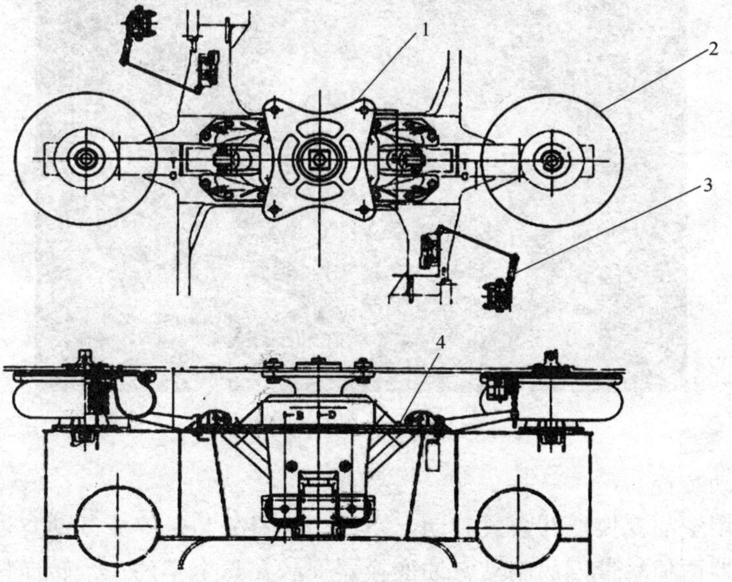

图 6-21　中央悬挂装置结构图

1—中心销；2—空气弹簧；3—自动高度调节装置；4—油压减振器

稳定轮支架在转向架的左右两侧分成两个部分，每个部分都为空气弹簧（见图 6-22）配有一个辅助气室。空气弹簧与辅助气室间的连接通过一个节流阀孔完成，目的是为纵向提供减振阻尼。空气弹簧和油压减振器在纵向和横向提供有效的减振作用。

图 6-22　空气弹簧

自动高度调节装置可以使车体的载荷发生变化时能保持车体稳定。另外，也可以防止当附加在空气弹簧上的载荷发生剧烈变化时车体突然上跳。中心销座和牵引橡胶堆座起到防止车身上跳的缩紧作用。同时，转向架的空气弹簧配管上还装有压力开关，用来检测空气弹簧的刺破情况。

左右空气弹簧之间安装有差压阀，如果其中一个空气弹簧损坏破裂，那么另外一个空气弹簧中的压力空气会自动释放。

（3）受电弓（受流器）。

受电弓（集电装置、受流器）的主要功能是从电网获取直流电源供列车牵引系统和辅助系统使用。不同于一般机车受电弓安装于车顶与接触网接触，跨座式单轨车受电弓（集电装置）安装在机车两侧面。跨座式单轨车受电弓结构简单、安装方便、运行可靠。

受电弓（见图 6-23）分正极和负极两种，两种受电弓都安装在转向架上，采用侧面滑动式受电。在 Mc1、Mc2 车上，每辆车安装两台负极受电弓；在 M2、M3 车上，每辆车安装两台正极受电弓。正极受电弓和负极受电弓的区别在于，正极受电弓配有降弓气缸，负极受电弓没有。

图 6-23　受电弓

（4）基础制动装置。

基础制动采用空油变换器和盘式制动。空油变换器分为带停放制动空油变换器和不带停放制动空油变换器两种。带停放制动空油变换器安装在每个车的一个转向架上。

基础制动装置采用盘形结构，主要分为三部分，如图 6-24 所示。图中，1 为气液转换器，用于将制动缸产生的气压转化为油压。2 为液压卡钳。在接收到气液转换器传递的油压后，液压卡钳压紧在制动盘两侧的闸片，使闸片和制动盘间产生摩擦力。3 为制动盘与走行轮通过轴和齿轮连接，一起被车轴带动旋转。

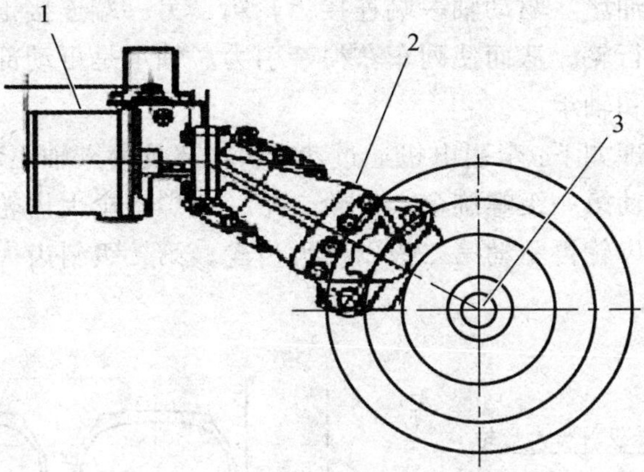

图 6-24　基础制动装置结构图

1—气液转换器；2—液压卡钳；3—制动盘

（5）走行部分。

转向架的走行部分包括走行轮、导向轮和稳定轮，如图 6-25 所示。

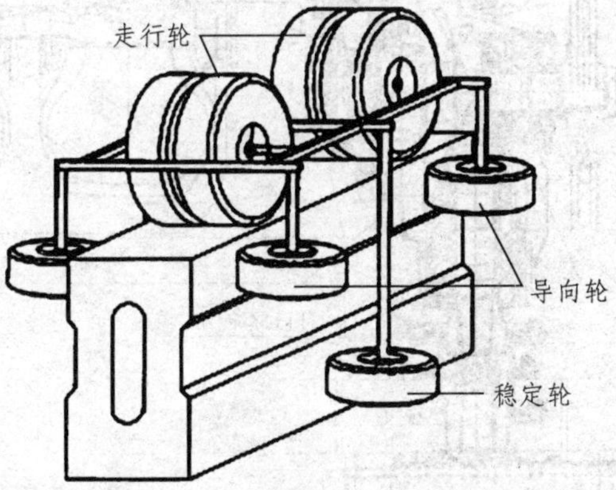

图 6-25　走行部分结构示意图

走行轮采用钢芯橡胶轮胎，充氮气，每个转向架配 4 个轮胎（2 轴）。走行轮上装有内压检测装置，用于漏气或爆胎时报警。在每个转向架上，共有 3 种功能的轮胎。主牵引电机产生的动力，通过减速传动装置传递到走行轮，使列车得以运行。走行轮直径为 ϕ1 006 mm，总宽 330 mm，踏面宽度 220 mm，外部为橡胶气囊，内部有带束层和钢丝制成的内部胎体层。走行轮没有内胎，直接安装在轮辋上。在每个走行轮的踏面，都有原始深度为 8.8 mm 的沟槽，用来排水，防止列车打滑。轮胎的磨耗程度，也是通过测量这些沟槽的残留深度得知的。

导向轮和稳定轮采用尼龙芯橡胶轮胎，充氮气，也可充空气；每个转向架 4 个导向轮、两个稳定轮。导向轮和稳定轮统称水平轮。这两种轮胎结构类似，都采用橡胶外胎和内胎，安装在铝制轮辋上。铝制轮辋上安装有实心的橡胶辅助轮，供水平轮爆胎时使用。导向轮起导向和稳定的双重作用，稳定轮主要起稳定作用，防止列车倾覆。

（6）驱动装置。

驱动装置包括齿轮箱、驱动轴、轴承和轴箱。每个转向架配有两套齿轮箱，齿轮箱配有油面计、注油孔和磁性油堵。驱动轴一端连接齿轮箱，另一端连接走行轮，其作用是将齿轮箱输出的动力传递给走行轮，从而使列车获得牵引力。轴承是可动部分和不可动部分连接的桥梁，轴箱用于装载轴和轴承。

驱动装置的驱动原理如下：牵引电机通过 TD 联轴节及输入轴驱动第一级螺旋伞小齿轮，第一级螺旋伞小齿轮驱动第一级螺旋伞大齿轮，第一级螺旋伞大齿轮驱动同轴的第二级斜齿小齿轮，第二级斜齿小齿轮再驱动第二级斜齿大齿轮，第二级斜齿大齿轮通过驱动轴驱动走行轮胎，如图 6-26 所示。

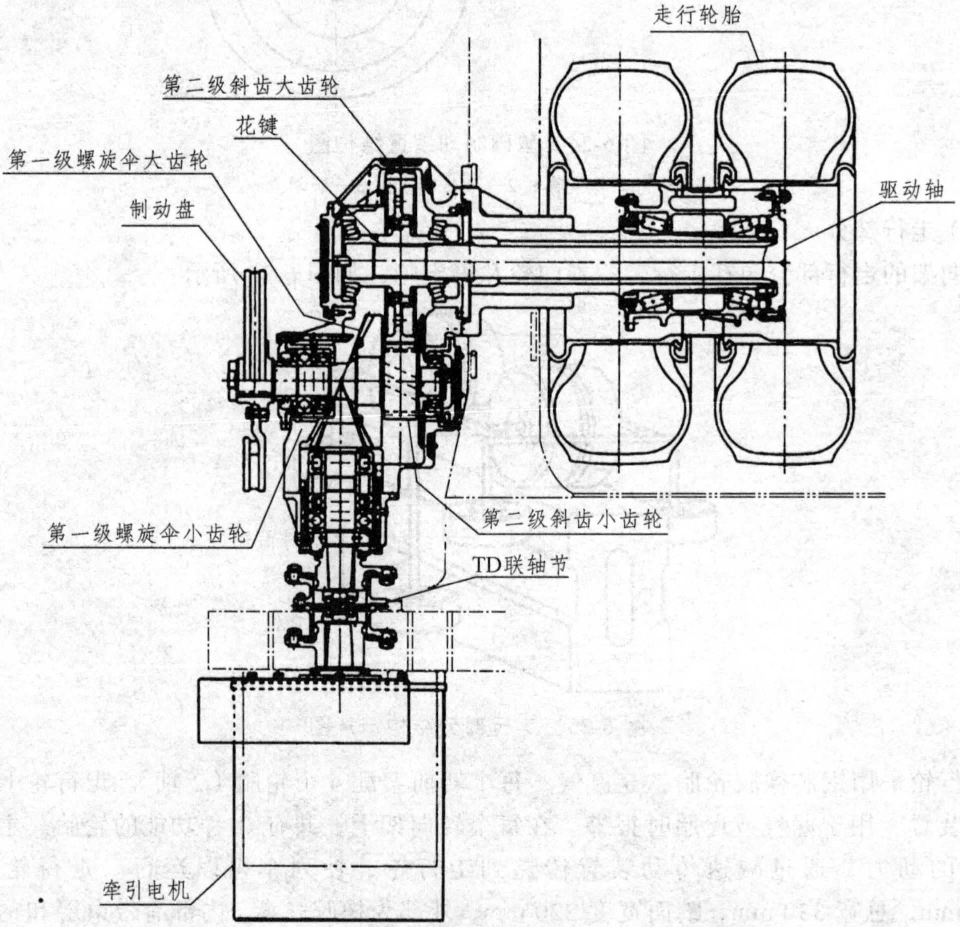

图 6-26　驱动原理图

齿轮箱为双减速矩形驱动系统，采用两级齿轮传动，一组螺旋伞/锥齿轮与一组斜齿轮。动力由主牵引电机 TD 联轴节传递到输入轴，经中间轴、输出轴花键传递到驱动轴上，传动比为 6.55，传动效率≥95%。单轨列车用动力转向架齿轮箱结构如图 6-27 所示。

图 6-27 中，1 为齿轮箱构架，其他部件均安装在构架上，形成齿轮箱总成；2 为输出轴，

其上装有斜齿轮；3 为中间轴，其上装有斜齿轮；4 为输入轴，其上装有螺旋伞齿轮；5 为制动盘。

齿轮箱内装有齿轮箱润滑油，采用飞溅润滑方式，通过齿轮转动时产生的飞溅油液，起到润滑作用。

（7）主牵引电动机及速度传感器装置。

主牵引电动机采用三相鼠笼式电动机，主要功能是将电能转化为机械能，提供车辆前进的动力。主电机的输出功率为 105 kW，电机数量为每台转向架两个，仅动力转向架安装，非动力转向架不安装。

速度传感器装置是由一个速度传感器和 PG 齿轮构成。它检测主电机的回转，把 A、B 两相的矩形脉冲输出信号变换为变频控制装置的输出，作为列车速度的控制。同时，利用两个脉冲信号的相位差检测主电动机的回转方向，在列车运行时起着非常重要的作用。

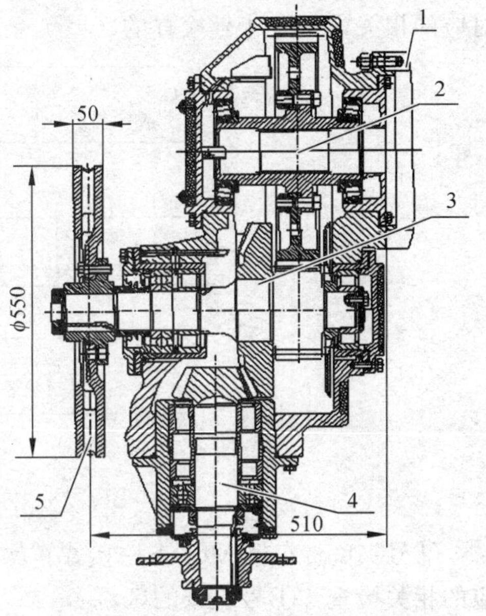

图 6-27　动力转向架齿轮箱结构图

1—齿轮箱构架；2—输出轴；3—中间轴；4—输入轴；5—制动盘

第二节　跨座式单轨列车检修及维护

一、跨座式单轨列车列检

列检即列车检查，是对车辆设备设施及各主要系统的基本功能进行的检查。其检修间隔时间应不大于 3 个自然日。本节主要讲述重庆跨座式单轨列车标准化列检作业。

（一）重庆跨座式单轨列车标准化列检总流程

跨座式单轨列车列检作业划分为四个检修工位，即①号位、②号位、③号位、④号位。常规情况下，跨座式单轨列车列检作业以 4 人为一个作业组对列车进行检修，下面以①号、②号、③号、④号来定义四人作业组成员，四人作业组成员与四个检修工位一一对应。

1. 停电作业标准化流程

停电作业时，①号、②号、③号、④号的作业区域示意图及内容（以 4 编组为例）如图 6-28 所示。

①号：负责车辆 Mc2 车密接式车钩、负极侧上裙板对应车辆设备的检查，复查正极侧对应的相关检查（②号检查的区域）。

③号：负责车辆负极侧开上裙板机械锁、下裙板及受电弓、稳定轮的检查，复查正极侧

对应的相关设备（④号检查的区域）。

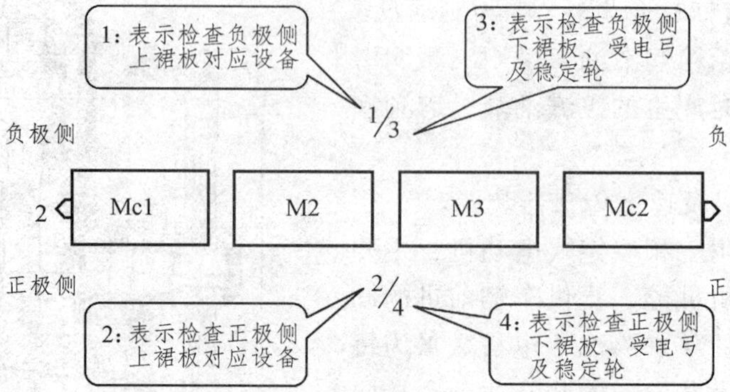

复查规则为："1"与"2"对换复查，"3"与"4"对换复查

图 6-28　停电作业区域示意图及内容

②号：负责车辆 Mc1 车密接式车钩、正极侧上裙板对应车辆设备的检查，复查负极侧对应的相关检查（①号检查的区域）。

④号：负责车辆正极侧开上裙板机械锁、下裙板及受电弓、稳定轮的检查，复查负极侧对应的相关设备（③号检查的区域）。

2. 送电作业流程

送电作业时，①号、②号、③号、④号的作业区域示意图及内容（以 4 编组为例）如图 6-29 所示。

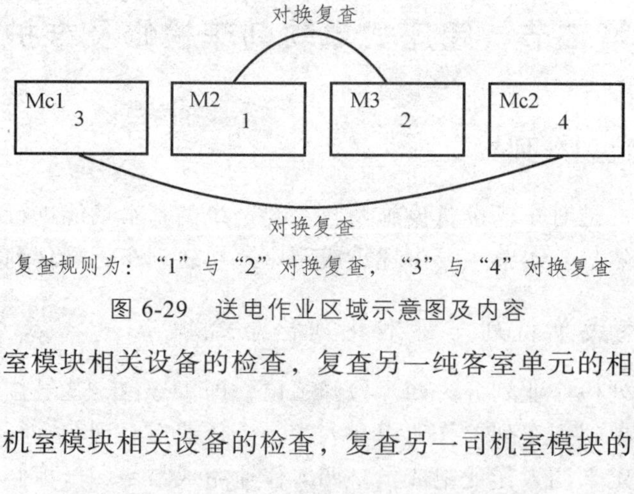

复查规则为："1"与"2"对换复查，"3"与"4"对换复查

图 6-29　送电作业区域示意图及内容

①号：负责纯客室模块相关设备的检查，复查另一纯客室单元的相关设备（②号检查的区域）。

③号：负责带司机室模块相关设备的检查，复查另一司机室模块的相关设备（④号检查的区域）。

②号：负责纯客室模块相关设备的检查，复查另一纯客室单元的相关设备（①号检查的区域）。

④号：负责带司机室模块相关设备的检查，复查另一司机室模块的相关设备（③号检查的区域）。

（二）车下停电作业流程

停电检修作业时，①③②④号位作业人员的检修示意图如下：

①号位车下检修作业流程示意图如图 6-30 所示。

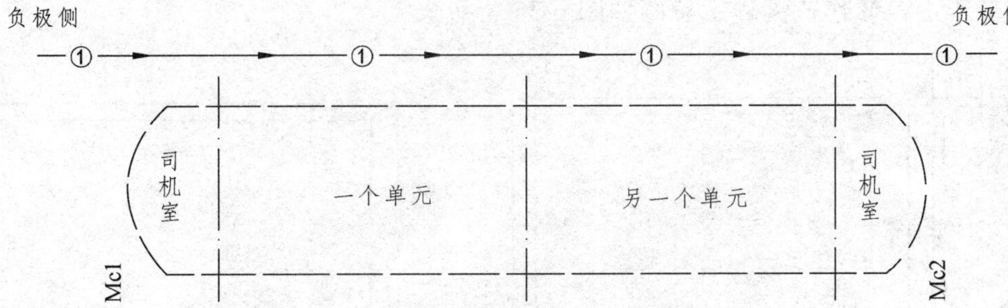

图 6-30　①号位车下检修作业流程示意图

③号位车下检修作业流程示意图如图 6-31 所示。

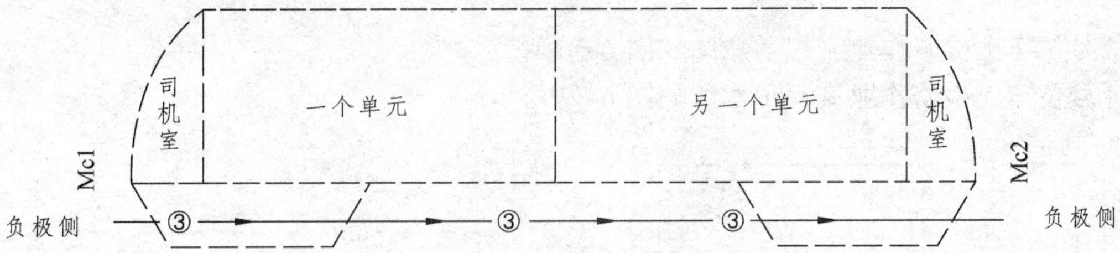

图 6-31　③号位车下检修作业流程示意图

②号位车下检修作业流程示意图如图 6-32 所示。

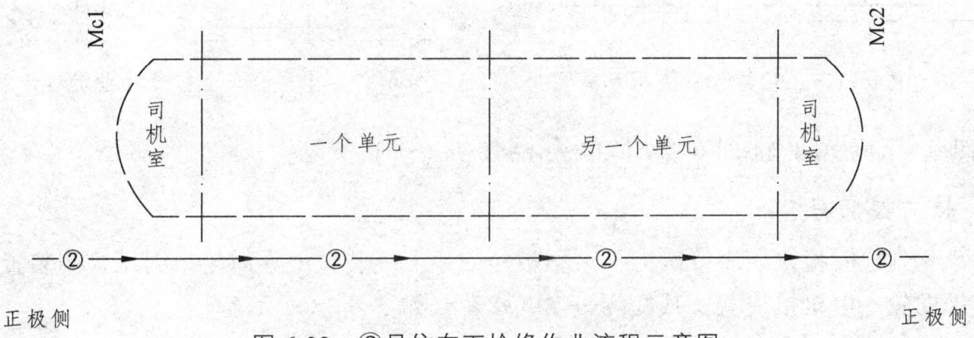

图 6-32　②号位车下检修作业流程示意图

④号位车下检修作业流程示意图如图 6-33 所示。

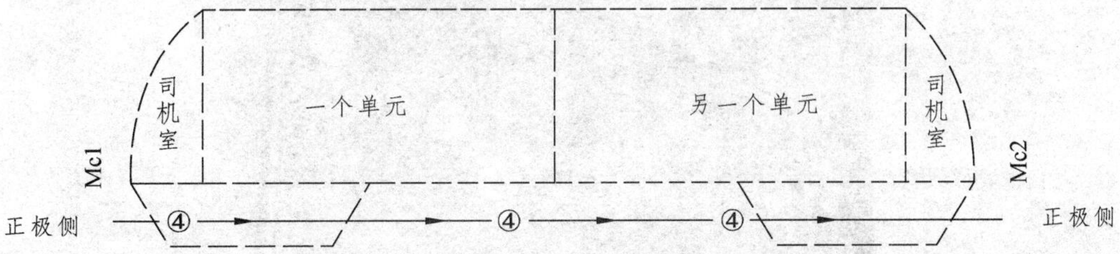

图 6-33　④号位车下检修作业流程示意图

（三）车上送电作业流程

送电检修作业时，③①②④号位作业人员的检修示意图如下：

③号位车上检修作业流程示意图如图 6-34 所示。

①号位车上检修作业流程示意图如图 6-35 所示。

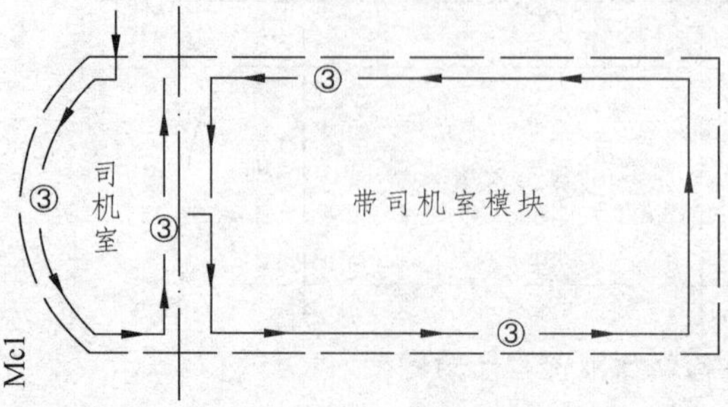

图 6-34　③号位车上检修作业流程示意图

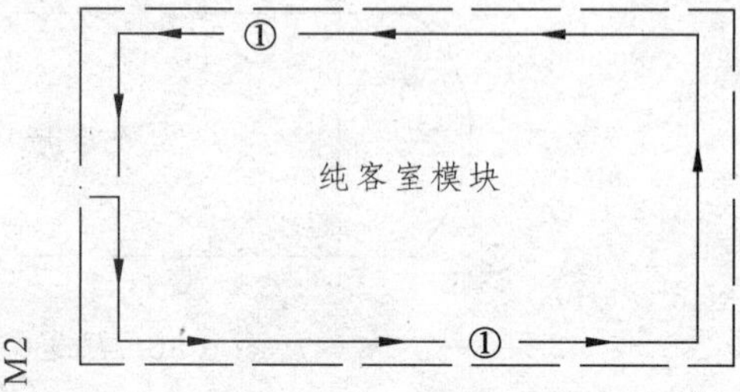

图 6-35　①号位车上检修作业流程示意图

②号位车上检修作业流程示意图如图 6-36 所示。

④号位车上检修作业流程示意图如图 6-37 所示。

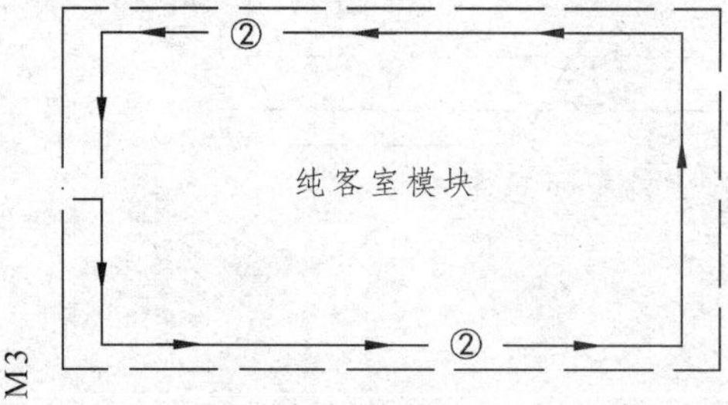

图 6-36　②号位车上检修作业流程示意图

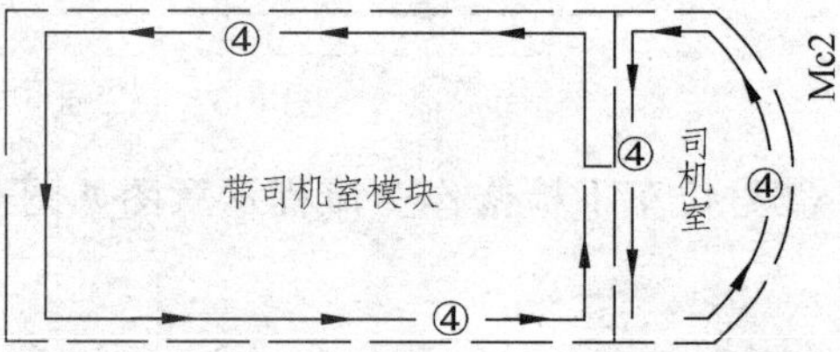

图 6-37　④号位车上检修作业流程示意图

（四）跨座式单轨列车标准化列检作业举例

1. 转向架部分

标准化列检时检修顺序依次为：上裙板→信号天线装置→导向轮→内压检测装置→走行轮及其辅助轮→电机接线盒及其配线→空气弹簧，如图 6-38 所示。

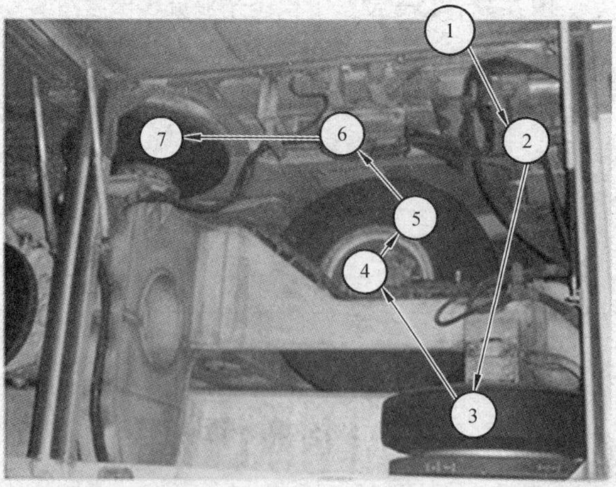

图 6-38　转向架检修顺序

2. 机器室部分

标准化列检时检修顺序依次为：上裙板→整流装置/充电机（国产牵引系统车辆适用）→上裙板→电动空气压缩机→空压机排水阀→辅助接地开关箱→上裙板→空压机启动装置→VVVF 逆变器箱→试验及供风阀门，如图 6-39 所示。

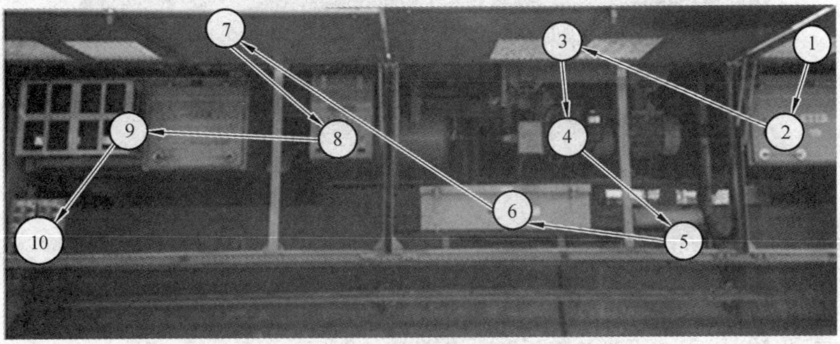

图 6-39　机器室检修顺序

3. 车端连接部

标准化列检时检修顺序依次为：风挡→棒式车钩→电气连接线→主风连接管，如图 6-40 所示。

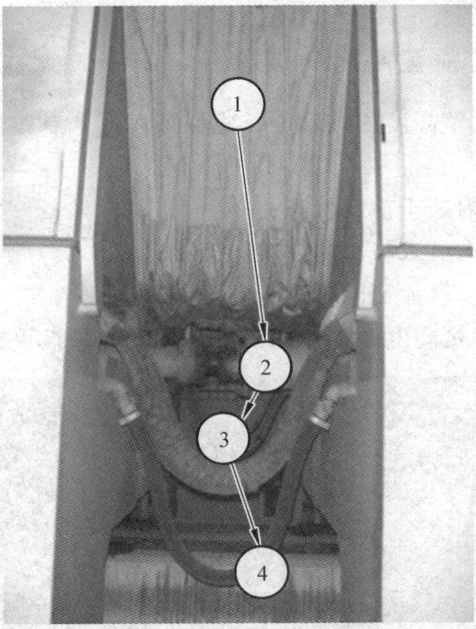

图 6-40　车端连接部检修顺序

4. 下裙板部分

标准化列检时检修顺序依次为：下裙板挂钩信号天线→导向轮→集电装置→稳定轮→下裙板本体→下裙板挂钩→导向轮→集电装置→稳定轮，如图 6-41 所示。

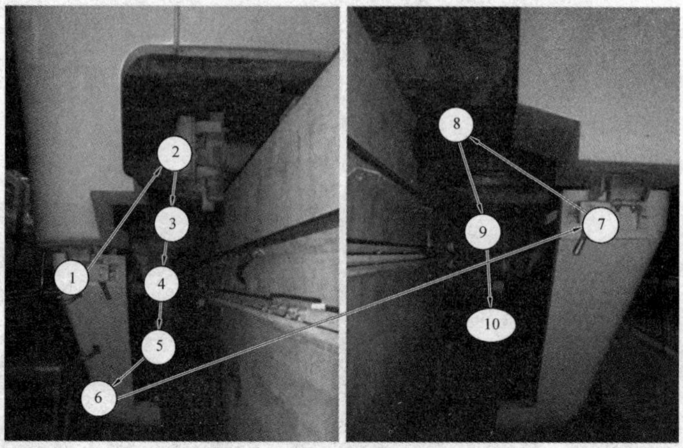

图 6-41　下裙板检修顺序

二、跨座式单轨列车月修

月修即间隔三个月检修，是对车辆进行清洁，并对车辆系统部件按磨耗标准进行检查、测量和调试，对需更换的部件进行更换，同时对车辆的功能状态进行确认。其检修间隔时间应不大于 3 个月。本节主要列举重庆跨座式单轨列车月修时所进行的空气弹簧高度调整、齿轮箱换油等专项检修维护作业。

（一）单轨列车空气弹簧高度的调整

（1）为保证空气弹簧调整高度的准确度，应保证以下几点：

① 主风缸气压充足；

② 调整高度时，车厢内处于空载状态；

③ 调整高度时，作业人员未与车体或转向架接触；

④ 每节车 4 个位置的空气弹簧同时进行高度调整。

（2）所需工具：空气弹簧高度调整专用工具、19 mm 呆扳手或活扳手，如图 6-42 所示。

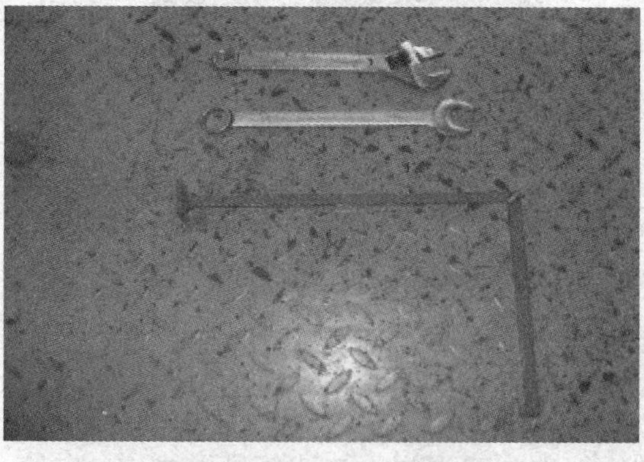

图 6-42　调整空气弹簧高度工具

（3）调整方法。

① 将空气弹簧高度调整专用工具紧紧贴附在空气弹簧顶板，刻度对准底板与转向架连接

处（标准高度：268 mm），如图 6-43 所示。

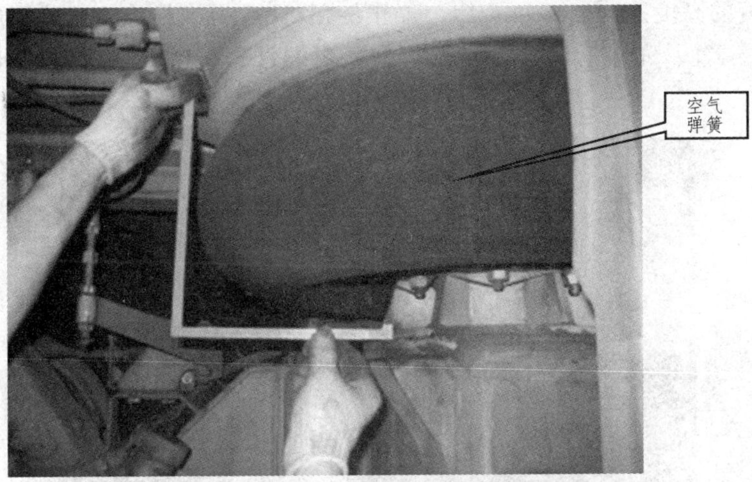

图 6-43　放置空气弹簧高度调整专用工具

② 调整高度，拧松高度调整阀螺杆上的螺母（上两颗为顺时针，下面一颗为逆时针）。拧松螺母后，将空气弹簧升高，达到（268 ± 20）mm，如图 6-44 所示。

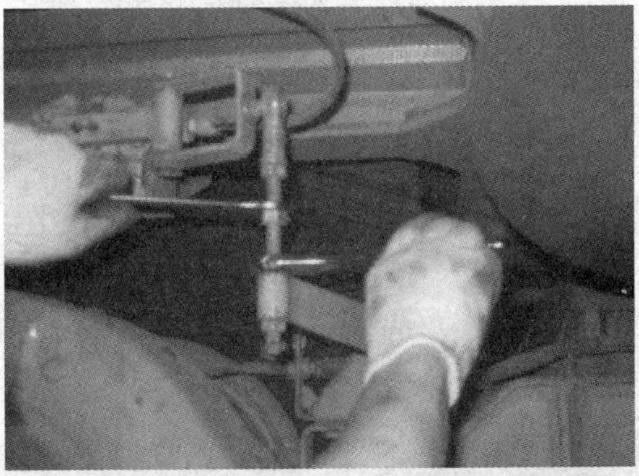

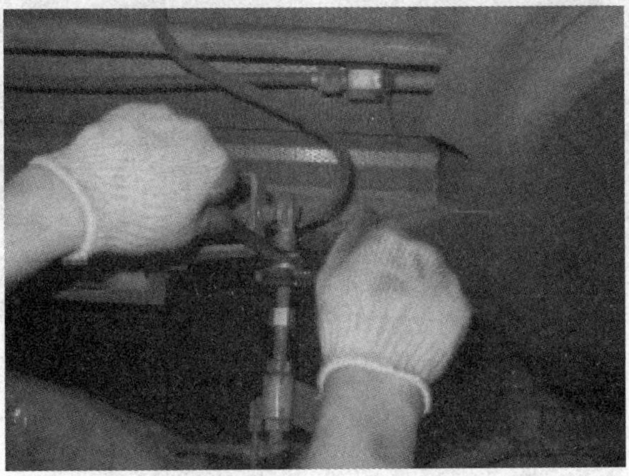

图 6-44　调整高度调整阀

③ 再旋转螺杆，使空气弹簧中的气体逐渐泄出。

④ 空气弹簧的高度达到 268 mm 后，停止旋扭 5 s，再次检查空气弹簧的高度，然后恢复控制杆到水平位置。完成后，拧紧螺母，拧紧时螺杆顶端的转向球不应伸出，如图 6-45 所示。

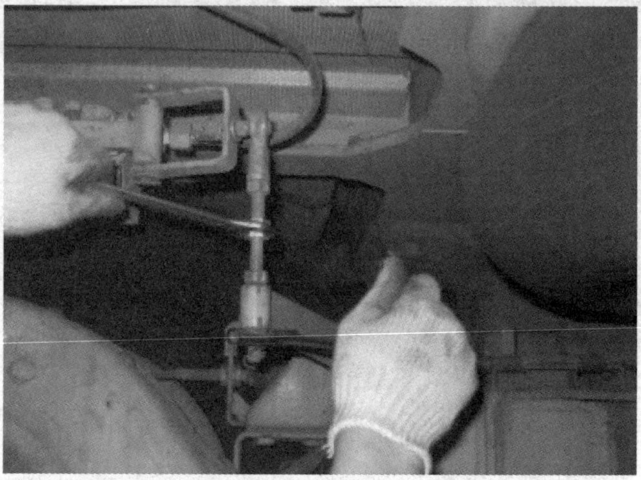

图 6-45　拧紧高度调整阀

（二）齿轮箱换油

1. 换油周期

原则上，跨座式单轨列车齿轮箱润滑油每 6 个月更换一次。

2. 所需工具

钢丝钳、手电筒、36 梅花扳手、放油塞防漏垫片、加油桶、接油盆、橡胶手套 1 双、电工小刀 1 把、钢丝 1 根、干净棉丝等，如图 6-46 所示。

图 6-46　齿轮箱换油工具

3. 换油流程

（1）用钢丝钳取下齿轮箱底部磁性放油塞上的防松钢丝，如图 6-47 所示。

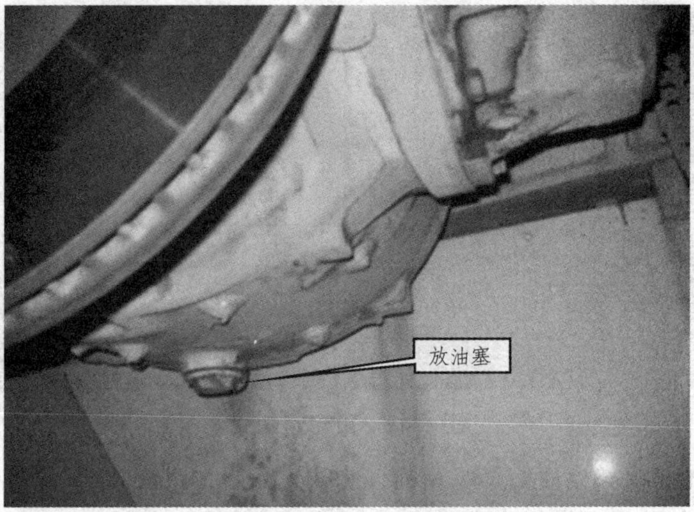

图 6-47　取下放油塞

（2）用 36 梅花扳手旋松放油塞，将接油盆放在磁性放油塞下方，旋出放油塞，放出齿轮箱内的润滑油，如图 6-48 所示。

图 6-48　齿轮箱放油

（3）检查磁性放油塞上是否吸附金属磨屑的状态，以判断齿轮箱内各齿轮及运动部件是否有异常磨损。

（4）观察接油盆内润滑油的状态（颜色、黏度等），判断齿轮箱是否存在异常情况。

（5）油放尽后，清洁放油口平面，不可粗糙不平。

（6）检查防漏垫片是否完好，弹性橡胶垫若无破损可续用，石棉垫则每次换油时换新。

（7）清洁放油塞的防漏垫片连接处平面，须保证平整、干净。若平面沾有异物，可用电工刀刮平处理。

（8）将装好防漏垫片的磁性放油塞旋入放油孔内，用 36 梅花扳手扭紧。

（9）从加油孔加入润滑油至规定油位刻度线，注意不要溢油。加油时，加油孔内的滤油网不可取出，它可防止异物掉入齿轮箱和过滤粗渣，如图 6-49 所示。

图 6-49　齿轮箱注油

（10）检查齿轮箱底部放油塞是否漏油，确认无漏后，将放油塞用防松钢丝呈 8 字形系好，并用画线笔在放油塞上做好防松标记。

（11）清洁放油口、加油口，清点工具，防止遗留。

三、跨座式单轨列车换轮

换轮即将车辆扣停，并根据轮胎安全技术标准进行轮胎更换作业。本节主要讲述重庆跨座式单轨列车换轮时橡胶走行轮胎的更换作业。

1. 转向架走行轮胎与轮辋的分离

（1）用气门芯起子拆除轮胎胎压管气门芯，将轮胎内氮气放净。

注意：取气门芯时，气门芯嘴不能对准他人和自己，且气门芯放在轮辋内进行操作，如图 6-50 所示。

（2）用一字起子（大）取出轮辋上的锁环，如图 6-51 所示。

图 6-50　轮胎放气

图 6-51　取轮辋锁环

（3）水平抬起边环，取下边环。

（4）用一字起撬起轮胎密封圈，把密封圈取出，取出密封圈时注意不要划伤轮辋。

（5）作业人员站在轮胎上不停地踩踏轮胎，使轮胎与轮辋间隙变大，然后使用轮辋轮胎分离专用工装由两名作业人员共同取出轮辋。

注意：判断间隙变大的标准是听见轮胎有明显的漏气声音发出或脚踩踏的地方明显感觉到轮胎已经塌陷下去。

2. 转向架走行轮胎与轮辋的组装

（1）组装准备。

① 记录轮胎编号，记录胎压管系列号。

② 检查轮辋本体、气门安装孔、边环、锁环等应无外伤、变形、划痕，气门口周围应无毛刺、异物（若有毛刺等，要用400#砂纸处理）。

③ 确认气门杆应无损伤、弯曲，“O”形密封圈应更换新品。

④ 气门孔清洁后，在气门杆的“O”形密封圈座上镶嵌上“O”形密封圈；然后从轮辋的内侧将气门装入气门孔，用活动扳手和23 mm扭力扳手配合拧紧气门螺母，气门螺母的紧固力矩为41 N · m。

注意：轮辋放置方向如图6-52所示时，气门安装在内轮辋中，气门杆的方向应向上；气门安装在外轮辋中，气门杆的方向应向下，如图6-52所示。

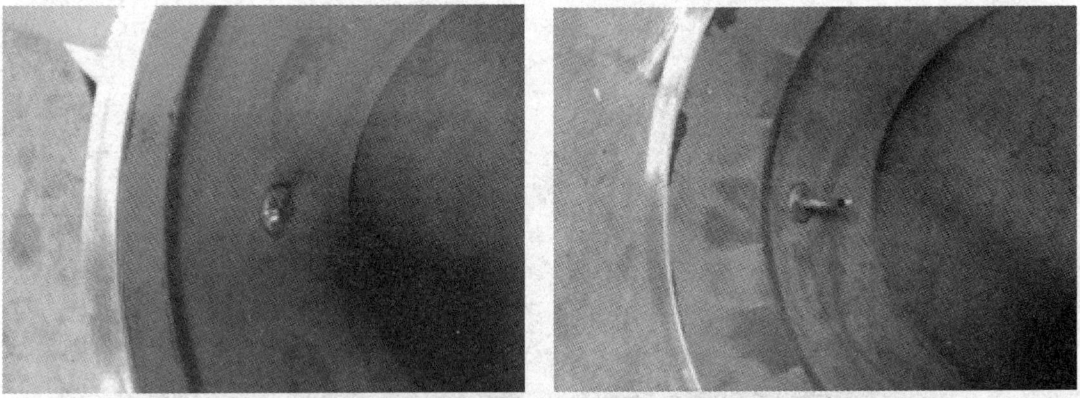

图6-52　内、外轮辋气门安装情况

（2）轮辋、轮胎清洁，如图6-53所示。

图6-53　轮辋、轮胎清洁

① 用 400#砂纸对轮辋表面进行除锈处理。

② 用吸尘器清洁轮辋及轮胎。

③ 用酒精擦拭轮辋。

④ 用吸尘器清扫轮胎内部，用洁净的干布擦拭胎圈部，确认无异物和水分。

（3）润滑剂涂装，如图 6-54 所示。

图 6-54　润滑剂涂装

① 在胎圈基体部，用海绵或毛刷等蘸上润滑剂轻轻涂抹。

② 轮辋用海绵或毛刷等涂上润滑剂。

③ 密封圈内侧用海绵或毛刷等涂上润滑剂。

注意：润滑剂中不允许含有小的灰尘杂物，不要涂抹在胎圈的背面。

（4）组装轮胎，如图 6-55 所示。

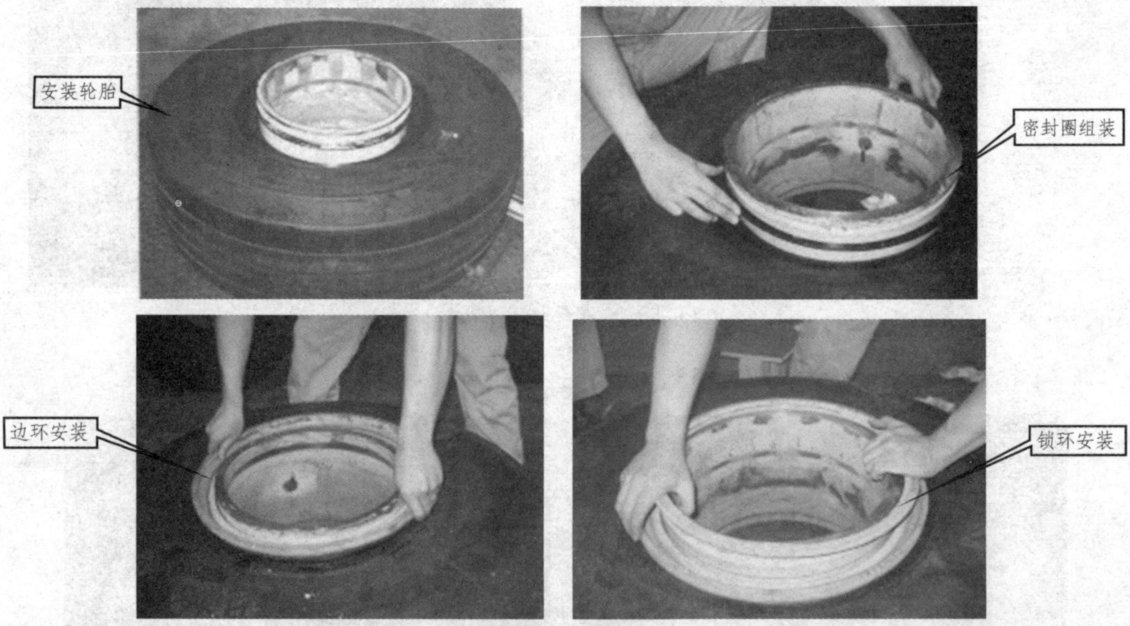

图 6-55　轮胎组装

① 应把轮胎编号与轮辋上的气门安装位置对齐后把轮胎慢慢地套入轮辋本体上，轮胎编号位于下面。

② 组装密封圈，把准备好的密封圈套入轮胎与轮辋之间，注意密封圈方向应平面朝上。

③ 组装边环，把边环水平放下套入轮辋。

④ 组装锁环，先用力稍稍扳开锁环，再把锁环的一头套入轮辋卡槽，同时另一头用手牢地按在轮辋上，然后一步一步把锁环擀入轮辋。

（5）氮气充注作业。

① 确认轮胎的胎圈部上面的边环应逐步上升，同时在气门口用氮气先充到 300 kPa，如图 6-56 所示。

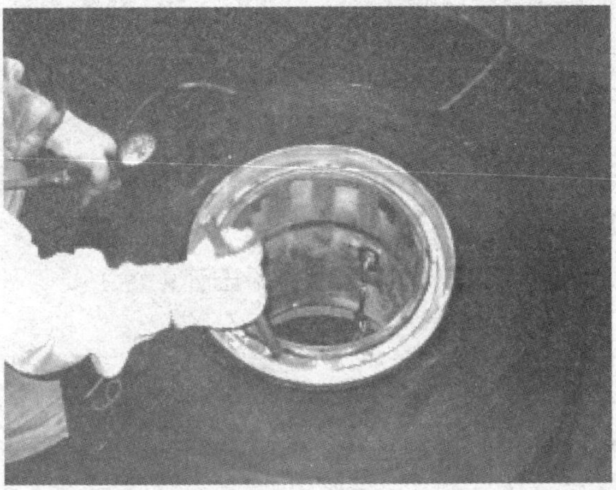

图 6-56　氮气充装（300 kPa）

② 充气的同时用塑料锤子轻轻敲击轮胎，并观察和感觉锁环是否到位，敲击时应均匀敲击各个部位，不要只敲击一个部位，如图 6-57 所示。

③ 充气完成后，用游标卡尺测锁环间隙，确保间隙在 5 ~ 10 mm，如图 6-57 所示。

④ 再把轮胎推入安全网内进行第二次充气，将氮气充到规定的气压（1 000 kPa），充气时注意充气压力不得大于 1 100 kPa，如图 6-57 所示。

图 6-57　氮气充装作业

（6）组装完毕、充气作业完成后的检查作业。

① 漏气检查：用肥皂水等检查胎圈部轮辋周围、锁环周围、气门基体周围，确认无泄漏后用干布把肥皂水擦净。

② 轮胎保压：轮胎保压 12 h 以上后检查内压，内压的变化在规定范围内。放置 12 h 以上内压允许的降低值为 40 kPa。

注意：如压力降低在容许值以内的情况下，应再调整到规定压力。如气压降低超过规范的情况下，应重新组装。

（7）胎压管的安装。

在轮胎保压完成后，用小鹰嘴钳把胎压管安装在轮辋的气门上，然后用泡沫水对气管进行检漏，检漏完成后，用黑胶带对结合部位进行包扎密封处理。

注意：胎压管（长）要与内轮辋配合使用，胎压管（短）要与外轮辋配合使用。

四、跨座式单轨列车重、全检

重检即车辆重要部位检修，对车辆进行解体，对车辆的关键重点设备和部件按相关工艺文件要求进行分解、清洗、检查、维修或更换、调整、试验、检验等，以恢复车辆的重要性能指标。其检修间隔时间应不大于 3 年或运行不大于 30 万千米，以先到者为准（首次重检时间应不大于 4 年或运行不大于 40 万千米）。

全检即车辆全面检修，是在重检的基础上对所有车辆部件进行全面检查和修理。其检修间隔时间应不大于 6 年或运行不大于 60 万千米，以先到者为准（首次全检时间应不大于 7 年或运行不大于 70 万千米）。

第三节　跨座式单轨列车故障案例分析

【案例一】GR 的典型故障案例

1. 案例概况

2011 年 4 月 13 日，某编组单轨列车在正线折返进入某站下行站台时发生主回路接地及车体带电（GR）故障。司机降弓后，操作复位按钮 GR 故障可正常复位。当列车重新升弓后，再次发生 GR 故障。多次复位操作均无法消除车辆 GR 故障。随即行调安排车辆救援，停放至某避难线。

2. 案例解析

（1）GR 故障的定义：当跨座式单轨列车车体超过负极接触网电压 100 V 时，列车接地继电器就会吸合，把这一现象叫 GR 故障。

（2）故障原理及类型。

① 正常情况下，列车及变电所接地回路示意图如图 6-58 所示。

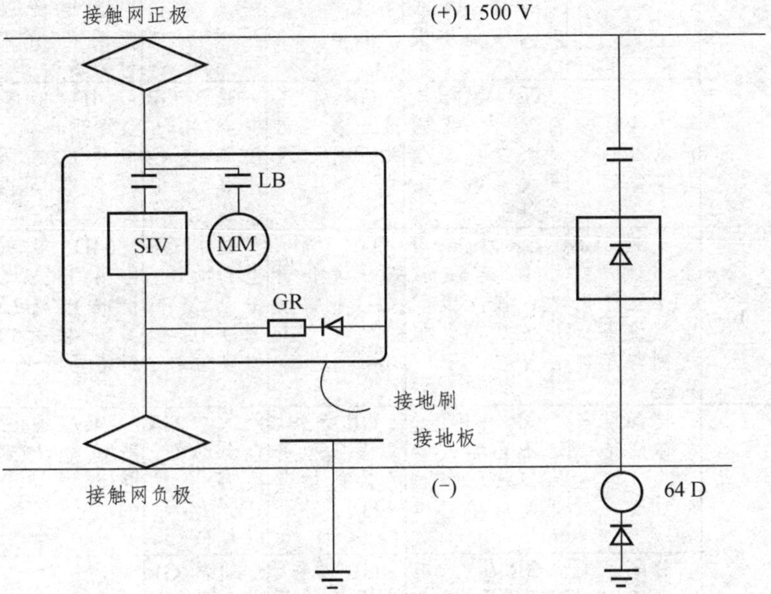

图 6-58　列车及变电所接地回路

② 列车会产生 GR 故障的几种类型如图 6-59 和表 6-3 所示。

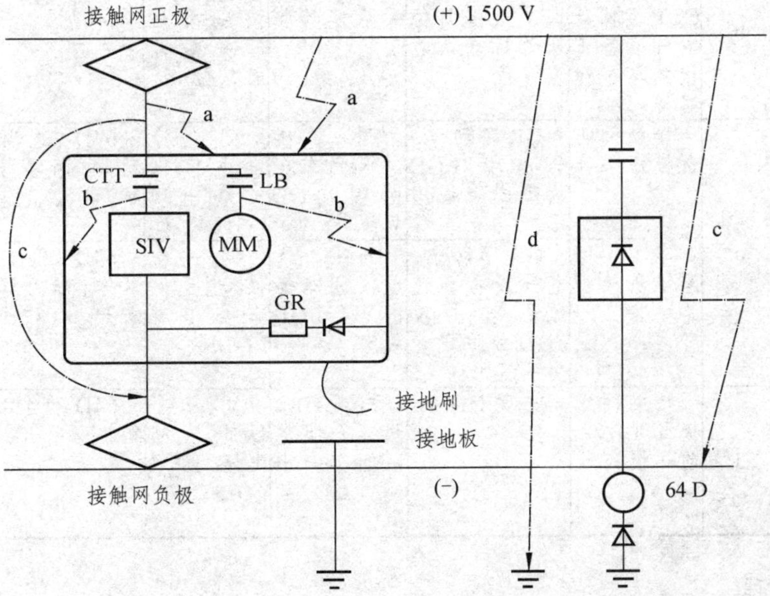

图 6-59　列车出现 GR 的几种类型

表 6-3　列车出现 GR 故障时的现象描述

序号	接地车辆位置	接地类型	接地情况	本车 GR 动作情况	其他站内车	区间车	变电所情况	备　注
1	在车站	a	接触网与车体短接	GR 动作，通常不会是硬接地，按压复位开关后能够复位	GR 动作，按压复位开关后能够复位	通常 GR 也会动作，按压复位开关后能够复位	64D 能够监测到电流，根据电流强弱变电所内断路器断开	其他车有可能会监测到 LGD 故障（网压快速下降）
2			受电弓至车内 LB 以前的高压线与车体短接	GR 动作，有可能是硬接地，按压复位开关后确认能否复位	GR 动作，按压复位开关后能够复位	通常 GR 也会动作，按压复位开关后能够复位	64D 能够监测到电流，根据电流强弱变电所内断路器断开	按压复位开关之后还无法复位，应降弓等待救援
3		b	车内 LB 至电机或 CTT 至辅助电气设备正极侧与车体短接	GR 动作，有可能是硬接地，按压复位开关后确认能否复位	GR 动作，按压复位开关后能够复位	通常 GR 也会动作，按压复位开关后能够复位	64D 能够监测到电流，根据电流强弱变电所内断路器断开	按压复位开关之后还无法复位，应降弓等待救援
4	在区间	a	接触网与车体短接	GR 动作，通常不会是硬接地，按压复位开关后能够复位	GR 动作，按压复位开关后能够复位	通常 GR 也会动作，按压复位开关后能够复位	64D 通常不能监测到电流	其他车有可能会监测到 LGD 故障（网压快速下降）
5			受电弓至车内 LB 以前的高压线与车体短接	GR 动作，有可能是硬接地，按压复位开关后确认能否复位	GR 动作，按压复位开关后能够复位	通常 GR 也会动作，按压复位开关后能够复位		按压复位开关之后还无法复位，应降弓等待救援
6		b	车内 LB 至电机或 CTT 至辅助电气设备正极侧与车体短接	GR 动作，有可能是硬接地，按压复位开关后确认能否复位	GR 动作，按压复位开关后能够复位	通常 GR 也会动作，按压复位开关后能够复位		
7	车站或区间	c	接触网正负极短路	GR 不动作，会出现 LGD 故障或者失网压	同一个供电区间车会出现 LGD 故障	同一个供电区间车会出现 LGD 故障	64D 通常动作，断路器断开	列车等待网压恢复
8			车上主回路正负极短路	GR 不动作，电气设备会过流，会出现 LGD 故障或者失网压	同一个供电区间车会出现 LGD 故障	同一个供电区间车会出现 LGD 故障	64D 通常动作，断路器断开	列车等待网压恢复
9	接触网接地	d	接触网正极或 LB 之前正极对地	出现 GR	出现 GR，同一个供电区间车会出现 LGD 故障	同一个供电区间车会出现 LGD 故障	64D 动作，断路器断开	

3. 案例处理

运营结束车辆救援回库后，维修人员检查发现列车某主熔断器箱下方高压线路出现严重的烧损现象，如图 6-60 所示。

图 6-60 主熔断器箱下后方高压线路有烧损的现象

结论：本次 GR 故障是由于某编组列车的高压线路在装配过程中，操作不当导致线路破损，雨水进入护套管内，流经高压线破损处，直接导致车体与 1 500 V 电线形成回路，使得车体带电，出现 GR 故障，线路烧损，相邻线路损坏。

4. 防范措施

单轨车 GR 故障是比较严重的故障，一旦发生，车上的牵引系统、辅助供电系统、空调及通风系统、照明系统（应急照明不影响）都不能工作，只有 GR 故障恢复，上述系统才能工作。所以，正线运营必须尽快查出发生 GR 故障的车辆，如果发生 GR 故障的车辆不能恢复，必须将其隔离，等待救援，其他车辆恢复 GR 故障，继续运营。而日常例行检查及专项检修时也务必加强对牵引系统各设备及车辆相关线路的检查，确保状态良好。

【案例二】制动不缓解的典型故障案例

1. 案例概况

2010 年 5 月 30 日，某编组单轨列车上行至某站开门后，当值乘务员从侧窗观察到列车尾部有烟冒出，相关情况通知行调后，行调命令该编组立即清客，并限速 30 km/h 返空至上行某折返点进折返线待命。

维修人员接到报修后，立即到达某折返线对故障进行确认，相关情况如下：

（1）打开 1 车 2 位转向架对应位置地板检查盖，确认 3、4 轴制动盘有明显的过热痕迹。

（2）监控系统无事发当时的任何故障记录。

（3）列车其他系统状态无明显异常。

（4）在列车两端分别做启动试验，确认牵引系统性能正常。

（5）以 3 km/h 的速度缓慢动车，确认故障位置制动已缓解。

（6）多次进行停放制动缓解和施加操作，确认其功能正常。

（7）连续开断 BC 阀，确认制动功能正常。

通过上述操作，可判断某编组单轨列车确实发生制动不缓解故障，制动盘及基础制动装置出现明显过热现象；维修人员上车确认时该故障已恢复正常，可在限速 30 km/h 情况下自行回库。

2. 案例解析

制动不缓解故障可分为两大类：

（1）停放制动不缓解。

该类故障通常没有故障记录，只有通过闻到异味或看到冒烟后发现故障，这样会造成严重后果（齿轮箱、基础制动需更换），可能原因如下：

① 基础制动装置自身原因造成。

② 停放制动空气管路泄漏造成停放制动不完全缓解。

③ NF-3 型调压阀及 VM13-9HC 型停放制动电磁阀内部进入异物或自身故障造成停放制动不完全缓解。

（2）基础制动不缓解。

该类故障均有故障记录，一般不会造成严重后果，可能原因如下：

① 中继阀及常用制动电磁阀动作不良，造成排气缓慢或不排气。

② 制动控制器故障造成误报。

③ 单车制动不缓解检测回路 121 线（得电工作）串电造成误报。

除此之外，VVVF 自身故障或支路切除（走行轮胎压异常等故障造成）等原因造成再生制动缺失后，会导致相应基础制动装置出现过热现象（制动不缓解假象）。

结合本案例通过理论分析，发生双轴同时制动抱死的可能原因有：

① 转向架双轴的空油变换器油或制动卡钳同时故障，导致油压无法缓解或卡钳回位机构卡死造成制动无法缓解。

② 停放制动相关阀类故障导致停放制动无法完全缓解。

③ 停放制动空气管路漏气、堵塞等问题导致制动无法缓解。

④ BECU（制动控制装置）相关故障。

⑤ VVVF 装置故障导致再生制动异常，长时间纯空气制动后引起基础制动装置出现过热现象。

⑥ 压阀 NF-3 故障导致控制风缸风压不足，造成停放制动不能完全缓解。

3. 案例处理

列车回库后，维修人员停电对车下做进一步检查，确认 Mc1 车 2 位转向架双轴制动盘内外两面均出现严重过热现象，如图 6-61 所示。

针对上述第 1 点检查：库内通过多次试验，确认制动卡钳和空油变换器在停放制动缓解、施加及制动各级位下的功能正常。

针对上述第 3 点检查：对相关空气管路的状态进行检查确认，未发现漏气等异常情况。

针对上述第 4 点检查：读取第一单元两台 BECU 数据，没有发现该次制动未缓解同一时间的相关故障记录，拆下 Mc1 车 BECU 在实验台进行综合试验，试验结果合格。

针对上述第 5 点检查：对 Mc1 车 VVVF 读取故障记录，没有发现该次制动未缓解相关的故障记录，回库途中观察该位 VVVF 再生制动电流正常。

针对上述第 6 点检查：拆下 Mc1 车 NF-3 调压阀在实验台进行综合实验，试验结果合格。

图 6-61　基础制动装置严重过热

针对上述第 2 点检查：

① 停放制动电磁阀压力开关（SPS）综合试验，试验结果合格。

② 停放制动电磁阀在分解时，发现阀内有铁屑，如图 6-62 所示。

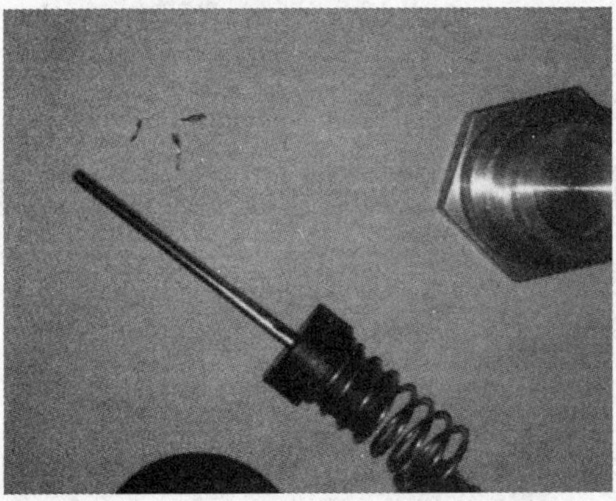

图 6-62　停放制动电磁阀内部发现铁屑

通过上述各项检查，将本次故障疑点锁定于停放制动电磁阀（VM13-9HC）中出现的铁屑，其工作原理如下，如图 6-63 所示。

停放制动施加：当线圈 9 失电时，弹簧 4 将下阀 3 保持在底座中，将进气口与出气口断开，上阀 2 不归位，将出气口的压缩空气排掉。

停放制动缓解：当线圈 9 得电时，电枢 15 受力将上阀 2 归位，将大气与出气口隔绝，下阀 3 不归位，将出气口与进气口连通。

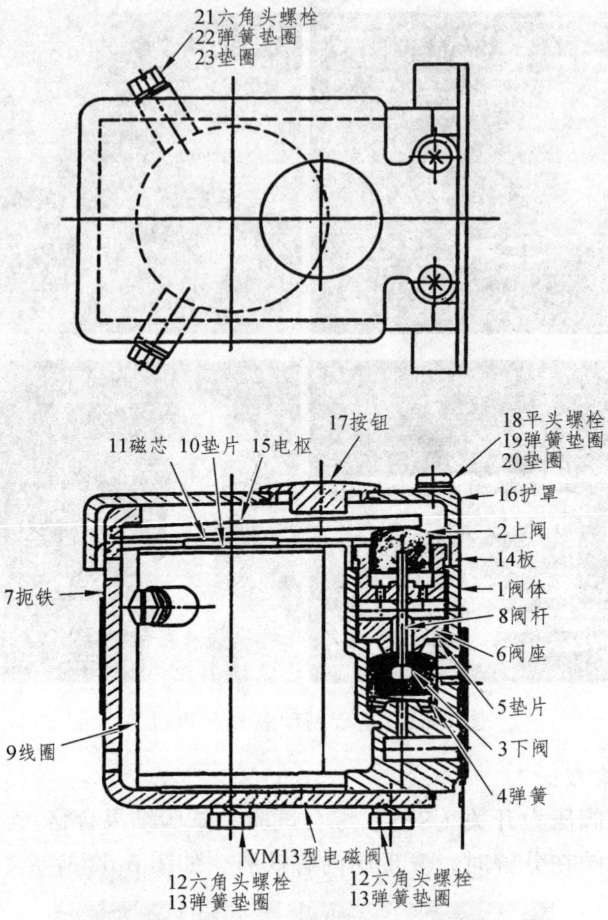

图 6-63　停放制动电磁阀内部示意图

在停放制动缓解时，当上阀的密封面与上阀座密封面之间卡入铁屑，就会造成上阀部工作时气密性下降，出现空油变换器停放制动缸一边打风一边排气的情况，导致停放制动不能完全缓解。

综上所述，推断该次故障原因为停放制动长时间不完全缓解，但缓解气压未降至 60 kPa 以下，故监控上未有相关故障记录。

4. 防范措施

单轨列车制动不缓解故障发生后，车辆制动盘被抱死，长时间带故障运营易导致车辆制动盘过热、齿轮箱及部分走行部零部件受损，将严重影响车辆正线的运营安全。故车辆在日常例行检查及专项检修时，需加强对制动系统各部件及基础制动装置的检查，确保状态良好。

第四节　跨座式单轨列车故障应急抢修

本节主要讲述跨座式单轨列车在运行过程中发生裙板打开、列车走行部分故障（走行轮泄气、爆胎，走行辅助轮爆裂)、列车运行过程中发生走行轮轮轴不转动故障的应急处置。

一、列车运行过程中发生裙板打开故障应急预案

1. 关键指引

(1)一旦发现车辆裙板突然打开，列车司机须立即采取紧急停车措施，并报告行车调度员。

(2)如有可能干扰到邻线，报告行车调度员，行车调度员应立即将相邻线路运行的列车扣车。

(3)视情况通知列车司机减速，加强瞭望。

(4)是否需要停电处置，根据现场职务最高者的指示执行。

(5)异物侵限时，视情况由列车司机报行车调度员后由车辆维修工或线路工处理。

2. 处理程序(见表 6-4)

表 6-4　列车运行过程中发生裙板打开故障的处理程序

项目	负责人员及行动	
发现与报告	列车司机	列车司机发现后，立即报告行车调度员说明情况
	车站人员	发现后立即报告行车调度员，通知列车司机立即采取停车措施
	行车调度员	及时报告集团公司及运营公司领导
	车场调度员	接报后，通知车辆维修调度。 向上级领导汇报故障情况
	车辆维修调度	接报后，立即派遣车辆维修人员携带好工具到现场待命。 通知专业技术人员到现场支援。 向部门领导汇报故障情况
处理过程	列车司机	列车司机立即采取紧急停车措施。 在站台侧：建议接触网停电，待行车调度员按程序通知车辆维修人员到场处理。完成后，恢复送电，列车下线。 非站台侧：如能够到达对应侧则同上处理。如无法到达则带上绝缘棒，在车站工作人员或车辆维修工配合下，到对面站台利用绝缘棒将裙板关闭，限速 5 km/h 运行到就近能够处理的车站再进行锁闭处理。 高架区间： 当列车在区间打开检修通道侧的裙板，按照在站台侧处理程序执行。 当列车在区间打开无检修通道侧的裙板，尽可能往就近车站运行。当接近站台时，由车站工作人员配合进站，之后按站内打开情况处理。 隧道区间： 按照在站台侧处理程序执行。 做好停车后的乘客安抚工作
	车辆维修工作人员	到达故障车后，做好自身防护工作，立即根据故障现象进行确认并处理
	车站人员	当列车在区间打开裙板，若没有对线路设施造成损害，尽可能往就近车站运行。 当接近站台时，站台抢险人员利用绝缘棒将裙板闭合，配合列车进站

二、列车走行部分故障(走行轮泄气、爆胎，走行辅助轮爆裂)应急预案

1. 关键指引

(1)立即报告行车调度员，限速 15 km/h 前方站清客下线。

（2）确认对应转向架的轮胎状态。

（3）一个轮胎泄气或爆胎以限速 35 km/h 的速度运行。

（4）辅助轮落地，环境温度低于 30 °C 限速 15 km/h，环境温度高于 30 °C 限速 10 km/h。

（5）抢险工具：安全带、保险绳、辅助轮备品两个、辅助轮防松垫片数片、松动剂、20 t 千斤顶两个、10 t 千斤顶两个、40 mm 管钳两把、榔头两把（2.5 磅）、紫铜棒 4 根（直径 22 mm，长 250 mm 的两根，长 400 mm 的两根）、一字起子两把、錾子两个、电筒两把、常用工具箱 1 个、裙板钥匙 1 个、棘轮扳手 1 套、铁块 6 片（10 mm 两片、20 mm 两片、30 mm 两片），短木方两块，铁榔头 1 把（2.5 磅）、验电器、接地线。

（6）操作时系好安全带，防止操作人员从检查孔摔下受伤；安全带另一端固定于客室内就近栏杆；更换时注意防止物品下落。

（7）处理完毕后及时告知行车调度员处理结果。

2. 处理程序（见表 6-5）

表 6-5　列车走行部分故障的处理程序

项目	负责人员及行动	
发现与报告	列车司机	发现胎压异常及时报告行车调度员，说明故障情况
	行车调度员	接报后，行车调度员向车场调度员报抢修
	车场调度员	接报后，通知车辆维修调度。 根据行车调度员指示，做好备车上线安排。 向上级领导汇报故障情况
	车辆维修调度	接报后，立即派遣车辆维修人员携带好工具到现场待命。 通知专业技术人员到现场支援。 向部门领导汇报故障情况
应急处理	列车司机	列车监控器显示“轮胎内压检测异常”故障，表示对应转向架的轮胎漏气、爆胎、管路及气压表等发生故障。 列车司机应立即报告行车调度员，建议清客下线。 如果在运行过程中发生该故障，列车司机应以 15 km/h 以下的速度驶到前方车站清客下线。 清客完毕后，关闭客室侧门，打开对应转向架的地板盖，确认轮胎状态，同一根轴上只一条轮胎爆胎，此时列车按限速 35 km/h 的速度运行到待避线或回段。如同一根轴上有两条轮胎爆裂，造成辅助轮落在轨道梁上，此时需待车站工作人员上车且在该轮轴处职守后，限速行驶到待避线或回段。环境温度低于 30 °C，列车需限速 15 km/h；环境温度高于 30 °C，则需限速 10 km/h。 运行过程中应注意观察和监听，如发生异常情况应立即停车检查，如果在走行过程中辅助轮爆裂应立即停车，通知行车调度员，说明情况。若不影响行车安全和损坏轨道梁时，尽量运行到就近待避线
	车辆维修工作人员	到达故障车后，做好自身防护工作，立即根据故障现象进行确认并处理
	车站人员	车站工作人员配合列车司机做好乘客的疏散和引导。 若同一根轴上有两条轮胎爆裂，造成辅助轮落在轨道梁，根据行调命令到对应故障轮轴职守
	行车调度员	通知车站人员做好清客的准备工作。 随时了解现场处理情况及结果，若同一根轴上有两条轮胎爆裂，造成辅助轮落在轨道梁，通知车站安排人员到对应故障轮轴职守。 做好后续列车的指挥

三、列车运行过程中发生走行轮轮轴不转动故障应急预案

1. 关键指引

（1）列车司机首先及时向行车调度员报告故障详情，然后处理故障，处理完毕后及时告知行车调度员处理结果。

（2）停电作业。

（3）利用故障轮轴对应走形轮辅助轮走行回库，限速 15 km/h。

（4）抢险工具：安全带、保险绳、电筒、走行轮气压表、常用工具箱。

（5）动车检查走行轮时，必须系好安全带。

2. 处理程序（见表 6-6）

表 6-6　列车运行过程中发生走行轮轮轴不转动故障的处理程序

项目	负责人员及行动	
发现与报告	列车司机	立即向行车调度员报告情况
	行车调度员	接报后，行车调度员向车场调度员报抢修
	车场调度员	接报后，通知车辆维修调度。 根据行车调度员指示，做好备车上线安排。 向上级领导汇报故障情况
	车辆维修调度	接报后，立即派遣车辆维修人员携带好工具到现场待命。 通知专业技术人员到现场支援。 向部门领导汇报故障情况
应急处理	列车司机	根据车辆屏表示的故障位置，打开对应地板检查盖板，检查走行轮是否正常，确认轮轴有异常后立即向行车调度员报告请求救援。 清客完毕后，根据现场最高负责人的指示办理停电作业令。 检修人员恢复车辆后，限速 15 km/h 回库
	车站人员	车站工作人员配合列车司机做好乘客的疏散和引导
	行车调度员	随时了解现场处理情况及结果。 做好后续列车的指挥。 必要时，下达列车清客命令
	车辆维修人员	到达现场后听从现场指挥的安排。 向列车司机了解具体情况；确定故障转向架位置，打开对应检查盖确认故障。 再次确定为“走行轮轮轴不转动”故障，需要列车司机配合前后动车。观察人员需利用安全带保护自身安全，放气时系好安全带，防止操作时人员从检查孔摔下受伤，安全带另一端固定于客室内就近栏杆。 在确认接触网停电后，验电接地。 维修人员打开列车转向架地下检查盖，系上安全绳，在车内对故障转向架的走行轮进行放气，使走行轮辅助轮落到轨道梁上，代替走行轮。 将走行轮完全放完气后，确认辅助轮已到位，再向列车司机确认可以恢复送电

复习思考题

1. 跨座式单轨列车的起动加速度、运行最高速度、反向退行最大速度、平均减速度、紧急减速度分别是多少？

2. 跨座式单轨列车车体的主要作用是什么？

3. 跨座式单轨列车车钩缓冲装置有哪些类型，它们分别由什么零部件组成？

4. 跨座式单轨列车转向架主要由哪些设备组成？

5. 目前，重庆跨座式单轨列车的检修修程主要有哪些？

6. 请简述跨座式单轨列车运行过程中发生走行轮轮轴不转动故障时，维修人员上车后的应急处理方案。

第七章　有轨电车列车技术

【学习目标】

1. 掌握车辆系统的组成；
2. 掌握车辆主要部件功能；
3. 了解车辆检修制度；
4. 掌握车辆主要系统检修方法；
5. 了解车辆主要系统故障处理方法；
6. 熟练操作车辆检修工具。

【知识和技能要求】

1. 掌握车辆结构知识；
2. 掌握牵引制动系统原理及系统组成；
3. 掌握空调系统原理；
4. 掌握车门系统组成；
5. 掌握转向架结构；
6. 掌握车辆网络；
7. 掌握机械制图、机械原理、机械设计、机械传动知识；
8. 掌握力学基础、电工基础知识；
9. 掌握常用电工材料知识和常用电工测量仪表的使用方法；
10. 掌握电路基础知识和基本定律；
11. 掌握计算机的系统配置及操作、智能终端的使用方法；
12. 掌握车辆检修规程和相关作业标准；
13. 掌握车辆常见故障的处理方法。

第一节　有轨电车车辆基础知识

一、概　述

1. 列车编组

苏州有轨电车 1 号线车辆采用模块化组装，包含 5 个基本模块，1 个转向架模块、两个转向架模块加司机室模块、两个悬浮的客室模块，相互之间用铰接装置相连，形成一辆车。整车包含 3 个转向架，中间为拖车转向架，两端为动车转向架，中间的转向架模块带有受电弓，门槛处的入口高度为 330 mm，如图 7-1 所示。

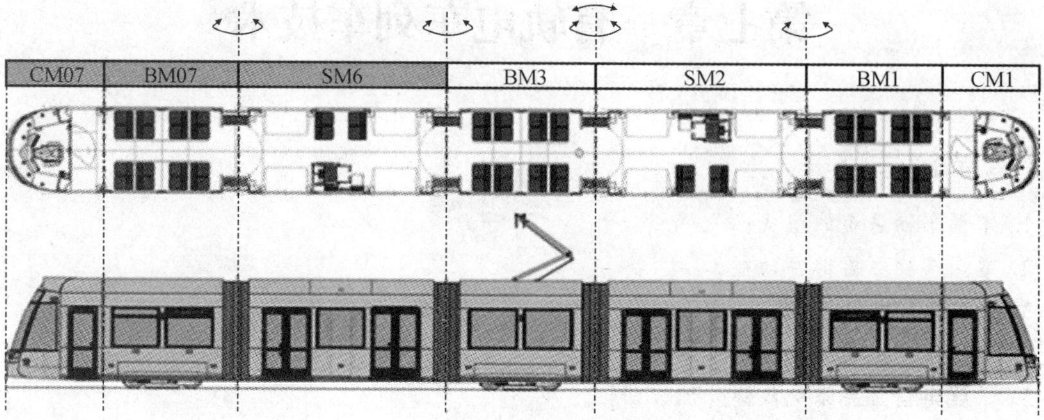

图 7-1　车辆编组图

CM —司机室模块；BM —转向架模块；SM —客室模块

2. 列车载客量

列车载客量见表 7-1 和表 7-2。

表 7-1　列车载荷工况配重

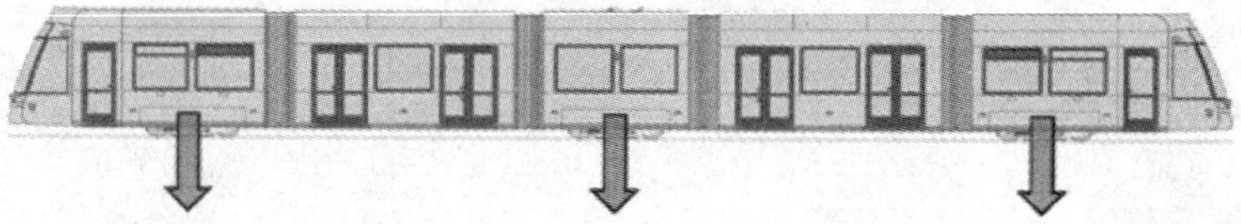

载荷	轴重/kg	轴重/kg	轴重/kg	总重/kg
AW0	7 584	6 723	7 712	44 038
AW2	10 122	10 820	10 240	62 364
AW3	10 797	11 966	10 905	67 336

表 7-2　列车载荷工况载客量

工　况	座席/个	总计/人
AW0，空载	0	0
AW1，满座	56	56
AW2，额定载荷(6 人/m^2)	56	306
AW3，超员载荷(8 人/m^2)	56	389

注：每个乘客的质量为 61 kg。

（1）任一侧各车轮上测得的轮重总和与在两侧测得的轮重总和的平均值之差，不超过±4%。

（2）轮对的每个车轮测得的轮重与该轮对平均轮重之差，不超过±4%。

（3）车辆生产和调试中，不通过加配重块来实现车辆配重平衡。

最终的车辆质量将在首辆车完成后最终确定。

3. 运行条件

（1）设计构造速度：≥80 km/h；

（2）最大运行速度：70 km/h；

（3）平均加速度：

起动加速度(0 ~ 40 km/h)≥1.13 m/s^2；

平均加速度(0 ~ 70 km/h)≥0.71 m/s^2；

（4）最大坡度 60‰。

4. 车体主要结构尺寸（见表 7-3）

表 7-3　车辆主要参数

序号	内　容		尺寸
1	车辆长度	5 模块总长	32 630 mm
		头车转向架模块	4 610 mm
		客室模块	6 620 mm
		中间转向架模块	5 380 mm
		司机室模块	2 010 mm
2	车辆宽度		2 650 mm
3	车辆高度		≤3 700 mm
4	模块间距		800 mm
5	客室内部高度	地板面距内装顶板	2187 mm
		车门区域	2050 mm
6	地板面高度（距轨面）	车门入口区域	330 mm
		其他区域	375 mm
7	转向架中心距		11 230 mm
8	转向架轴距		1 850 mm
9	车轮直径	新轮	ϕ620 mm
		全磨耗	ϕ540 mm
10	车钩中心线距轨面高度		420 mm
11	客室双页门净开度		1 300 mm
12	客室单页门净开度		800 mm
13	贯通道通过宽度		1 500 mm
14	轴重		12.5 t

5. 列车牵引性能

车辆在干燥、清洁的平直轨道上，在额定载荷（AW2）、额定网压以及车轮半磨耗状态下的牵引性能见表 7-4。

表 7-4　牵引性能项点

序号	牵引性能项点		参　数
1	最高运行速度		70 km/h
2	设计结构速度		≥80 km/h
3	平均加速度	0～40 km/h	≥1 m/s^2
		0～70 km/h	0.7 m/s^2
4	洗车速度		3 km/h
5	退行速度		10 km/h

（1）在损失 1/2 动力的情况下，车辆在空车情况下，能直接从发生故障点维持运行到车辆基地。

（2）车辆牵引系统故障时不会引起其他车辆部件及设备的故障和损坏。

（3）车辆连挂可以在线路任何一点进行，无须特殊工装，两位正常工作的车辆司机即可完成。

（4）一辆空车能将另一辆停在 60‰坡道上的故障空车牵引到车辆基地。

（5）一辆空车能将另一辆停在 60‰坡道上的超员故障车辆救援至最近的车站。

6. 列车制动特性（见表 7-5）

表 7-5　制动性能项点

序号	制动性能项点	参数
1	平均常用制动减速度（70 km/h～0，包括响应时间）	≥1.2 m/s^2
2	平均安全制动减速度（70 km/h～0，包括响应时间）	≥1.5 m/s^2
3	平均最大紧急制动减速度（70 km/h～0，不包括响应时间）	≥2.8 m/s^2
4	常用制动平均冲击极限	≤1.5 m/s^3

二、有轨电车车辆系统组成

1. 车辆系统

车辆主要包括以下几大系统：车体系统、转向架系统、内装和外饰系统、牵引电制动系统、辅助电源系统、车辆控制诊断系统、PIS 系统、车门系统、空调系统、液压制动系统、车端连接系统。各系统之间存在电气和机械接口。

2. 列车主要设备配置（见表 7-6）

表 7-6 车辆模块及设备安装

序号	设备名称	单位	各车数量					总数量
			BM1	SM2	BM3	SM6	BM7	
1	车体模块结构组成							
1.1	客室模块	个		1		1		2
1.2	司机室模块	个	1				1	2
1.3	转向架模块	个	1		1		1	3
1.4	动车转向架	个	1				1	2
1.5	拖车转向架	个			1			1
1.6	碰撞吸能结构	个	1				1	2
1.7	可折叠式车钩	套	1				1	2
2	贯通道组成（含铰接盘）							
2.1	贯通道折棚	套	0.5	1	1	1	0.5	4
2.2	贯通道转动盘	套	0.5	1	1	1	0.5	4
2.3	上部开放式铰接	套		0.5	0.5			1
2.4	上部密闭式铰接	套	0.5	0.5	0.5	1	0.5	3
2.5	下部铰接	套	0.5	1	1	1	0.5	4
2.6	车端减振器	个	1	2	2	2	1	8
3	内 装							
3.1	客室内装结构、内装墙板、防寒材等	套	1	1	1	1	1	5
3.2	客室普通座椅	套	16	3	16	3	16	54
3.3	客室扶手	套	1	1	1	1	1	5
3.4	客室地板及地板布	套	1	1	1	1	1	5
3.5	客室送风风道	套	1	1	1	1	1	5
3.6	客室回风风道	套		4		4		8
3.7	司机室内装结构、内装墙板、防寒材等	套	1				1	2
3.8	司机室座椅	套	1				1	2
3.9	司控台	套	1				1	2
3.10	司机室地板及地板布	套	1	1	1	1	1	5
3.11	司机室送风风道	套	1				1	2
3.12	司机室回风风道	套	1				1	2

续表

序号	设备名称	单位	各车数量					总数量
			BM1	SM2	BM3	SM6	BM7	
4	车门及车窗							
4.1	双页塞拉门	套		4		4		8
4.2	单页塞拉门	套	2				2	4
4.3	车窗	套	4	2	4	2	4	16
5	车上电气							
5.1	牵引逆变器模块	个	1				1	2
5.2	制动电阻模块	个	1				1	2
5.3	辅助逆变器模块	个		1		1		2
5.4	受电弓	个			1			1
5.5	主熔断器箱	个			1			1
5.6	避雷器	个			1			1
5.7	电气跨接盒	个	2	4	2	4	2	14
5.8	蓄电池箱	个	1					1
5.9	客室空调机组	个		1		1		2
5.10	司机室空调机组	个	1				1	2
5.11	天线	个	1				1	2
6	车底设备							
6.1	动车制动控制器	套	1				1	2
6.2	拖车制动控制器	套			1			1
6.3	液压蓄能器	个			1			1
6.4	油泵控制模块	套	1		1		1	3
6.5	防滑保护设备（包含在制动控制器中）	套			1			1
6.6	液压辅助缓解单元	套	1		1		1	3
6.7	撒砂装置	套	4				4	8
7	转向架附加设备							
7.1	弹簧制动夹钳	个	2		4		2	8
7.2	制动闸片	套	4		8		4	16
7.3	球墨铸铁制动盘	套	2		4		2	8
7.4	磁轨制动器	套	2		2		2	6

续表

序号	设备名称	单位	各车数量					总数量
			BM1	SM2	BM3	SM6	BM7	
7.5	速度传感器	套			1			1
7.6	电机	个	2				2	4
7.7	齿轮箱	个	2				2	4
8	车内电器							
8.1	网络系统							
8.1.1	VCU	个	1					1
8.1.2	司机台显示器	个	2				2	4
8.1.3	GPR WLAN 路由器	个	1					1
8.1.4	交换机	个	2	1	1	1	2	7
8.1.5	司控器	个	1				1	2
8.1.6	数据记录仪	个			1			1
8.1.7	数字输入/输出单元 DX2	个	1				1	2
8.1.8	数字输入/输出单元 DX3	个	1	1		1	1	4
8.1.9	数字输入/输出单元 DX4	个	1	1	1	1	1	5
8.1.10	模拟输入/输出单元	个			1			1
8.1.11	按钮控制台	个	1				1	2
8.2	PIS 系统							
8.2.1	PIS 控制器（包含媒体播放主机）	个	1					1
8.2.2	车厢控制器	个	1	2		2	1	6
8.2.3	司机广播控制盒（包含麦克风）	个	1				1	2
8.2.4	前端目的地显示器	个	1				1	2
8.2.5	司机室扬声器	个	1				1	2
8.2.6	车外扬声器	个	2	2		2	2	8
8.2.7	客室扬声器	个	2	4	2	4	2	14
8.2.8	乘客信息显示器	个	1				1	2
8.2.9	车侧显示器	个	2				2	4
8.2.10	旅客紧急对讲器	个	1	2		2	1	6
8.2.11	动态地图显示器	个		2		2		4
8.2.12	LCD 显示屏	个		2		2		4

续表

序号	设备名称	单位	各车数量					总数量
			BM1	SM2	BM3	SM6	BM7	
8.2.13	视频存储器	个			1			1
8.2.14	车厢交换机	个	1	1		1	1	4
8.2.15	后视镜控制器	个	1				1	2
8.2.16	客室摄像机	个	1	2	1	2	1	7
8.2.17	司机室摄像机	个	1				1	2
8.2.18	前方摄像机	个	1				1	2
8.2.19	后视摄像机	个	2				2	4
8.3	制动系统							
8.3.1	动车电液控制单元	个	1				1	2
8.3.2	拖车电液控制单元	个			1			1
9	照明系统							
9.1	客室照明系统	套	1	1	1	1	1	5
9.2	前照灯	套	1				1	2
9.3	防护灯	套	1	1	1	1	1	5
9.4	车门指示灯（车内）	套	1	2		2	1	6
9.5	雾灯（红色）	套	1				1	2
9.6	方向指示灯	套	1				1	2
9.7	尾灯	套	1				1	2
9.8	制动灯	套	1				1	2

三、车　体

1. 车体材料

车体钢结构中板材及型材厚度≤5 mm 的采用镍铬系耐候钢，厚度≤2.5 mm 的采用耐大气腐蚀冷轧钢板高耐候钢 Q355GNHD，厚度 3 ~ 5 mm 的采用耐大气腐蚀热轧钢板高耐候钢 Q355GNHD，底架、端顶横梁等厚度≥6 mm 的钢板采用正火状态的耐候钢 S355J2W+N。二系弹簧安装板和关节轴承安装座采用铸钢 G20Mn5。车顶波纹板使用 1 mm 厚的镍铬系不锈钢 X2CrNi12+2B，车体 C 形槽使用 X2CrNiN18-7+2B，车辆铭牌和接地片使用 X5CrNi18-102B 或 1D 不锈钢。这些钢板都具有非常好的耐腐蚀性。

车体有两种结构形式：一是转向架模块，即 BM 模块，包括动车转向架模块 BM1/7 和拖车转向架模块 BM3，BM1/7 与 BM3 结构不同之处在于司机室模块的安装接口；二是客室模块，即 SM2/6 模块，车体大部件主要有底架、侧墙、端墙、车顶，各大模块均采用碳钢组焊而成，其中车顶波纹板采用不锈钢材料。车体断面及组成如图 7-2 和图 7-3 所示。

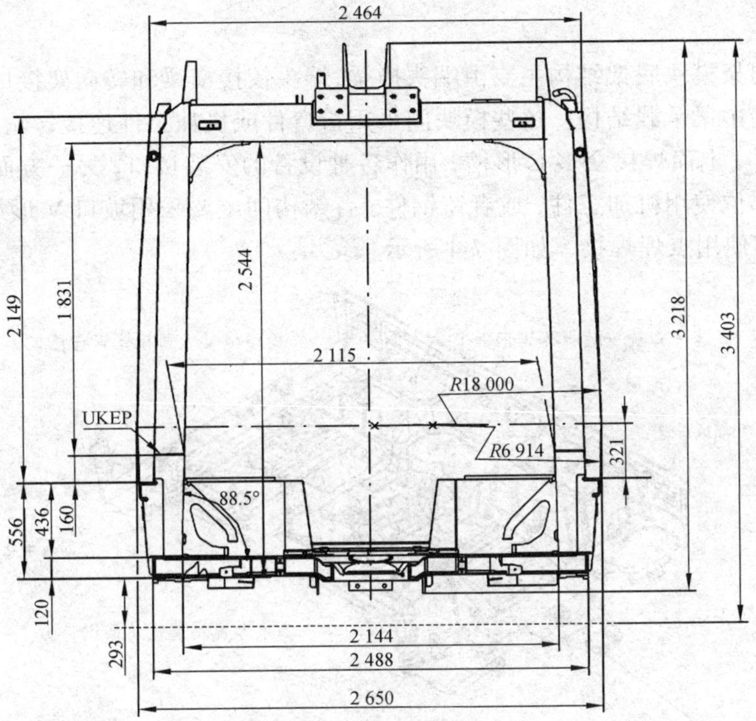

图 7-2　BM 车体断面图

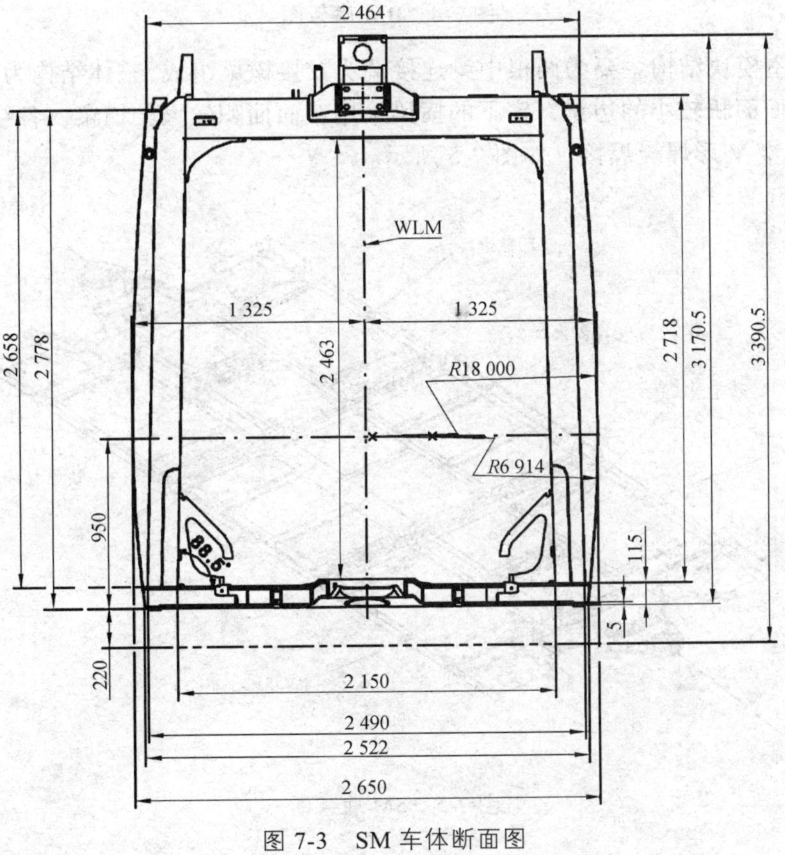

图 7-3　SM 车体断面图

2. 底　架

BM1/7 转向架模块底架结构主要由端头横梁、端头铰接横梁和转向架接口安装模块组成，整体结构基本为中梁承载结构。这些模块间采用折弯件或机加工件连接；轮区结构为面积较大的折弯覆盖件，上面焊接众多 C 形槽，用作各种设备的安装接口，另一方面用来增加强度；轮区等高应力部位使用机加工件，或者铸钢件。各结构间主要采用坡口 V 形焊缝或半 V 形焊缝焊接；C 形槽使用点焊焊接，如图 7-4 所示。

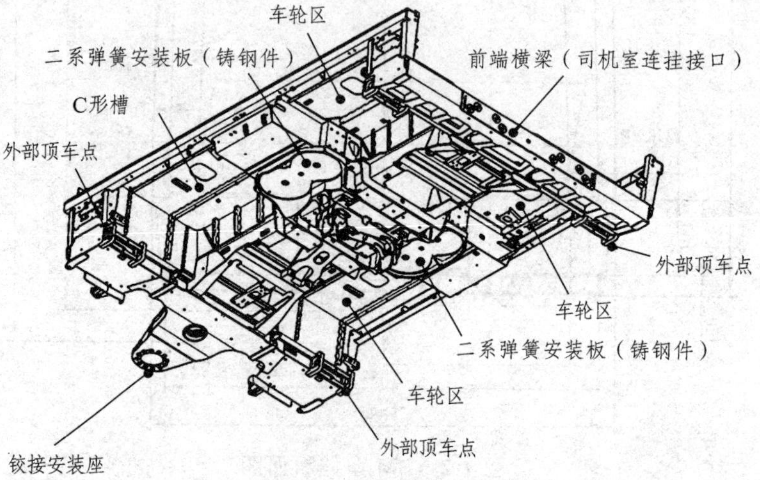

图 7-4　BM 底架图

SM2/6 客室模块结构主要为两根中梁连接端头铰接横梁组成，整体结构为质量承载结构。门区边梁为截面面积较小的边梁，窗下的横梁采用截面面积较大的横梁。各结构主要采用坡口 V 形焊缝或半 V 形焊缝焊接，如图 7-5 所示。

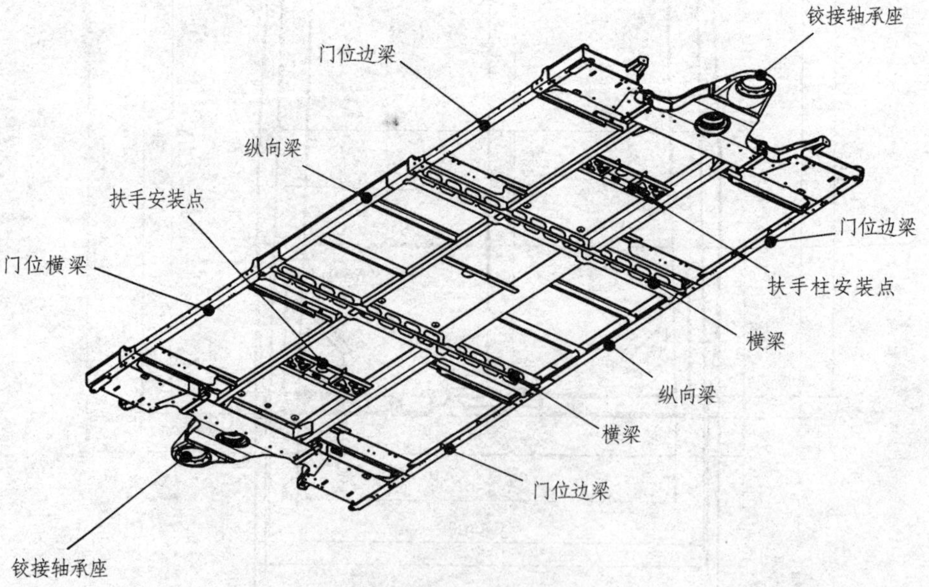

图 7-5　SM 底架图

3. 侧　墙

侧墙结构主要由侧墙上边梁、侧墙立柱、纵向梁、侧墙外板组焊而成。侧墙板采用 4 mm 和 2 mm 厚的高耐候碳钢板使用激光焊拼焊组成，窗区和门区的高应力部位的侧墙板为 4 mm 厚，并使用弧形折弯板补强。同时在窗区上下部和门区上部使用纵向梁连接，用来增加强度。立柱上部焊接与车顶连接的接口安装板。侧墙具体结构如图 7-6 和图 7-7 所示。

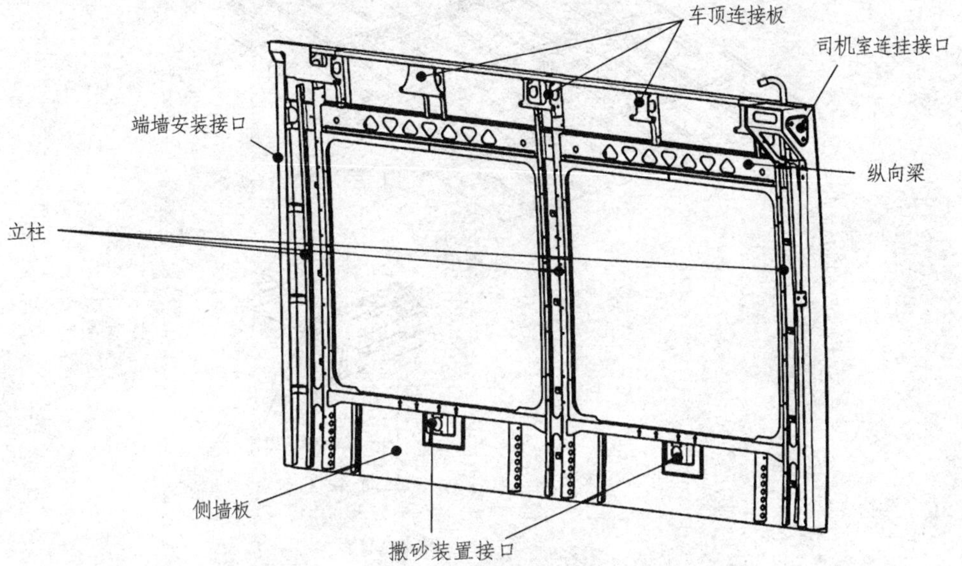

图 7-6　BM 模块侧墙

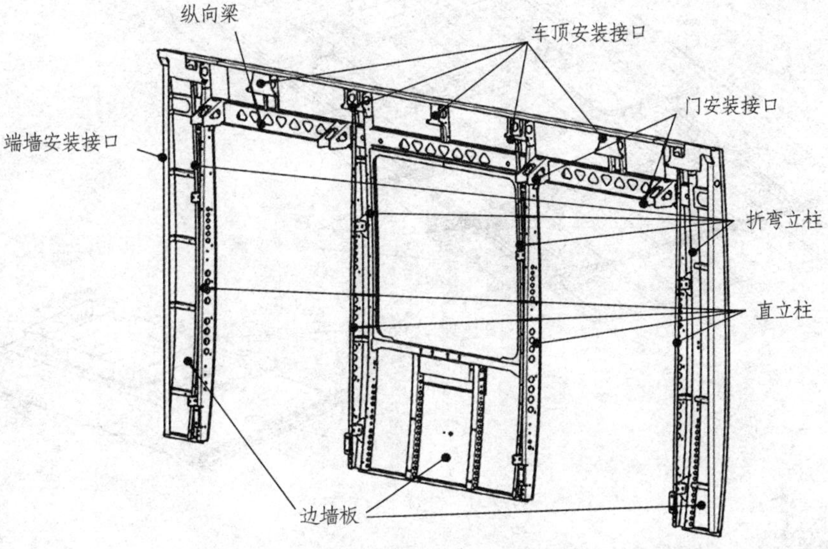

图 7-7　SM 模块侧墙

4. 车　顶

车顶结构主要由车顶边梁、车顶波纹板、车顶横梁组成。车顶波纹板使用不锈钢材料，用来增强车体的防腐性能，车顶边梁和横梁使用高耐候钢板，车顶波纹板与横梁采用点焊连接。车顶边梁与车顶波纹板使用点焊连接，搭接边缘使用硬钎焊密封。车顶边梁点焊C形槽，用作车顶设备的安装。在客室模块SM2/6的车顶布置空调风口，如图7-8和图7-9所示。

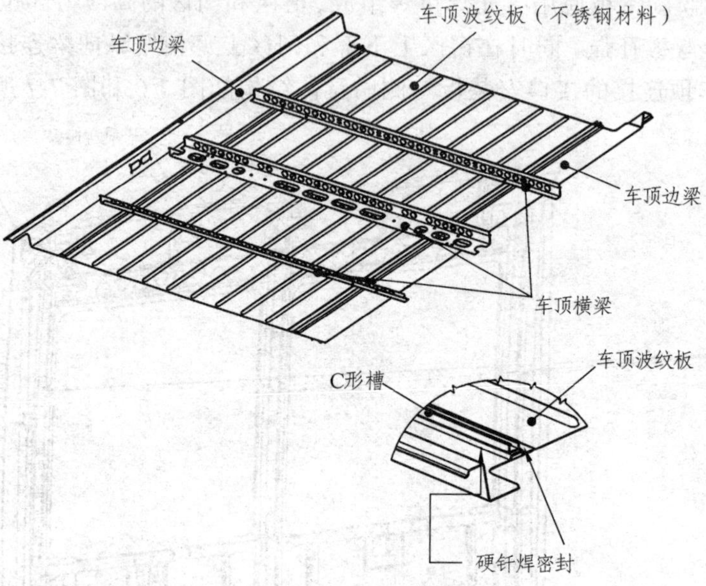

图7-8　BM模块车顶

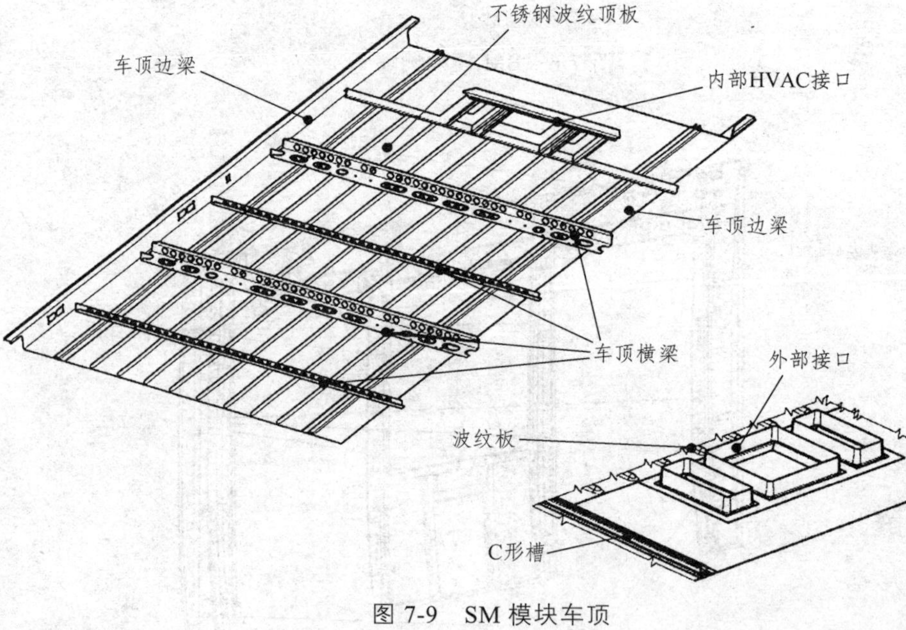

图7-9　SM模块车顶

四、车　钩

1. 车钩技术参数

车钩技术参数见表7-7。

表 7-7　车钩主要技术参数

序号	功能特性	自动连挂救援车钩	备注
1	车钩最大质量/kg	≤190	
2	车钩连挂面与回转中心距离/mm	1 840	展开锁定后
3	车钩连挂面与安装面距离/mm	1 970	展开锁定后
4	车钩连挂面与折叠中心距离/mm	1 035	
5	回转中心至折叠中心距离/mm	805	
6	回转中心至安装面距离/mm	130	
7	车钩压缩强度/kN	≥300	
8	车钩拉伸强度/kN	≥250	
9	弹性缓冲器最大阻抗力/kN	≤300	
10	弹性缓冲器压缩行程/mm	55	
11	橡胶枢轴轴承/mm	5	
12	车钩最大水平摆角	±45°	最大
		±37.5°	运行时
13	车钩最大垂直转角	±8°	最大
		±6°	运行时
		±4°	径向
14	车钩自动连挂范围的要求/mm	垂直方向：≥±90 水平方向：≥±170	

2. 车钩基本结构

车钩基本结构见图 7-10 和表 7-8。

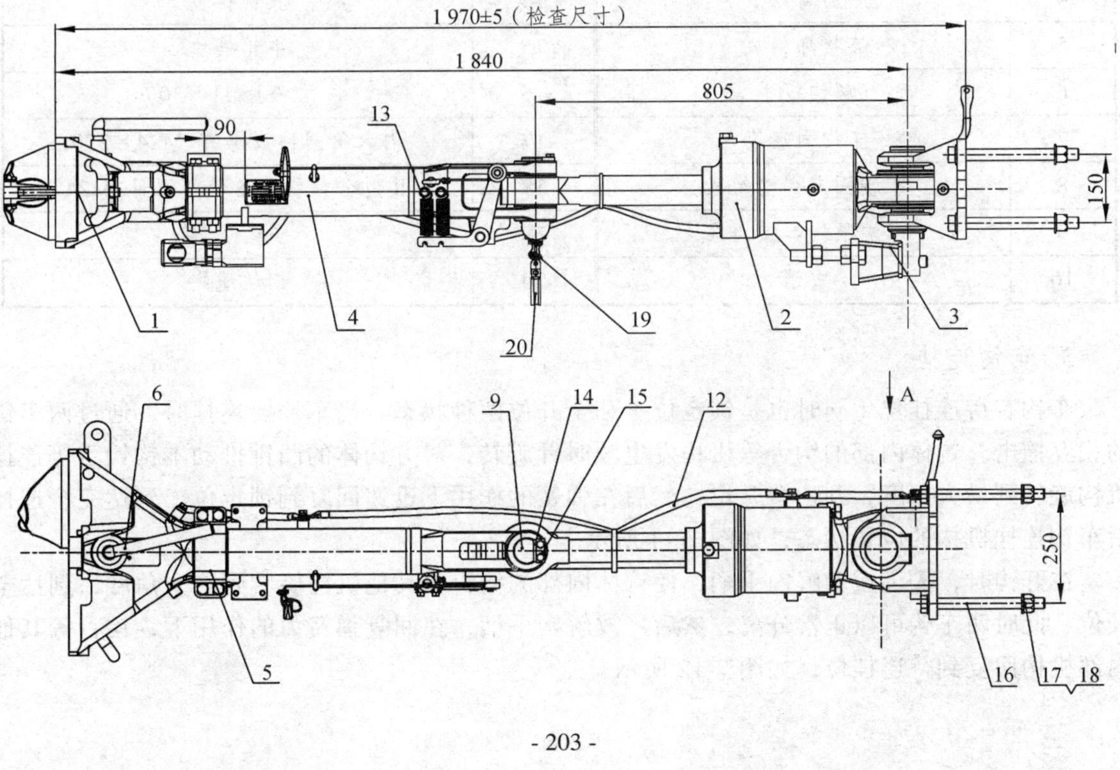

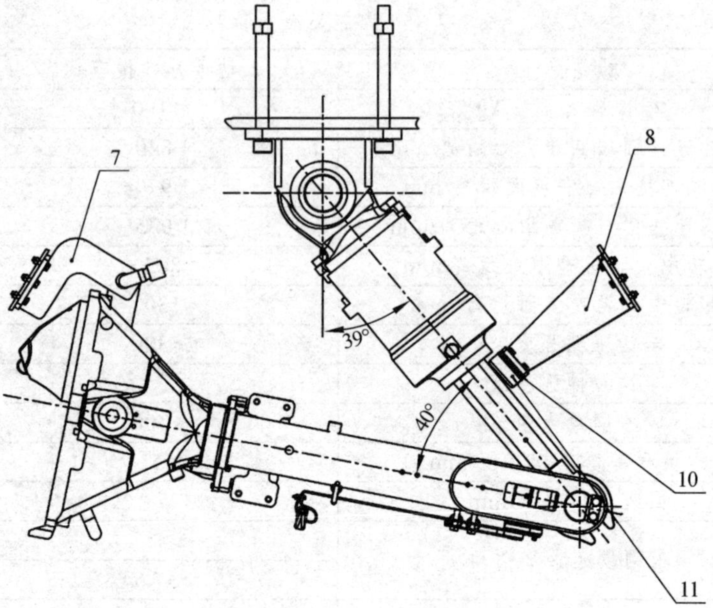

图 7-10　车钩基本结构图

表 7-8　车钩结构对照表

序号	名　称	序号	名　称
1	连挂系统	11	调整垫片
2	缓冲系统组成	12	摩擦板
3	安装吊挂系统	13	接地线
4	转动臂组成	14	双钩拉簧
5	连接环组成	15	中销挡块
6	解钩扳手	16	防松片 11×30
7	车钩固定座	17	内六角圆柱头螺钉 M24×270
8	车端固定焊接组成	18	Ⅱ型全金属六角锁紧螺母 M24
9	车端限位焊接组成	19	平垫圈 24
10	中销	20	钢丝绳夹

3. 车钩连挂

车钩有待连挂位（同时也是锁定位）和全开位两种状态。当车钩要连挂时，通过两车钩的相互撞击，钩体内部的钩舌等机构发生顺时针旋转，对方钩体的凸锥推动本钩钩舌等连挂机构旋转到最大角度，到达全开位，然后在弹簧的作用下迅速回复到锁定位，到达完全连挂后车钩连挂机构的位置状态，如图 7-11 所示。

在开钩时，人工扳动解钩手柄，使钩体内部的钩舌及其他机构旋转到最大角度，到达全开位，此时两车钩可以正常分离，然后释放解钩手柄，在回复弹簧力的作用下，钩舌等其他内部机构回复到待连挂位，如图 7-12 所示。

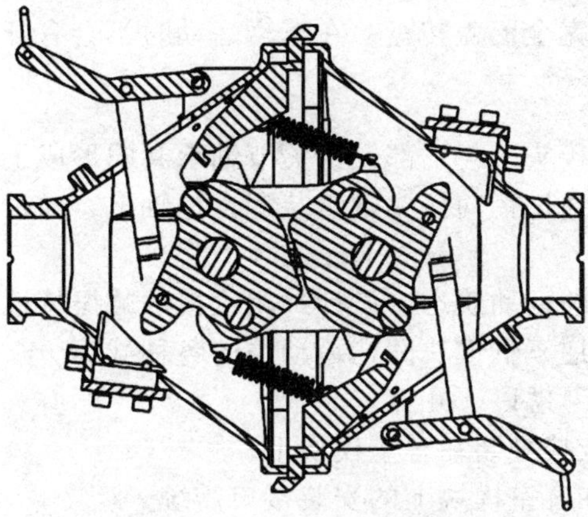

图 7-11　车钩处于连挂位置

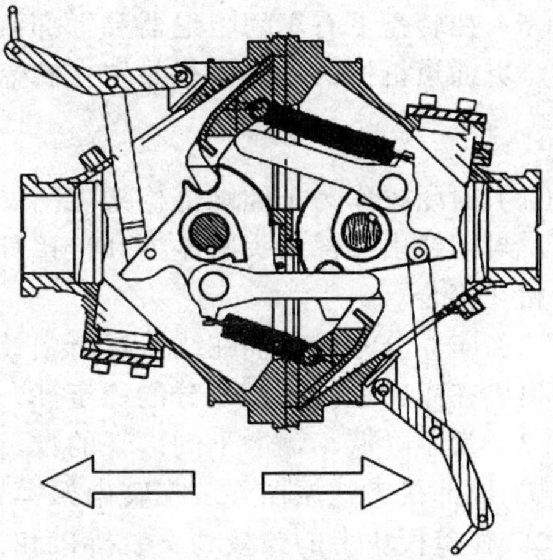

图 7-12　连挂机构在手动解钩时的位置状态

五、贯通道及铰接机构

1. 折棚组成

（1）折棚要适应车厢体相互之间的运动，可使乘客享受安全、无危险、舒适的环境，遮风避雨，以及免受其他外部影响，也可使人们安全地从一个车厢到另一个车厢。折棚及其密封避免外部介质影响（如雪、水、灰尘、污物、冷或热）进入车厢。

（2）折棚上部需要有空调风道，用于各车辆模块间的空调通风。

（3）折棚上部需有装在折棚外面的遮挡部分，用来遮挡车顶上的装置，如车辆间铰接、电气走线等。

（4）折棚下部在车厢内需有裙板，用来遮盖圆盘渡板边缘和车辆间的间隙，无论圆盘渡板怎么转动，圆盘渡板均可完全被覆盖，可确保乘客安全通行。

（5）折棚需设置有起吊装置，便于安装和拆卸。

（6）折棚需选用良好的吸声材料，能够有效降低车辆运行造成对客室的影响。

（7）折棚的防火特性应满足 DIN 5510 或同等国际标准的要求。

2. 圆盘渡板组成

（1）圆盘渡板能承受乘客安全地踏上车间贯通道区域的承载。转盘包括与邻近车厢地板的连接块，因此允许转盘有必要的相对运动，确保乘客在整个车辆内自由行动。

（2）圆盘渡板外形能够将每个车辆模块底架下起吊垫和车间阻尼器紧固件都遮盖起来。圆盘渡板固定到转向架模块上，这样可以协调客室模块的相对运动。

（3）由于车辆模块间地板的高度不同，转盘必须倾斜安装。但是当车辆模块间相对旋转时，地板与转盘间不得有间隙。转盘的两部分负责补偿车厢间的相对运动：

① 转盘较低一侧和车辆模块底架的表面滑动。

② 转盘的弹性中心片。

（4）车辆发生俯仰和转动时，贯通道上的滑动平面上会发生运动。圆盘渡板的高度差通过圆盘渡板的弹性中心片来补偿车辆的转动、俯仰、滚动等运动。因此转盘周围的某些区域必须保持较低。滑动面的设计应可同时发挥此功能。

（5）在转盘下有车间阻尼器和下部铰接盘。为了这些部件工作时不会碰撞，转盘必须非常平。贯通道折棚的地板裙板布置在转盘上，可完全覆盖转盘，在车辆运动时不会有开口。

3. 封闭铰组成

（1）封闭铰作为车厢端部构架之间的上部铰接头，与下部铰接关节轴承共同形成了封闭接头。封闭铰由顶部接头减振器和铰接耳组成，通过径向接头轴承装配在枢轴上，通过轴承螺栓相互接合。

（2）应充分考虑车辆在线路运行中铰接组成的运动状态，设计封闭铰接的减振特性；使车辆模块在车辆运行中有充分的稳定性，能够传递车辆模块间在运动中的各种载荷。

（3）为了降低车辆上不同部件的数量，必须考虑以下几点：

① 顶部接头减振器要装在转向架模块上，铰接耳装在客室模块上。

② 客室模块上的铰接耳安装接口和开放铰在客室模块上的安装接口需统一。

4. 开放铰组成

（1）开放铰作为车厢端部构架之间的上部铰接头，与底架的关节轴承共同形成了开放式接头。开放铰的核心部件为一液压阻尼器，它在客室模块和转向架模块间采用横向倾斜方式安装，横向高度差约 5°，为配合车辆运动，开放铰具有在压缩行程方向上的转动自由度。

（2）开放铰核心部件为液压阻尼器，能够充分降低车辆模块间的滚动运动，其减振特性能够降低车辆运动时的冲击，从而降低了端部构架上的负荷。

（3）开放铰组成包括安装在车辆模块端部结构上的转接结构，作为开放铰核心部件的液压阻尼器安装在转接结构上，转接结构安装在车辆模块的安装接口上。

（4）为了降低车辆上不同部件的数量，必须考虑以下几点：

① 开放铰在客室模块上的安装接口需与封闭铰在客室模块上的安装接口一致。

② 对于 7 模块车辆，共有两个开放铰，而第二个接头的滚动装置安装与车辆纵轴的对称。对于 5 模块车辆，仅在 SM2 和 BM3 模块间安装。

六、液压制动系统

1. 制动系统配置（见图 7-13 和表 7-9）

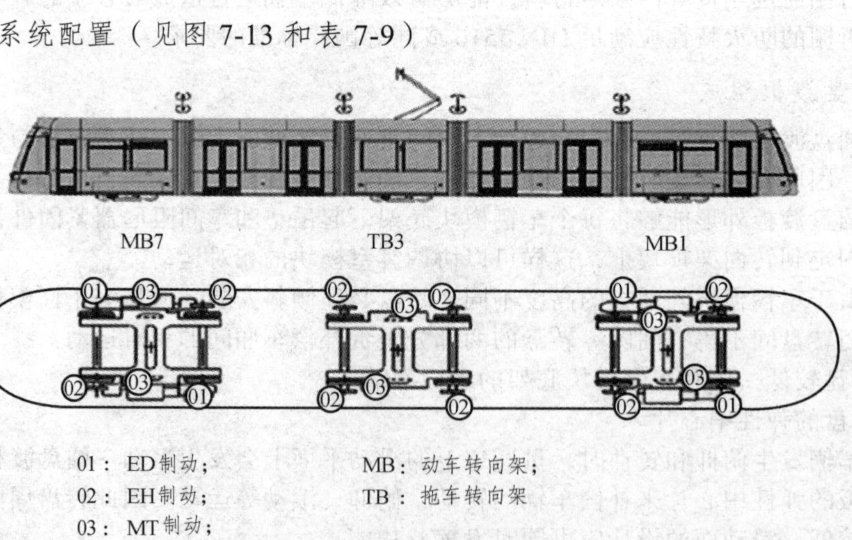

图 7-13　制动系统配置图

表 7-9　制动系统配置数量表

制动系统五模块	MB1	TB3	MB7
电动制动（牵引电机）	2	0	2
电动液压制动	2	4	2
电磁制动	2	2	2

2. 制动类型

制动类型如图 7-14 所示。

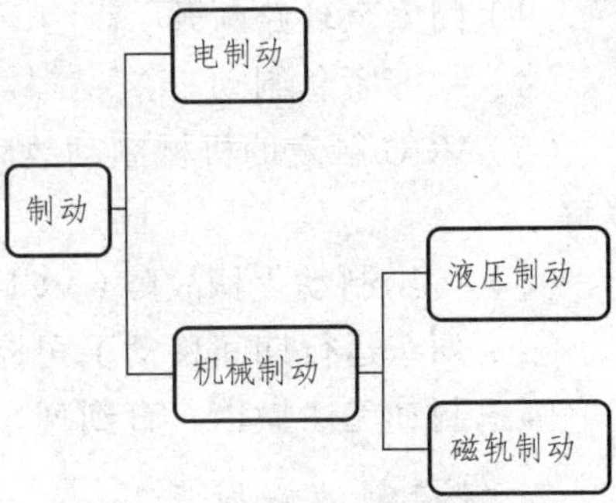

图 7-14　制动类型

3. 常用制动

根据牵引/制动手柄的位移，制动系统会编译成相应的格雷码，该格雷码会传送给 VCU，从而产生相应的制动力。

当牵引/制动手柄移动到“制动”区域时，常用制动即触发。制动命令将通过手柄的数据电缆通知给 VCU。另外，VCU 也会读取由牵引/制动手柄发出的“制动 NOT”列车线状态。这根列车线也送给驾驶控制单元（DCUs）和制动控制单元（BCU）。

4. 危害制动

当牵引/制动手柄移动到超过“制动”区域到达危害制动位置时，危害制动将被触发。“危害制动 NOT”和“制动 NOT”列车线的信号将会发送给 DCUs、BCU 和 VCU。

（1）危害制动期间，硬线信号会激活自动撒砂系统，直到列车停止。

（2）危害制动期间，再激活司机室，警铃会工作，直到列车停止。

（3）危害制动期间，DCUs 会控制主接触器打开，用来切除牵引力。

5. 安全制动

安全制动由按压司机室的蘑菇按钮（EMPB）触发，丢失司机室激活信号也能触发。之后“紧急制动 NOT”列车线将失电，列车施加紧急制动。紧急制动期间，下列制动系统将激活并执行：

（1）MB 上的 EH 制动（通过紧急制动阀的硬线控制）。

（2）TB 上的 EH 制动（通过紧急制动阀的硬线控制）。

（3）所有转向架上的磁轨制动（只要蘑菇按钮拍下就执行，硬线、VCU 同时控制）。

（4）牵引箱的主接触器断开（硬线控制）。

（5）ED 制动关断（DCUs 内部）。

（6）撒砂系统（蘑菇按钮锁住即触发，硬线控制）。

（7）激活司机室的警铃动作（蘑菇按钮锁住即触发）。

（8）MB 或 TB 上机械制动的紧急缓解被阻止（硬线控制）。

IDD 上将会显示紧急制动状态，同时紧急制动信息将会存储下来。紧急制动不可逆，直到列车停止。列车停止后，旋转蘑菇按钮到其复位，才能撤销紧急制动指令。之后，所有制动系统、撒砂系统和警铃才能撤销。相对于危害制动或者其他制动，紧急制动具有最大的优先权。紧急制动没有冲击极限。

6. 强迫制动

强迫制动可由以下条件激活：

（1）警惕按钮（数据记录仪的安全板监控）。

（2）超速（安全板）。

（3）门安全环路断开。

（4）乘客紧急制动。

（5）VCU 触发的机械制动故障（MB、TB 的 EH 制动意外施加或接收到缓解指令后无法缓解）。

（6）牵引/制动手柄故障（VCU 监控，牵引/制动指令同时出现，或者惰行时出现力值等）。

（7）列车运行期间移动了司控器（VCU 触发，包括改变方向等）。

强迫制动无法撤销，直到列车停止。

7. 保持制动施加

一般情况下，制动过程是由 ED 制动执行到接近零速。在列车接近零速时，机械制动会取代电制动（即保持制动，MB 上 0.5 级和 1 级的机械制动+TB 上的机械制动）。

8. 保持制动缓解

如果牵引力值超过定义值，MB 和 TB 上的机械制动通过 VCU 缓解。紧急牵引模式下，通过 DCUs 缓解制动。如果出现了安全故障或者机械制动提前缓解，安全板会做好列车保护。

七、车门系统

1. 车门系统的主要电气功能

（1）侧选择功能。

（2）开关门控制功能。

（3）单门故障切除功能（客室内外都可操作）。

（4）车门故障显示和诊断功能。

（5）单门紧急解锁功能。

（6）外部解锁功能。

（7）障碍物自动检测和防夹功能。

（8）车门开、关状态门内部指示灯及开关门提示功能。

（9）门联锁旁路功能。

（10）车门工作参数可调节功能。

（11）在开门状态下转换司机室控制权的功能。

（12）车门零速保护功能。

（13）车门零速旁路功能。

2. 侧选择功能

侧选择通过硬线电路实现，默认选择侧为右侧，左右侧门选择硬线电路上互锁，车辆只能释放被选择侧的车门，在运行过程中只允许一侧车门打开，保证行车安全。

列车上电后，司机室初次被占用时，右侧车门选择列车线得电，直到操作左侧车门侧选择按钮或者是换端到另外一个司机室，右侧车门侧选择的信息将被重置。

（1）在门释放列车线为低电平的情况下，按下左/右侧车门选择按钮 SVW-L/R，左/右侧车门被选择后，按钮 SVW-L/R 的指示灯亮，同时会在司机室 IDD 上显示左/右侧车门被选择的信息。

（2）在车辆零速条件下，操作清洁模式开关，左右侧车门将同时被选择。

（3）在门释放后，如需改变侧选择，需要将门释放取消后，再进行侧选择，以保证只有被选择侧的车门才能被释放。

（4）在门释放以及车辆零速的条件下，被选择侧的后视系统将该侧的视频信息通过同轴电缆传到 IDD 上，用以观测乘客上下车的信息。

侧选择的逻辑框图如图 7-15 所示。

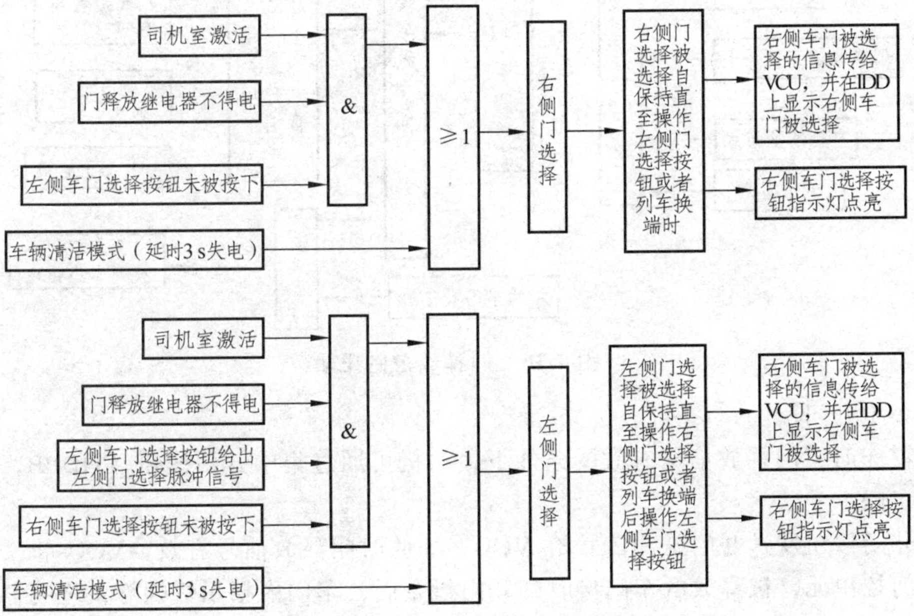

图 7-15　侧选择控制逻辑框图

3. 开关门控制功能

（1）门释放。

车辆零速时，在激活的司机室内，通过操作带灯门释放按钮 DRPB，被选择的一侧的门释放列车线将会得电。

在车辆零速情况下，操作清洁模式开关，车辆两侧门释放列车线都会得电。

门释放列车线得电后，相应的门释放按钮 DRPB 上的指示灯、停车请求按钮外圈绿色指示灯以及 IDD 上的门释放指示灯亮。

（2）门释放取消。

在车辆零速情况下，可通过操作门释放取消按钮 DRDPB 或者是集中关门按钮 CCDPB，将门释放列车线失电（如当侧选择错误时，可通过操作门释放取消按钮 DRDPB 将门释放列车线置零之后，重新进行侧选择）。

门释放列车线失电后，车门将延时关闭，关闭时门控单元将发出关门提示音，车门关闭过程中，障碍物探测的功能将被激活。

门释放控制逻辑框图如图 7-16 所示。

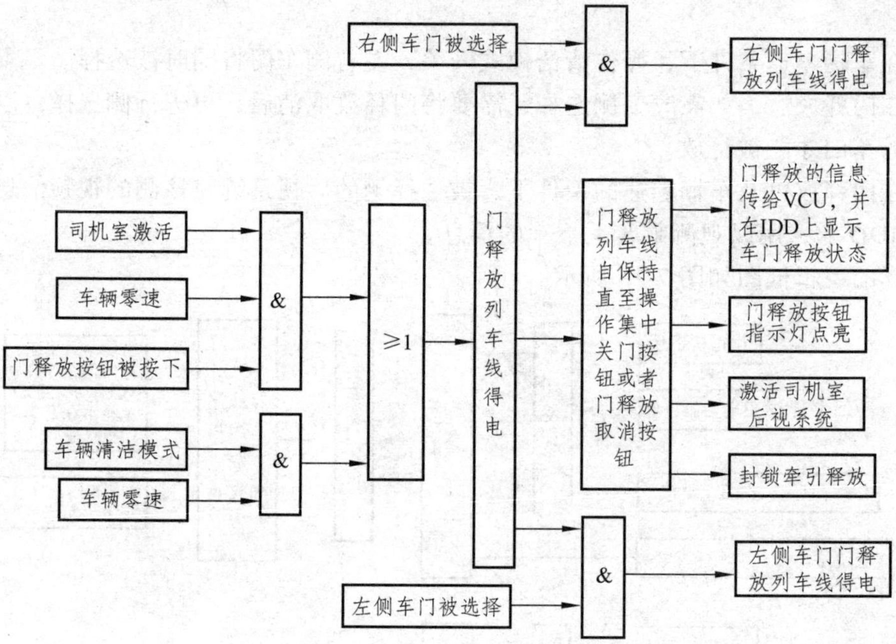

图 7-16　门释放控制逻辑

（3）集中开门。

车辆零速时，门释放信号有效的条件下，司机可通过集中开门按钮 CODPB，打开所有被释放的车门。

集中开门按钮发送开门脉冲信号给 VCU，如此时门释放信号有效，VCU 将发送开门指令给所有门控单元，被释放的车门接收到开门指令后，车门内指示灯闪烁，蜂鸣器鸣响 3 s，车门保持打开，直至门释放信号被重置或者操作集中关门按钮 CCPB。

VCU 发出开门指令时，同时控制开门按钮的指示灯以及 IDD 上的集中开门指示灯亮，直至操作集中关门按钮。

在紧急牵引模式下，司机可通过操作车门释放按钮，在车辆零速的情况下打开车门。

（4）集中关门。

司机可通过集中关门按钮 CCDPB，关闭所有客室侧门。

集中关门按钮发送关门脉冲信号给 VCU，VCU 将发送关门指令给所有门控单元，车门接收到关门指令后，延时 3 s 关闭车门，车门内指示灯闪烁直至车门关到位，蜂鸣器鸣响 3 s。

VCU 发出关门指令时，同时控制关门按钮的指示灯亮。

（5）司机室开关门。

在司机室未激活时，每个司机室侧门对应一个位于列车外部的被覆盖的开关门按钮，用以司机打开或者关闭司机室侧门，该按钮需要持续按下 5 s（根据车门供应商确定），用以门控单元初始化上电，在列车未激活时操作该按钮，司机室照明以及门区照明会点亮并保持 25 s。

在激活的司机室，列车零速以及相应的侧选择有效时，司机可以通过操作 CDOCEPB 打开或者关闭右侧司机室车门。

门控单元通过硬线信号接收以上两种开关门指令，接收的一个信号的上升沿为开门信号，第二个信号的上升沿为关门信号，依次类推。

八、转向架系统

苏州有轨电车 1 号线转向架配置采用两个动车转向架（BM1、BM7）和一个拖车转向架（BM3），其转向架装置分布如图 7-17 所示。

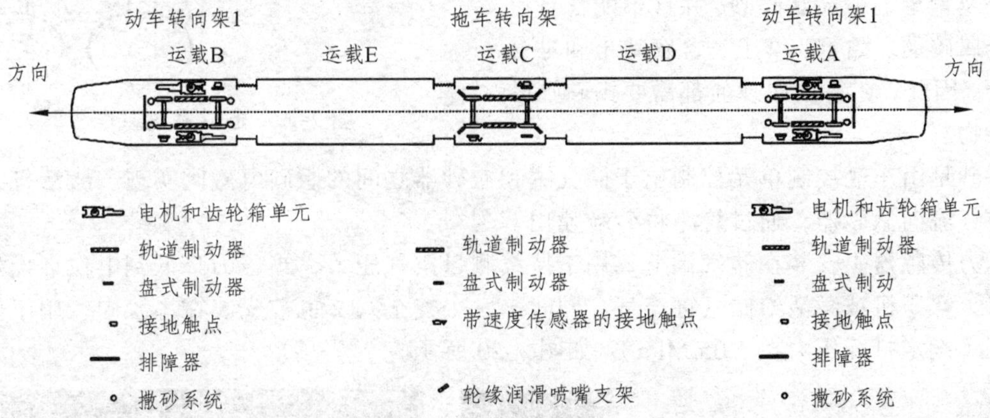

图 7-17　转向架部件布置

1. 转向架构架（见图 7-18）

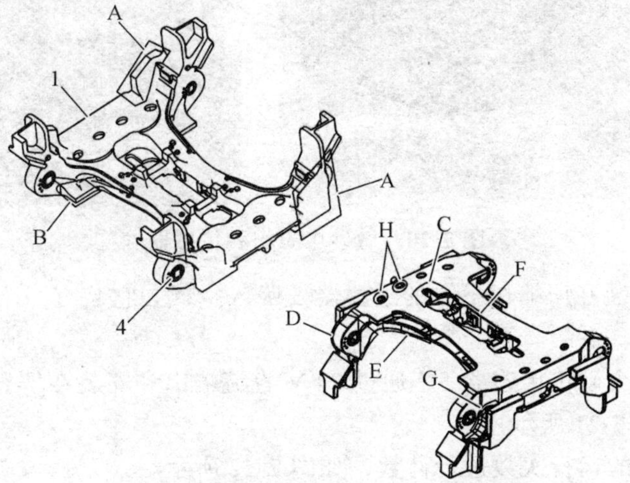

图 7-18　带有应力区的转向架构架

A～H—应力区；1—转向架构架；4—转臂节点

2. 撒砂系统

撒砂装置由砂箱、排放单元、压缩机单元、输送管、填充阀、电量指示器、加热装置以及撒砂喷嘴等组成。其主要作用是为了在车辆牵引和制动阶段，撒砂系统能够提高或改善车辆轮轨间黏着。在列车实行紧急制动、安全制动或列车在滑行、空转时，撒砂系统开始工作，或者司机手动激活撒砂装置撒砂，如图 7-19 所示。

1 号线的撒砂系统一个撒砂周期的最大持续时间为 6 s（两个撒砂周期间隔至少为 10 s），除非在紧急情况下，它可以持续到三个周期的 10 s（两个撒砂周期间隔至少为 6 s）。

制动砂粒的要求：自然砂粒或者带有 SiO_2 成分至少占 50%比重的自然岩石且主要为钝角边以及紧凑型颗粒状碎砂，并且不能含有可见的金属碎屑、黏土、壤土、含腐殖土和黏合物成分。因此，在每次加砂前都需要扬砂筛砂去除杂物。

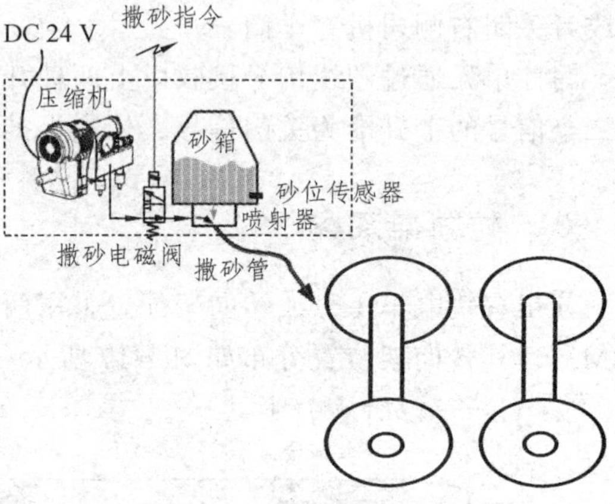

图 7-19 撒砂系统原理图

撒砂是由车辆控制单元控制位于储气罐和撒砂器之间的撒砂电磁阀实现。激活打开电磁阀使空气流向撒砂器，通过管路将砂粒喷出。

压力传感器 1 安装在储气罐上，用于持续测量空气压力，当压力降低到电位计设定的限位值时，空压机被激活给储气罐充气。同时，一个安全阀 2 也被安装在系统中，用于保护系统过压（设定打开压力在 1.05 MPa），如图 7-20 所示。

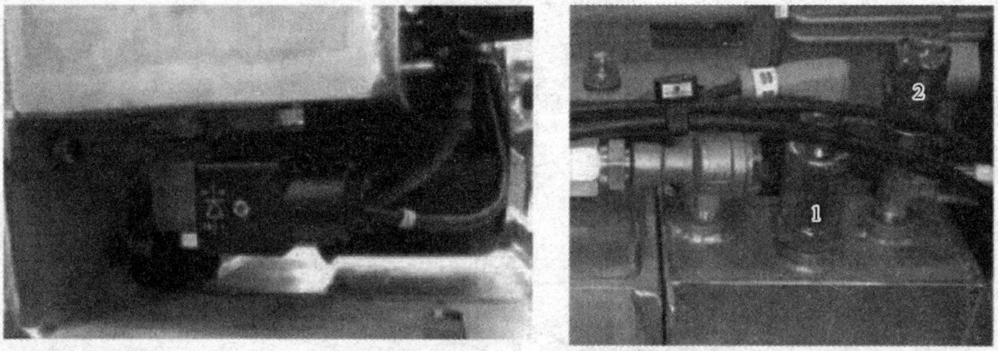

图 7-20 撒砂电磁阀和传感器

压缩机 7 通过安装在压缩机下方的过滤器 3 吸入空气。它装有一个阻塞指示器 4，用于检查过滤器的状态。

系统也安装了一个砂位传感器 5，通过 24 V 直流输出和安装在填砂盖上的 LED 灯 6 来发送砂位信息，如图 7-21 所示。

计数器 8 对电机的运行次数进行计数，如图 7-22 所示。

图 7-21　撒砂压缩机等部件

撒砂量的设定值通过储气罐中的空气压力来调整。用于设定的电位计 11 安装在系统控制盒上。砂量调整范围：200 ~ 1 400 g/min（1 号线的预设撒砂量：400 g/min）。

系统在撒砂喷嘴上装备一个加热装置 10，被司机或车辆控制单元控制。当撒砂装置被激活时，加热元件增加喷嘴温度以保护喷嘴防止结冰，如图 7-23 所示。

图 7-22　计数器

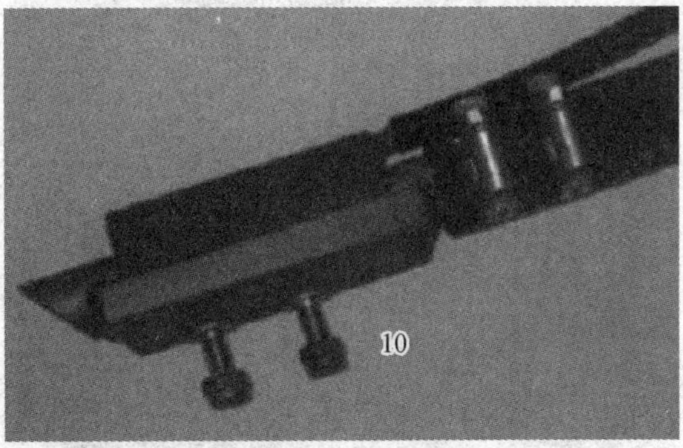

图 7-23　加热装置

3. 轮缘润滑系统

轮缘润滑系统的目的是为了减少轮缘和轨道的摩擦。有轨电车 1 号线控制系统采用以时间为基础，在弯道上通过完整的离心力检测开关增加额外的弯道润滑。

通过设定检测车辆速度，例如，当车辆速度低于 5 km/h，润滑功能中断，当速度高于设定值时系统再次启动，这样可防止系统在车辆停止时喷射。

轮缘润滑系统主要包含两大部分：一是车内空气系统装置；二是车底润滑油部分。当空压机启动时，空气从过滤器 1 进入空压机，压缩后的空气经过管路 2，通过单向导通电磁阀 3 由管路 4 进入气缸。气缸中的空气由管路 6 直连压力开关，压力开关监测系统中的空气压力，当压力高于设定值时，排气管 7 排除空气缓解压力值，如图 7-24 所示。

图 7-24　轮缘润滑系统组成

双周检轮缘润滑测试时，观察到管路 7 喷出的空气有明显水汽，因此可以得出过滤器 1 只能过滤空气中的固态杂质（压力值可以直接在压力开关上设定：1 号线设定值为最高 600 kPa，最低 480 kPa），如图 7-25 所示。

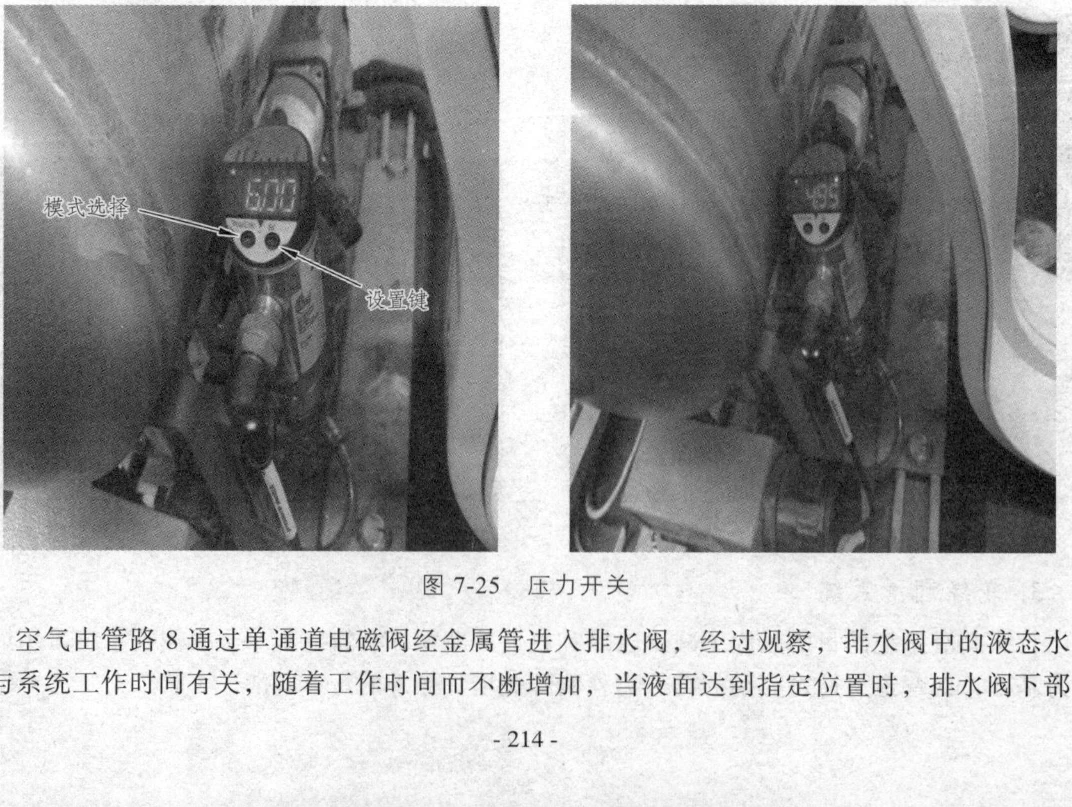

图 7-25　压力开关

空气由管路 8 通过单通道电磁阀经金属管进入排水阀，经过观察，排水阀中的液态水含量与系统工作时间有关，随着工作时间而不断增加，当液面达到指定位置时，排水阀下部活塞动作开始通过软管直接排水到车底，当水全部排尽后活塞闭合，通过观察系统在压缩空气和喷油的两种工作状态时活塞的轻微动作变化，初步判断排水阀中液面上方的气压值与气管中的气压是相等的，如果排水阀漏水，则系统中的气密性降低，导致系统中的气压达不到设定值，从而空压机一直工作且系统无足够的压缩空气导致轮缘润滑无法实现。

4. 一系悬挂

一系悬挂采用转臂定位、层状弹簧承载结构。装置主要功能包括：① 将轮对定位在构架上，连接轮对与构架；② 传递牵引力和制动力；③ 衰减来自轨道振动保证转向架脱轨系数、减载率和稳定性在安全范围内。

虽然有轨电车转向架因其结构设计与地铁车辆有很大差别，但其悬挂装置的主要作用依然相同。有轨电车一系悬挂装置主要包括提升限制器、层状弹簧等，如图 7-26 和图 7-27 所示。

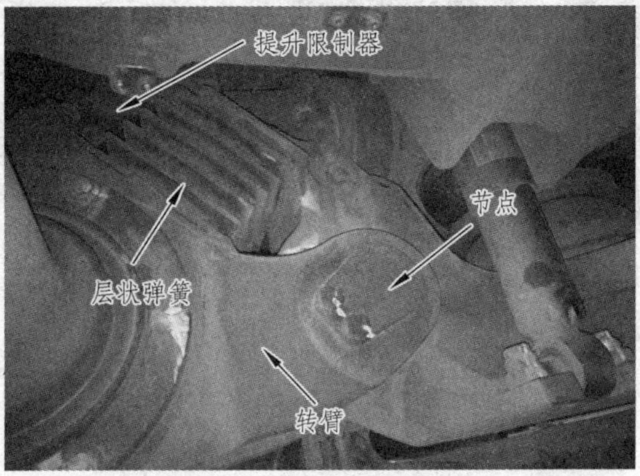

图 7-26　一系悬挂装置

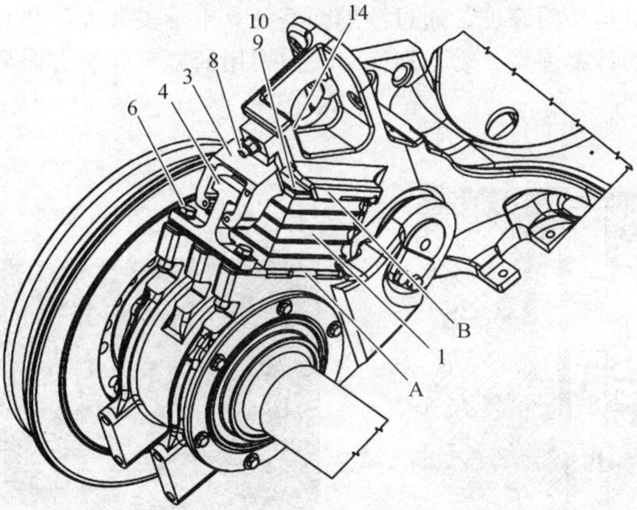

图 7-27　一系悬挂组件

A—轴箱上导轨用垫片；B—构架上导轨用垫片；1—层状弹簧；3—提升限制器（上）；4—提升限制器（下）；6，8，14—六角头螺栓；9，10—垫片

通过对比可以发现，层状弹簧取代了地铁转向架一系悬挂装置中的钢弹簧和垂向减振器，

而提升限制器则代替了一系垂向止挡。整个装置在符合低地板车辆的设计要求下极大地缩小了安装空间且结构简单、维护方便、稳定性更强。

5. 二系悬挂

二系悬挂装置的主要目的是提高乘客的乘坐舒适度，并给车体提供柔性支撑，保证转向架与车体底架做相对转动，同时沙漏弹簧可以保证车体地板面高度相对构架保持恒定。有轨电车二系悬挂装置主要包括横向减振器、垂向减振器、旋转止挡、横向止挡等，如图 7-28 所示。

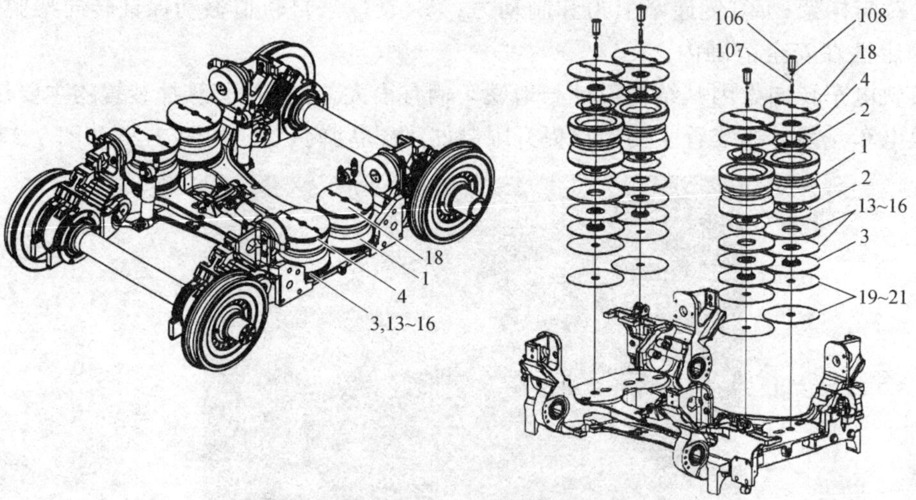

图 7-28　二系弹簧组件

1—二系弹簧；2—中心环；3—弹簧导杆（下方）；4—弹簧导杆（上方）；13，19—垫片 1 mm；14，20—垫片 2 mm；15，21—垫片 3 mm；16—垫片 5 mm；18—垫片（车轮磨损）；106—销子；107—内六角头螺栓；108—防松垫圈

车体地板面相对构架的高度，通过沙漏弹簧及其上下安装面的垫片来调节，有轨电车 1 号线采用两种型号的沙漏弹簧，动车和拖车转向架用的二系弹簧有差异。但其结构如图 7-29 所示。

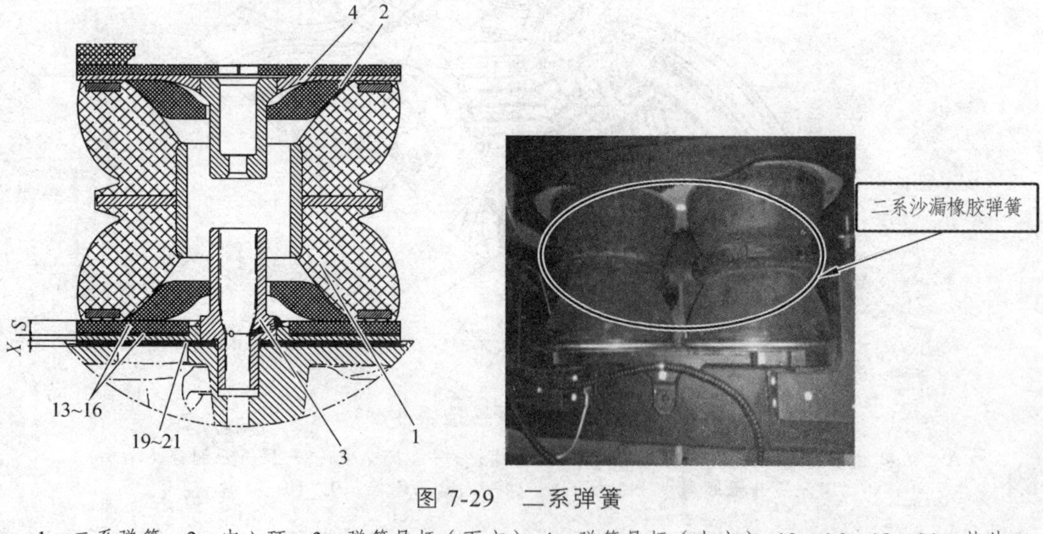

图 7-29　二系弹簧

1—二系弹簧；2—中心环；3—弹簧导杆（下方）；4—弹簧导杆（上方）；13～16，19～21—垫片

该弹簧采用了沙漏型的结构原理，当车体上下振动时，通过中心环与弹簧的摩擦以及橡胶的弹性变形来减缓车体振动。地铁车辆的二系减振装置采用的是空气弹簧，通过高度阀调整空气弹簧中压缩空气的量来提供一定的承载能力。而差压阀负责比较同一转向架左右两个空气弹簧的气体压力，因此，此类弹簧对于弹簧气密性有非常高的要求，而沙漏弹簧则并无此要求。通过比较可以看出，沙漏弹簧虽然承载能力不如空气弹簧，但对于有轨电车此类轻型轨道交通已足够满足使用要求，且只需要调整上下垫片来确定地板面与构架的距离，因此沙漏弹簧具有结构简单、使用方便且稳定性高等优点。

其横向减振器和垂向减振器如图 7-30 和图 7-31 所示。

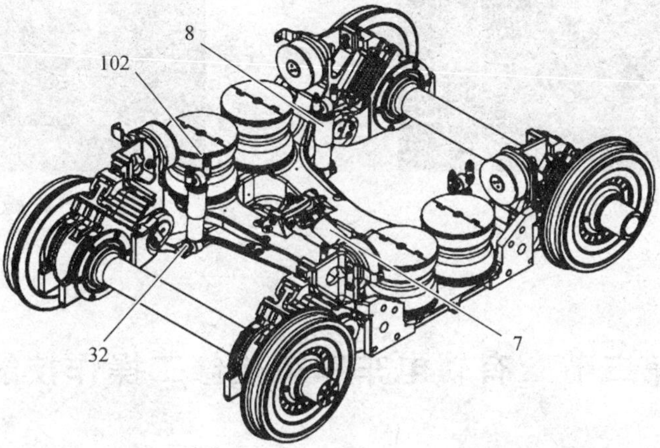

图 7-30　减振器组件

7—横向减振器；8—垂向减振器；32—六角头螺丝；102—内六角头

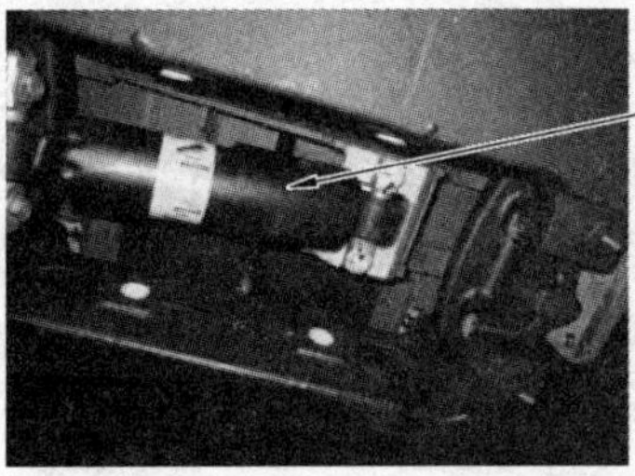

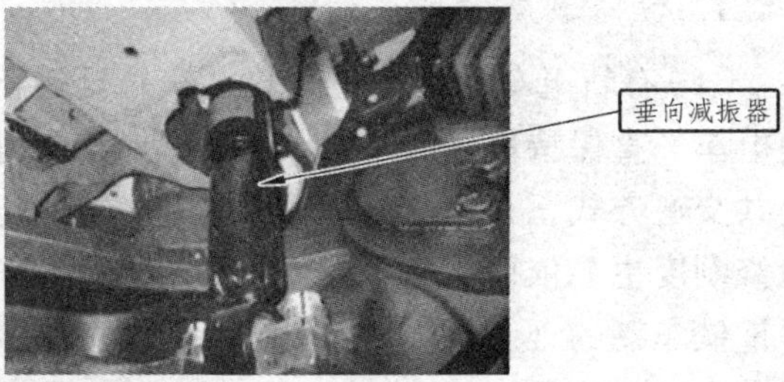

图 7-31　横向和垂向减振器

减振器的维护标准如图 7-32 所示。

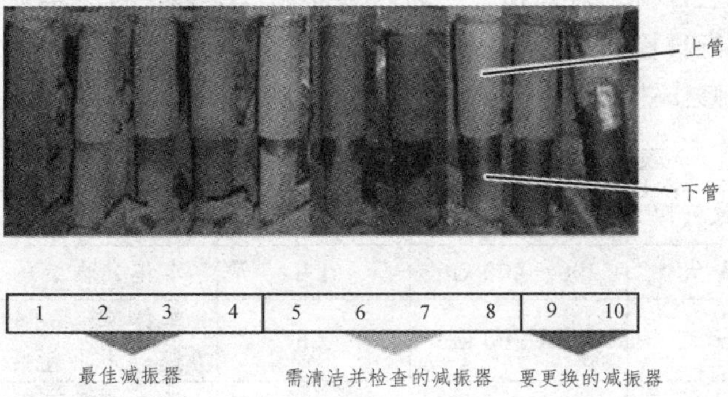

图 7-32　漏油等级（1～10 级的减振器）

每个转向架上有两个横向止挡（用于限制车体横向位移）和四个旋转止挡（用于控制转向架与车体间的相对蛇形运动）。动、拖车转向架的横向止挡和旋转止挡结构相同，可以互换，如图 7-33 和图 7-34 所示。

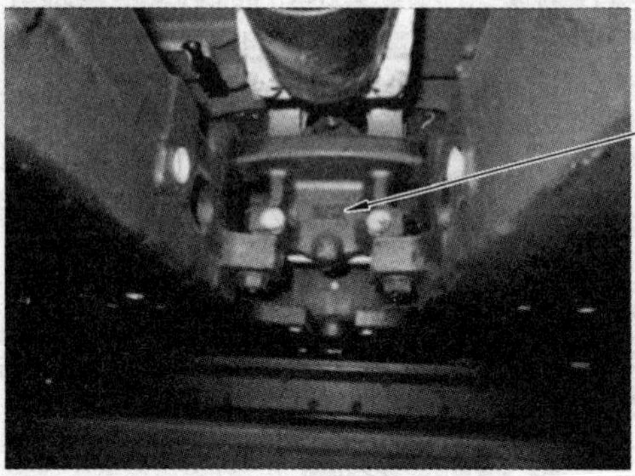

图 7-33　横向止挡

图 7-34　旋转止挡

第二节　有轨电车车辆检修工操作技能

一、检修规程

1. 检修制度及管理

（1）有轨电车的检修是有轨电车每日运营的重要保障，通过定期不同程度的维护和保养，使电车一直保持良好的运营状态。现代有轨电车是在传统有轨电车的基础上优化升级的新型公共交通方式，其中部分车辆系统进行了改进，针对系统的检修也会有所不同。运营初期的检修制度主要依据制造厂商、供应商提供的设备维护手册等技术资料进行编制，同时也会参考地铁车辆的维修经验。运营中后期会在根据车辆部件磨耗规律、故障数据的统计和分析，制定合理的检修修程制度。

（2）有轨电车采用的是预防性计划修制度，即日常维修和定期检查相结合的检修制度。检修修程包括日检、三日检、双周检、三月检、年检、架修。夜里需要根据第二天安排上线的车量，在回库时进行日检和三日检的检修，确保电客车状态良好，满足运营要求。白天会根据检修安排进行检修作业（见表 7-10）。

表 7-10　有轨电车采用的是预防性计划修制度

检修级别	检修间隔	运营里程数	检修时间	主要检修内容及要求
日检	每天	200～400 km	1 h	车体、内装的外观检查；功能检测
三日检	三天	600～900 km	2 h	车体、车底、转向架、内装外观检查；功能检测（包括日检）
双周检（A检）	两周	2 000 km	一天	各系统关键部件检查、维修（包括三日检）

续表

检修级别	检修间隔	运营里程数	检修时间	主要检修内容及要求
三月检（B检）	三个月	20 000 km	两天	各系统关键部件检查、维修，有必要进行调整、润滑、更换（包括双周检）
年检（C1检）	一年	80 000 km	十四天	对系统部件进行清理检查，有必要进行调整、润滑，更换周期性易损易耗件（包括三月检）
架修	五年	400 000 km	三十天	架车，基本分解，走行部和牵引电机分解、清洗、检查、修理。恢复车辆主要性能

2. 计划检修（见表 7-11）

表 7-11　计划检修制度

维修类型	维修周期	概　述	备　注
日检	每日（200 km）	功能及外观检查，运营出库前进行	运营出库前做一次
A检	双周（2 000 km）	机械外观检查，双周检内容包括日检的工作内容	A检内容包括日检
B检	三月（2 000 km）	主要部件的技术状态检查，月检内容包括日检、双周检的工作内容，其中三月检文件中涉及每6个月需要进行检查的工作内容	B检内容包括A检
C1检	一年（8 000 km）	周期性维修检查、系统功能试验，年检内容包括三月检、双周检、日检的工作内容	C1检内容包括B检

二、检修作业要求

（一）牵引系统检修

1. 牵引箱检修

外观检查（A检）：箱体无异常损伤，标记无错位，箱盖须锁闭紧固；格兰头无异常损伤，无松动；透气孔无异物。

外观检查（B检）：目视检查位于热交换器盖板上的进风口、遮阳板上的进风口、过滤器框架上的进风口，确保无污染，原则上 12 个月清洗 1 次。

清洗逆变器单元（C1检）：使用中性的清洗剂从外面清洗。注：确保清洗剂不包含氯或化合物；使用清洗剂处理的设备必须使用清水进行冲洗。

检查密封性（C1检）：检查箱体盖密封型材的状态，不存在裂纹、变形、易碎点；使用合适的橡胶保护剂对密封型材进行轻微润滑。

检查噪声垫和中间层（C1检）：噪声垫无异常损伤，检查中间层无缺失、损伤。

主风扇的检查（C1检）：稍微触发一下风轮，无异常噪声（如滑动的噪声），风轮转动平稳。

2. 高压箱检修

外观检查（A 检）：箱体无损坏，接线可靠，紧固螺栓防松标记无错位，箱盖须锁闭紧固；高压箱内部元器件无变色，内部无灰尘、杂物、积水，胶条无损坏；车间电源插座紧固，外盖安装紧固。

检查密封性（C1 检）：检查箱体盖密封型材的状态，不存在裂纹、变形、易碎点；使用合适的橡胶保护剂对密封型材进行轻微润滑。

3. 制动电阻箱检修

外观检查（A 检）：箱体无异常损伤，标记无错位，箱盖须锁闭紧固；格兰头无异常损伤，无松动；透气孔无异物。

检查和清洁（C1 检）：使用毛刷清洁两个进气格栅；使用高压风枪清洁制动电阻，检查陶瓷部件无任何裂缝、污损（上限为 12 mm^2）；清洁水冷却器。

检查冷却液剂位置（C1 检）：冷却液位在膨胀箱上边缘法兰上 5 mm。

检验风扇平稳度（C1 检）：手动转动风扇的风轮，简单触发，风轮无异常噪声（如刺耳的声音）和风扇转动平稳。

4. 受电弓检修

外观检查（A 检）：检查构架、底架、缓冲器、下臂、导向杆和上臂，活动部件转动灵活，无明显损坏、变形，无卡滞现象。

受电弓的润滑（B 检）：① 用润滑脂（B02）对上杆座的两个销（其中一个是球头销）进行润滑；② 用润滑脂（B03）对集电头座进行润滑；③ 用润滑脂（B03）对挠性连接线的接触表面进行润滑；④ 首先用 DC-HT 300（B04）对链进行润滑，然后再用润滑脂（B02）对链进行润滑；⑤ 另外还要用润滑脂（B02）对所有可见的螺钉和螺母润滑；⑥ 用润滑脂（B02）对活塞杆润滑；⑦ 装配时必须用触点润滑脂（B03）对每个柔性触点进行润滑。

检查炭滑板状态（A 检）：① 对炭条进行目检，检查有无沟槽、裂痕（特别是纵向）或边缘有无明显冲击痕迹（深度超过 0.5 mm 的冲击痕迹或炭条受冲击长度超过 5 mm 的冲击痕迹）；② 目检炭条磨损是否均匀；③ 目检炭条表面是否连续、不粗糙且无毛刺，厚度为 0.5 mm，必要时可用手锉去除毛刺；④ 当炭条厚度达到最低要求（厚度 5 ~ 6 mm），则须更换炭条，更换炭条时，应始终注意更换全部两个炭条以及所有螺钉和安全螺母；⑤ 检查确认弓角上没有裂痕。

弓角检查（A 检）：① 外观无损坏、接线牢靠；② 检查弓角的磨损情况（无裂痕、冲击痕迹）。若发生以下情况，应更换弓角：出现因放弧而产生的孔；表面严重受损；弓角变形；材料厚度不足，尺寸 A 检必须大于 14 mm；尺寸 B 检必须大于 3 mm。

避雷器检查（A 检）：① 清水清洁避雷器表面；② 检查法兰灭弧孔上无黑色斑或烧焦痕迹；③ 硅胶套上单个缺陷面积不超过 25 mm^2，深度不大于 1 mm；④ 线缆无破皮。

绝缘子检查（A 检）：清洁后的绝缘子不应有缺陷、脱釉或表面杂质现象（注：绝缘子表面的粗糙度要求，缺陷总面积不得超过 114 mm^2，单个面的缺陷面积不得超过 64 mm^2）。

受电弓接触力检查（B 检）：采用 0 ~ 100 N 的测力计检查接触力，在工作范围的 20% ~ 80%

区域内应当在（80 ± 10）N 范围内，在工作范围的 0% ~ 20%和 80% ~ 100%内应当在（80 ± 15）N 范围内。

检查终端挡块和缓冲器（C1 检）：目测检查终端挡块和缓冲器有无破损，2 年更换终端挡块和缓冲器。

5. 牵引电机和齿轮箱检查

齿轮箱外观（A 检）：齿轮箱箱体无异常损伤，紧固防松标记无错位，防腐涂层无裂纹、无腐蚀；油位正常，无乳化、无变质；目视检查与联轴节连接螺栓无缺失、松动，紧固标记无错位。

牵引电机外观（A 检）：检查电机上的铜制连接块、球形衬套，清洁后检查无损坏、开裂、脱层现象；检查电机冷却水管，擦拭接头区域，无损坏和泄漏现象；固定电机线支架无松动异常。

（二）辅助供电系统

1. 辅助逆变器检修

外观检查（A 检）：箱体无异常损伤，标记无错位，箱盖须锁闭紧固；格兰头无异常损伤，无松动；透气孔无异物；（C1 检）检查所有电气连接、紧固件、接地连接、插头、容器盖锁和密封、标志、容器、读取和存储诊断存储内容，箱体内部所有电气连接防松标记无错位，手动晃动箱内连接器，无松动。

清洁辅助逆变器元器件（C1 检）：清洁辅助逆变器进风口，表面无积尘；使用毛刷和真空吸尘器清洁辅助逆变器通风元件组吸滤器，冷却主通风机。

检查密封性（C1 检）：检查箱体盖密封型材的状态，不存在裂纹、变形、易碎点；使用合适的橡胶保护剂对密封型材进行轻微润滑。

2. 蓄电池检修

外观检查（A 检）：蓄电池箱无损坏，箱盖须锁闭紧固；线缆连接牢固，紧固螺栓防松标记无错位，无破损现象；接线触点无腐蚀现象；箱体内无漏水现象，密封胶皮无破损。

单个单元电池电压检测（C1 检）：充电 2 h 后切断蓄电池供电，使用万用表检查每个端子上的电池模块的开路电压，蓄电池单体开路电压为 1.2 ~ 1.35 V，开路电压低于 1.2 V 应做标记和记录，充放电后仍不能恢复的，则进行更换。

温度传感器的检查（C1 检）：从车上断开温度传感器（热敏电阻 10 kΩ），使用万用表测量电阻 R 两传感器之间的电线，比较阻抗 R 和温度传感器的特性。阻抗应为 10 kΩ（25°C C1 检）。若差额高于 3°C，必须更换温度传感器。

蓄电池的压力测试（C1 检）：使用手动压力测试泵及接头对压力进行测试，监控压力表上的压力显示。如果压力在 1 min 之内没有下降 650 Pa 或以上，可以认为电池注液系统是密封的。

蓄电池加液（C1 检）：使用自动加液小车对蓄电池进行加液并记录。

涂层处理（C1 检）：使用刷子在端子螺母和模块接头处涂刷中性凡士林。

（三）转向架设备检修

1. 构架检修

外观检查：（A 检）无明显的外观损伤、腐蚀或异物；各部件紧固螺栓防松标记无错位；（B 检）目测检查构架无缺陷的油漆以及锈蚀；目测检查构架与转臂之间的间隙中无任何橡胶污染；（C1 检）检查整个构架是否有损伤及裂纹，特别注意 A ~ H 应力区。

2. 一系悬挂装置检修

检查一系悬挂组件状态：（A 检）无局部损伤（如短裂纹），无磨损和橡胶脱层现象；（B 检）检查轴箱上导轨用垫片、转向架构架上导轨用垫片、提升限制器（上部部件）、提升限制器（下部部件），无异常损伤、变形，无锈蚀，防松标记无错位；（C1 检）拆下挡泥板进表面清洗，测量提升限制器尺寸，并记录，安装挡泥板，用 50 N · m 扭力紧固 M10 六角头螺栓。

3. 二系悬挂装置检修

检查沙漏橡胶弹簧：（A 检，可视区域内）检查二系沙漏橡胶弹簧是否开裂、鼓包、开胶、磨损等情况；（B 检）清洁二系弹簧，用热水清洁灰尘、油脂和油；（C1 检）检查二系弹簧底部或顶部处垫片与弹簧导杆之间是否有间隙，检查二系弹簧是否与弹簧导杆和垫片对齐。

检查垂向减振器和横向减振器（A 检）：无损坏、裂纹、腐蚀和漏油现象；安装螺栓无缺失，无防松标记错位；橡胶与金属无分离或脱层现象，无较大的裂纹、破损，否则更换减振器，清洁减振器表面。

检查横向止挡和旋转止挡（A 检）：无脱胶，橡胶表面无裂纹，表面磨耗板存在；紧固件无缺失，无防松标记错位；清洁横向止挡的表面（橡胶）上的油或油脂；目测旋转止挡顶部的磨耗盘状况，未磨损到旋转缓冲器。

4. 轮对轴箱检查

外观检查：（A 检）车轴、车轮、车轮踏面、定位臂和制动盘可视区域内无损坏，如痕迹、裂纹、腐蚀或因过热而导致油漆脱落；弹性车轮中心与车轴及弹性轮轮毂与外轮无错位现象，防错位标记清晰；检查轮辋环和轮箍之间的接地线无损坏；定位臂上的排水孔干净且无油脂，如有油脂，应及时清除；（B 检）轮径（同一轮对上轮径差不超过 1 mm，同一转向架上轮径差不超过 2 mm）。最迟在达到最小轮缘的厚度（S_d：22 ~ 21 mm）或最大轮缘高度（S_h：25 ~ 51 mm）时进行镟轮。

5. 轴端设备检查

外观检查（A 检）：接地装置是否有如石块或其他异物而造成的损坏；目测力矩保持杆是否有损坏、裂纹和变形。

测量、更换部件（C1 检）：清洁轴端炭灰，测量动车、拖车转向架炭刷的高度并记录；更换动车、拖车转向架纸衬垫。

6. 牵引拉杆检查

牵引拉杆表面无异常损伤，无缺失。橡胶件无裂纹，无变形，球轴承正常；紧固件无异常损伤，无缺失，防松标记无错位。

7. 附属设备检查

排障器检查：（A 检）动车转向架排障器及安装座无损坏、裂纹、变形和腐蚀现象；排障器橡胶件无损坏、变形和开裂现象；（C1 检）测量排障器高度，有必要时需调整。

撒砂装置检查：（A 检）撒砂及加热管路完好，无损伤、破皮等现象；（C1 检）测量撒砂管高度，有必要时需调整。

轮缘润滑装置检查：（A 检）检查油箱及管路无异常损伤、无渗漏，目测托架和安装座是否有损坏、裂纹和腐蚀，与轮对踏面无干涉，喷嘴位置符合安装要求，喷头无异物堵塞，轮缘润滑油箱加满油；（B 检）通电验证喷油功能；（C1 检）拆卸重新清洗喷嘴安装座，按照规定尺寸安装。

（四）制动系统检修

1. 液压制动检查

外观检查（A 检）：目测液压制动系统、辅助缓解单元外观无损坏、无漏油迹象，上油窗油位应该在 1/3 ~ 2/3，膜式蓄能器表面及其液压油口无泄漏；相关连接器无松动，紧固件无松动，放松标记无错位；基础制动单元的定期油位检查。

2. 基础制动装置检查

外观检查（A 检）：部件无损坏，磨耗不超过磨耗尺寸；管路无泄漏，外层无损伤、开裂和挤压现象，与其他部件无干涉；检查所有试验孔都已拧紧，没有任何泄漏情况；确保所有固定部件（紧急缓解螺杆、防扭转锁、六角螺栓、开口销）定位准确、安装适当，且没有损坏；检查机械紧急缓解功能。

3. 磁轨制动装置检查

外观检查（A 检）：无明显损坏、缺失和腐蚀，悬挂件上部的橡胶盖无丢失；线缆无磨损现象，且与其他部件不发生干涉；对衬套进行外观检查，确认其是否与多功能支架相匹配，并检查螺旋弹簧有无损坏。

磁轨装置数据测量（B 检）：手动敲击磁轨制动装置可以在引导支架内自由移动，自由状态下，测量极靴高度尺寸 $Y = 18_{-2}^{\ 0}$ mm，如有必要需调整；测量磨耗板和引导装置之间的间隙，横向尺寸≤5 mm，纵向尺寸≤3 mm，达到磨耗极限后需更换；测量极靴剩余高度，极靴表面不达到 45°。

（五）贯通道系统检修

1. 贯通道检查

外观检查：（A 检）棚布无破损现象，紧固件无缺失，防松标记无错位；（C1 检）检查折棚框、中间框是否严重扭曲变形，折棚收紧绳是否收紧，钢丝绳是否变形、断裂；淋雨无漏水现象。

2. 开放铰接检查

外观检查（A 检）：检查阻尼器的杆端是否受损，检查两端是否有遗漏件或松动件；检查橡胶弹簧是否有损坏。

数据测量（C1 检）：拆下盖板，检查所有磨耗板是否受损，$X < 1.2$ mm。

3. 圆盘渡板检修

板块润滑和测量（C1 检）：拆卸转盘 3、4，检查滑动件高度 X 不小于 1 mm；检查顶部滑块 15535 是否磨损，在最薄的点测量顶部滑块的厚度 $X > 2.5$ mm；拆卸转盘 1、2，检查滑动件 15546 厚度 $X > 0.8$ mm；关节轴承检查及润滑，每两年注油一次。

（六）车门系统检修

（1）外观检查（A 检）：车门油漆缺损超过 400 mm^2，需补漆；密封橡胶条无异常损伤；车门玻璃无破裂；检查触发器触头与部件的间隙（2 ~ 3 mm）；隔离开关转动 90°实现锁闭；压轮安装位置正确，无错位现象；传动丝杆表面和各运动副之间润滑油均匀；（C1 检）检查机械安全部件，夹紧夹、固定夹无松动；伸缩导轨固定螺栓固定，无松动。

（2）尺寸测量（B 检）：用测量工具测量车门宽度、门对中、锁钩尺寸、顶部胶条压缩量等车门尺寸。

（3）部件润滑（C1 检）：部件与部件之间有相对运动的滚轮、槽、弹簧等需用专用油脂润滑；使用硅基脂对防夹手胶条进行保养，防止老化。

（七）空调系统检修

（1）外观检查（A 检）：机组外观无明显损伤；风机内无异物；紧固螺栓无缺失，防松标记无错位。

（2）部件清洗：（A 检）使用加有中性清洁剂的水清洁混合风滤网，清洗 3 ~ 4 次后，更换新的备件；使用水清洁新风滤网，若脏堵不能彻底清洁时，更换新的备件；（B 检）用压缩空气和水清洁新风金属滤网。（C1 检）清理冷凝器和蒸发器：① 用软毛刷清除换热器表面的污垢；② 再用加入 2%或 3%中性清洁剂的温水对设备进行清洗，再用清水彻底漂净；③ 用专用调片器修理弯曲的翅片。

（3）制冷系统泄漏检查（C1 检）：① 用检漏仪检查管路焊接点，管路无泄漏；② 检查视液镜状态正常。

（4）冷凝风机、蒸发风机、电加热器、压缩机的检查（B1 检）：① 检查设备固定螺栓有无松动现象、设备是否异常；② 通电检查风机运转有无异音；③ 使空调机组“全冷”运转，压缩机无异常声响或异常振动。

（5）干燥过滤器的检查（B1 检）：运行空调，检查干燥过滤器进口和出口的温度，如果相差小于 10 °C 以上，则说明干燥过滤器有堵塞现象，需进行更换。

（6）高压压力开关的检查（C1 检）：使用微机与控制盘的 KP 相连，将冷凝风机连接器拔掉进行测试，运行一段时间若报高压故障，则设备正常。

（八）车钩及开闭机构检修

（1）车钩外观检查：（A检）底座、车钩各部件外观无损坏、无锈迹；电缆和电缆夹、各紧固件无异常损伤，防松标记无错位；（B检）对整个缓冲吸能装置进行目视检查，检查离安装座约 80 mm 处是否有油漆划伤，若发现有油漆划伤时，应在划伤部位均匀涂抹 TOP2000 润滑脂，若发现有锈蚀现象时，应使用砂纸打磨锈蚀后再在钩头活动部位涂抹 TOP2000 润滑脂，涂抹厚度不超过 30 mm。

（2）车钩清洁和润滑（A检）：初步清洁，表面干净无异物；钩头钩锁的各部件和中心枢轴支承套润滑良好；车钩杆和钩板凹槽润滑良好。

（3）车钩功能检查（A检）：转动灵活，钩舌联动正常，可一次性拉出和收回。

（4）车钩数据测量（C1检）：测量车钩高度为 430^{+10}_{-10} mm，如有必要需调整。

（5）开闭机构外观检查（A检）：电气设备、线缆无异常损伤，螺栓无缺失，防松标记无错位；机构润滑良好，气弹簧调节脚无松动。

（6）开闭机构功能检查（A检）：开关过程无卡滞，安全销可插入圆孔；开闭方孔锁操作正常、无杂物；开闭机构关闭后，与车体缝隙符合安装要求。

（八）车体及内装功能设备

（1）车体外观检查（A1检）：车体外表无异常损伤，油漆损坏面积超过 400 mm^2 或长度超过 26 mm，进行修补；车外侧指示灯、头灯、尾灯、运行灯无异常损伤、无变形；下部裙板（大、小裙板）安装紧固良好，无晃动现象，裙板锁闭可靠。

（2）内装检查（A1检）：刮雨器功能正常，定期更换刮条；司机室座椅需润滑，使座椅上下、前后转动功能正常；在 IDD 上确认设备状态；制动功能检查；PIS 功能检查；内外部照明、雨刮器及遮阳帘功能检查；车门功能检查；空调功能测试；蓄能器压力值测试。

第三节　车辆故障处理案例

【案例一】

故障现象：正线 IDD 显示“禁止牵引”，司机查看为 CM7 端门环路灯不亮，打开 61 柜发现 DICB2（门联锁断路器 2）跳开，无法闭合，后将门联锁旁路后运行。

初步分析：由于空开 DICB2 重复跳开，初步判断为 DICB2 控制回路中有线路接地，保护跳开，待车辆回库后处理。

故障处理：

（1）车辆回库后，查看电气原理图车门安全联锁 DICB2 的控制回路，如图 7-35 所示，DICB2 下面连接 A 和 B 两条回路，A 为 CM7 端半联锁回路，B 为整车门联锁回路，任一回路中有线路接地均有可能导致 DICB2 跳开，需分别检查线路。

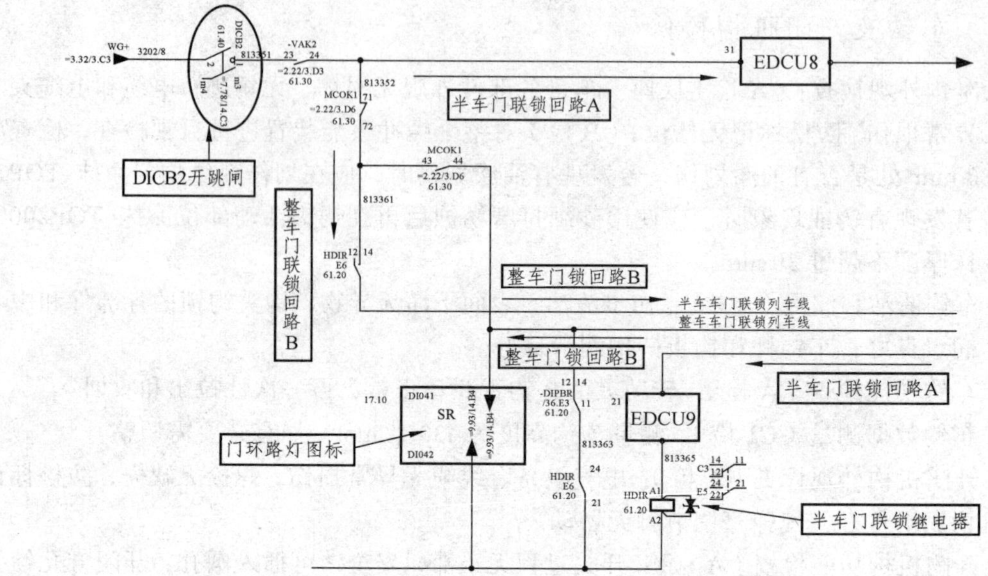

图 7-35　车门安全联锁 DICB2 的控制回路 1

（2）检查回路 A：回路 A 为 CM7 端半车回路，查看电气原理图，只要车辆启动，VAK2(车辆激活继电器)就闭合，结合图 7-36，回路 A 的走向：DICB2→VAK2→EDCU8→EDCU7→EDCU6→EDCU11→EDCU10→EDCU9→HDIR。检查该回路所有线路、连接器、端子排、车门限位开关等线路，发现 9 门门控器上方顶板漏水，检查 9 门门控器上的端子排，发现 TB04EDCU9XT11 端子排有水迹，内部进水导致短路，立刻将其烘干。故回路 A 中 9 门处 EDCU9XT11 端子排进水短路为故障发生原因之一，如图 7-37 所示。

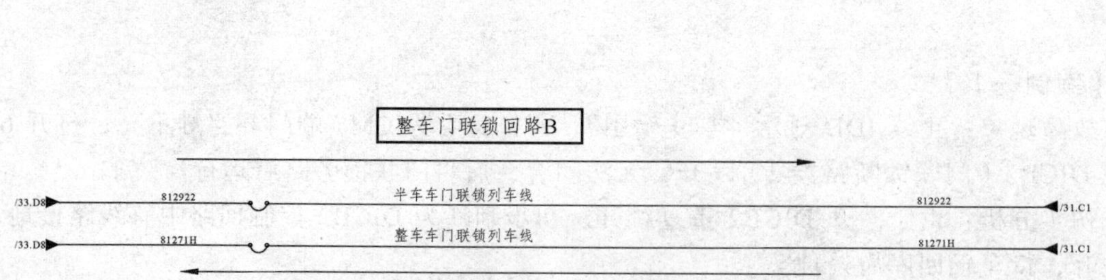

图 7-36　车门安全联锁 DICB2 的控制回路 2

（3）检查回路 B：B 回路为整车门联锁回路，查看电气原理图，整车回路为远端供电，导致 DICB2 跳空开，B 回路导通的前提条件为 CM1 端激活。结合图 7-38，B 回路的走向为：DICB2→VAK2→MCOK1(CM7)→HDIR(CM7)→HDIR(CM1)→MCOK1(CM1)→SR(CM1)→SR(CM7)。检查整车环路的端子排及连接器，无线路接地现象。故回路 B 正常。

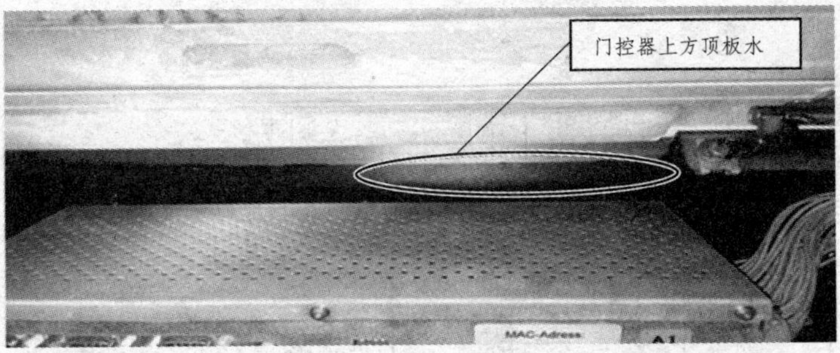

图 7-37 故障点

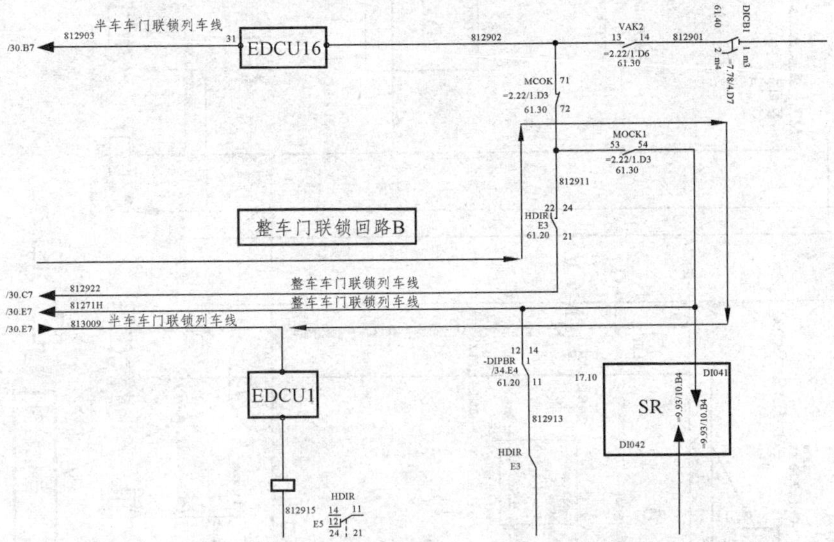

图 7-38 车门安全联锁 DICB2 的控制回路 3

结论及整改措施：① 结合回路 A 和 B 的检查结果，判定故障点就是 9 门处车顶漏水，导致 9 门处 TB04EDCU9XT11 端子排进水，线路接地，DICB2 保护断开，整车门环路灯不亮，最终禁止牵引。② 关于该故障，主要是由于车顶结构不密封，导致车门处电气线路进水。将 9 门漏雨处打胶后，进行整车淋雨试验，确保车辆密封性能良好，消除其余安全隐患。③ 故障查找需考虑全面。首先考虑导致该故障发生的具体原因，针对各个原因逐一排除检查。同时需扩展思维，灵活处理，故障根源并非在第一时间发生的故障系统，需考虑相关联的系统设备。

【案例二】

故障现象：车辆进行检修作业时，列车休眠状态 CM1 端模式开关打到 1 位后，列车无法启动，CM7 端列车可以正常启动。打开 CM1 端 61 柜发现 CSCB 空开跳开。

初步分析：根据电气原理图（列车激活控制线路）及故障现象初步判定为 CM1 端列车激活控制线路存在短路、接地现象。

故障处理：列车休眠后，在 CM1 端 OS 开关打到 1 位、CSCB 空开跳开无电状态下，检查 CM1 端列车激活所有控制线路的通断。

（1）首先测得 CM1 61. 10-X2 的 22 点位有短路现象。

（2）拔除 22010H.905 A1 侧（见图 7-39 的 1），测得 22 点位仍有短路现象，可以判定 CSCB “1” 点位至 MCOK4 的 A1 点位间及 MCOK4 无故障点（见图 7-39 的 A 区域）。

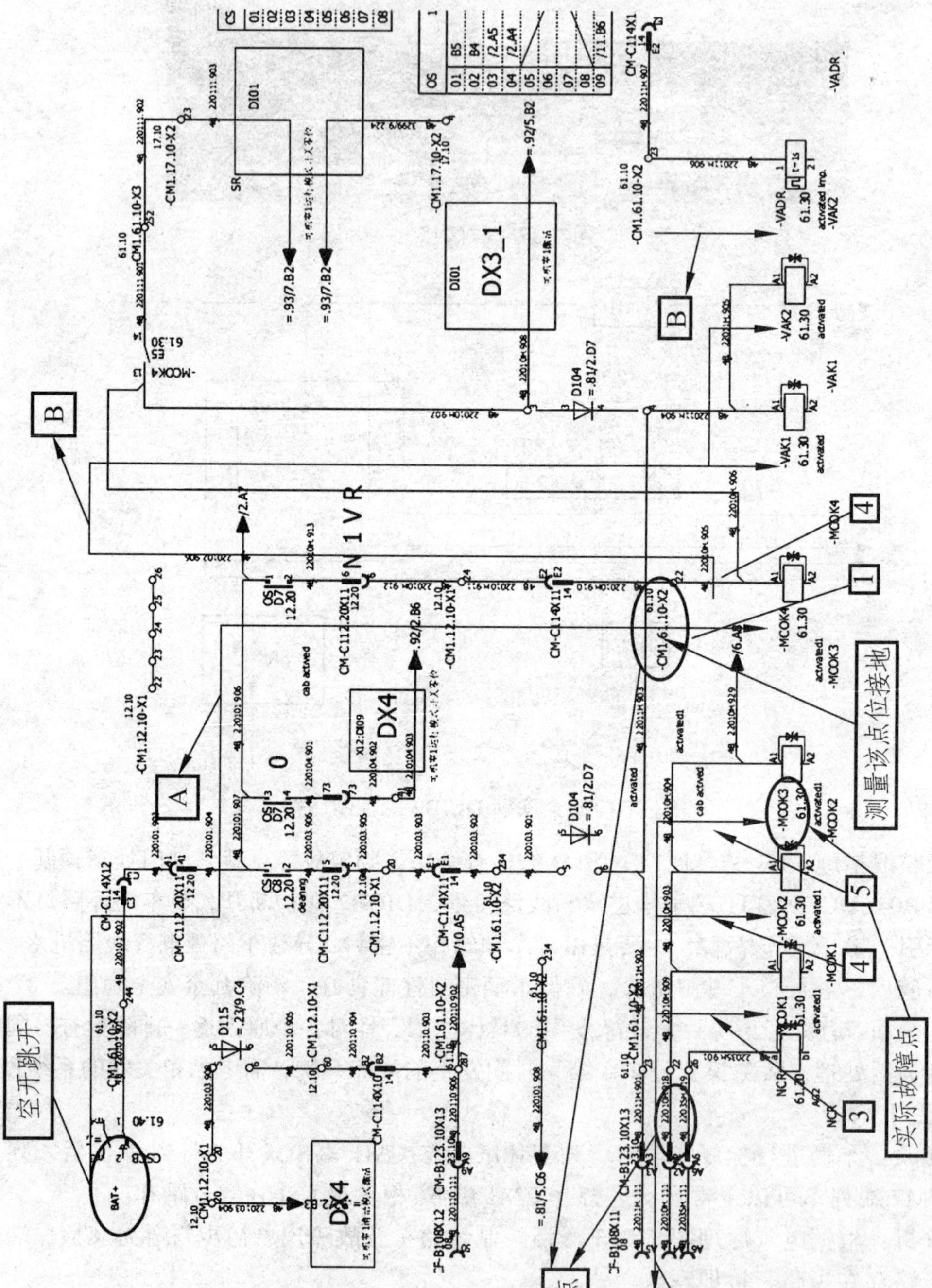

图 7-39　列车激活控制线路图

（3）拔除 22010H.906 A1 侧（见图 7-39 的 2），测得 22 点位仍有短路现象，可以判定 VAK1 的 A1、VAK2 的 A1、VADR 的 A1 分别至 22 点位及 VAK1、VAK2、VADR 无故障点（见图 7-39 的 B 区域）。

（4）拔除线 22010H.909 A1 侧（见图 7-39 的 3），测得 22 点位仍有短路现象，可以判定 MCOK1 的 A1 至 22 点位及 MCOK1 无故障点（见图 7-39 的 C 区域）。

（5）拔除线 22010H.903 A1 侧（见图 7-39 的 4），测得 22 点位仍有短路现象，可以判定 MCOK2 的 A1 至 22 点位及 MCOK2 无故障点（见图 7-39 的 C 区域）。

（6）拔除线 22010H.904 A1 侧（见图 7-39 的 5），测得 22 点位无短路现象，可以判定 MCOK3 的 A1 至 22010H（activated1）列车线间或 MCOK3 有故障点，测量 MCOK3 的 A1 点位有短路现象。

（7）此时故障已查明，列车激活时，由于 MCOK3 接触器当时内部短路故障，导致 CSCB 空开跳开。

结论及整改措施：由于 CM1 端 MCOK3 接触器内部短路故障，导致 CM1 端激活时，CSCB 空开跳开。该接触器为列车激活的重要部件，对运营影响较大，建议统计该型号的接触器故障率，以便制定合理的整改措施。

【案例三】

故障现象：IDD 显示“MB1 弹簧制动未缓解”，列车无法牵引。司机换端，列车依旧无法牵引。司机根据行调调令强制缓解后，该车恢复运行。

初步分析：接到场调通知，根据故障现象，初步分析为 BM1 转向架制动未缓解，导致列车无法牵引。

故障处理：车辆技术员赴正线查看并下载列车 VCU 及 SDR 数据，如图 7-40 和图 7-41 所示。

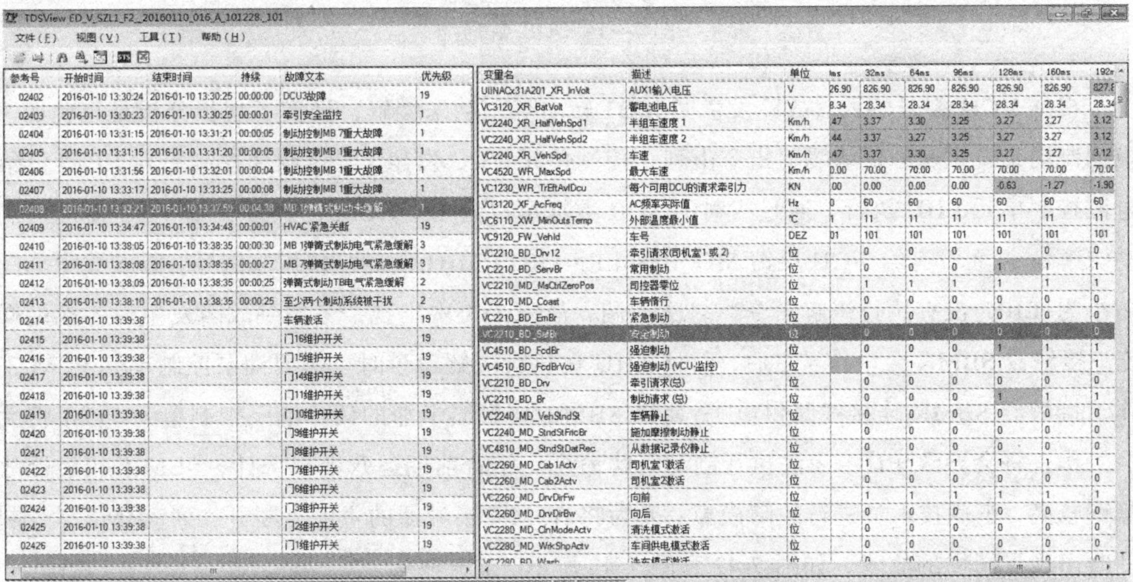

图 7-40　VCU 数据

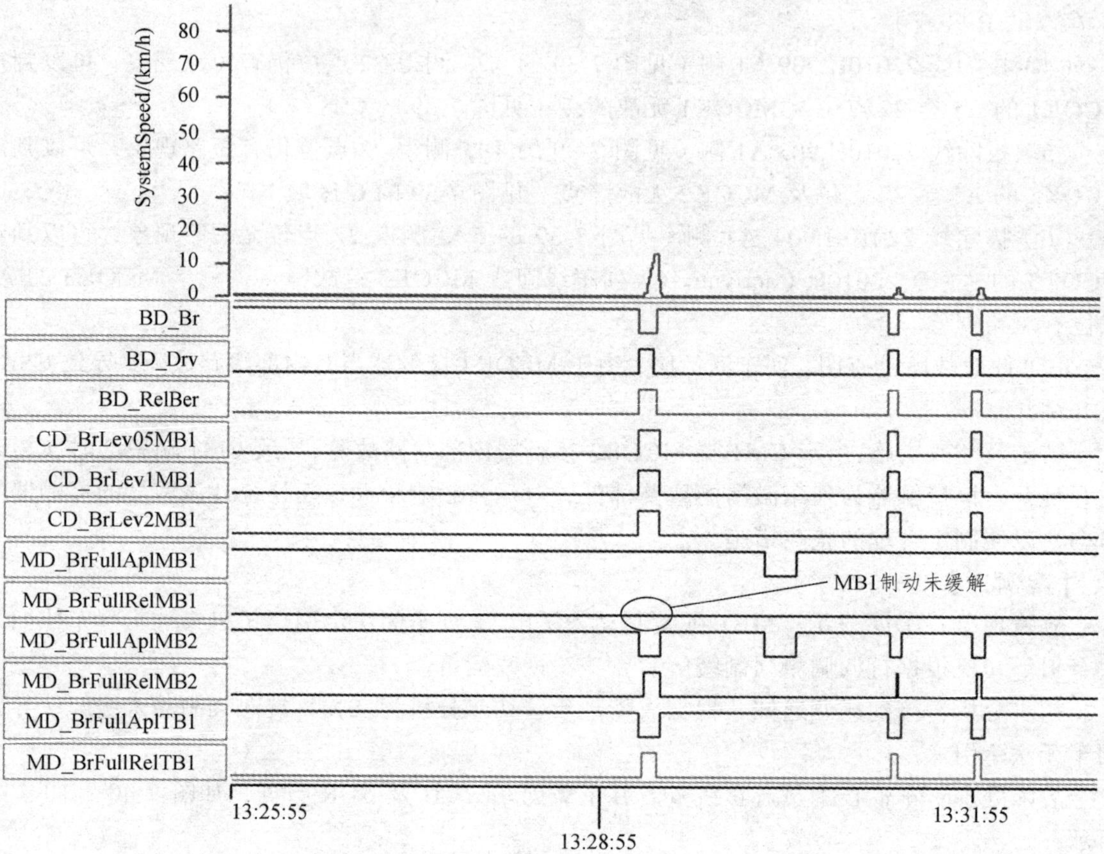

图 7-41　SDR 数据

根据 VCU 数据显示，故障发生时 MB1 转向架制动未缓解，证实了初步分析是正确的。根据制动系统逻辑，制动缓解指令由列车控制单元 VCU 发出，经过制动控制单元 HCM 传给电液控制单元 EHU 执行。通过当时的 SDR 数据可以看出，HCM 已经接收到 VCU 发出的制动缓解命令,而没有给 VCU 反馈 MD_BrFullRelMB1（MB1 制动已缓解）信号。所以故障范围缩小为 EHU 没有执行缓解命令。多次动调，故障未再次出现，考虑到故障发生时为换端操作（接触器 SBMK 会动作）之后，而且 EHU 在执行缓解命令时也需要油泵控制单元 PCM 工作（接触器 SBMK 连接线路供电）。如果 SBMK 接触器卡滞的话，油泵控制单元 PCM 将无法工作，将会导致 EHU 无法执行制动缓解命令。结合前期运营数据统计，SBMK 接触器故障率较高，车辆技术员进行故障模拟：人为将 SBMK 接触器的主触点断开，列车在试车线制动时出现了同样的故障，如图 7-42 和图 7-43 所示。

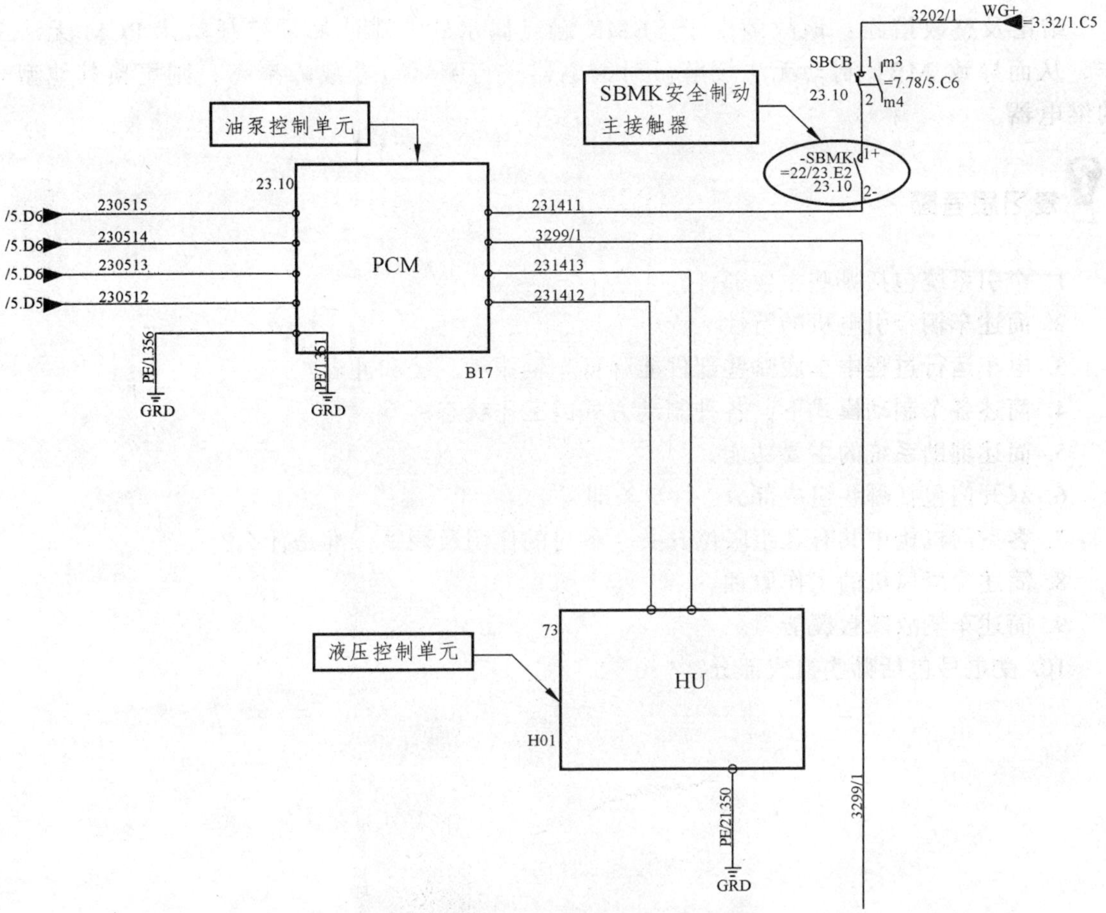

图 7-42 综合线路图

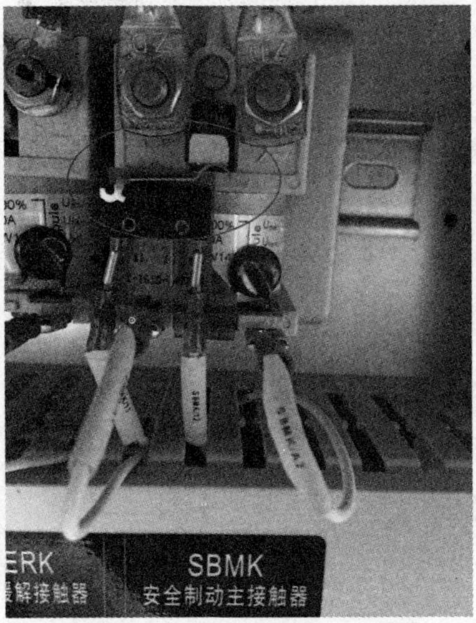

图 7-43 安全制动主接触器

结论及整改措施：该故障由于 SBMK 触点偶尔的卡滞使油泵控制单元 PCM 无法工作，从而导致 MB1 制动无法缓解。对继电器进行测试，若故障率高，则更换其他型号的继电器。

复习思考题

1. 牵引系统包括哪些主要部件？
2. 简述车辆牵引电机的特性。
3. 电车运行过程中车底哪些部件能降低车辆振动、缓和冲击？
4. 简述各个制动模式下，各种制动方式的工作状态。
5. 简述辅助系统的主要功能。
6. 双开门包括哪些组成部分？（5 条即可）
7. 客室门机构中共有几组限位开关，各自的作用及调整标准是什么？
8. 简述冷凝风机的工作原理。
9. 简述车辆故障救援能力。
10. 受电弓包括哪些组成部分？

第八章　列车接口专业技术

【学习目标】

1. 了解城市轨道交通列车接口专业的组成；
2. 了解线路工程与列车的关系；
3. 了解信号系统与列车的关系；
4. 了解供电系统与列车的关系。

【知识要求与技能要求】

1. 了解城市轨道交通线路的组成及功能；
2. 掌握轨道几何尺寸对车辆运行的影响；
3. 了解 ATC 系统设备的组成及功能；
4. 了解供电系统的组成及功能；
5. 掌握牵引变电系统和接触网对列车运行的影响。

第一节　各专业的功能和作用

城市轨道交通的自主独立运营和自成体系的特点决定了城市轨道交通具有多专业、多工种联动、各具不同功能的专业，同时又必须共同确保城市轨道交通系统的正常运营的“联动机”特征。

各专业都采用技术先进、性能可靠、操作简便的专业设备，并不断进行技术改造和完善，为城市轨道交通实现既定目标提供了可靠的物质保障。

1. 车　辆

作为运送乘客的载具，车辆的性能直接决定了运送乘客目标的实现质量。在出行过程中，乘客安全依赖于列车的安全运行；列车行进速度则直接决定了乘客到达的快捷和准点；车厢载客量、车厢硬件设备则决定了乘客出行过程的舒适度。总之，车辆是城市轨道交通十分重要的专业之一，直接关系到城市轨道交通运营目标的实现。

2. 线路工程

城市轨道交通采用的是轮轨系统，所以线路既是列车运行的依托，通过道岔又可以决定列车行进的方向，所以线路专业可以称为整个乘客运送系统的基础。在城市轨道交通系统中，一般又将隧道、桥梁、车站建筑、监护等作为子专业纳入线路工程专业。

3. 通信系统

通信专业的任务是建立一个能实现系统内指挥调度及公务业务联系的通道。例如，为乘客提供运营信息，为公安提供视频和无线资源，为消防提供无线资源等。此外，轨道交通各系统间的语音、数据、图像通信也要依靠通信专业实现。这些通信的服务范围，覆盖运营控制中心、车站、停车场、隧道及列车。有线通信和无线通信是通信系统的两个主要专业。

4. 信号系统

城市轨道交通需要利用信号实现行车指挥和列车运行现代化、保证列车运行安全、提高运输效率；此外还需要利用信号将运营信息告知乘客，实现客流组织和完成乘客运送任务。因此，信号系统是城市轨道交通系统的关键专业之一。

5. 变配电系统

采用电力作为列车驱动能源的城市轨道交通系统自身并无发电系统，由国家电网供电。由于需要经过长途输送，国家电网供给的往往都是高压电，需要进行逐级降压后才能使用。又因直流电无电抗压降，同等电压等级下压降小，且直流供电触网结构也较简单。因此城市轨道交通大都采用直流供电制式，因此逐级降压和整流是变配电系统的主要工作内容。

6. 接触网

在牵引变电站经过降压、整流后的直流电通过供电接触网送达列车，供列车使用。接触网是连接固定供电源和移动列车间的中间传导系统。行进列车不但有速度变化，在水平和垂直平面内的位置也在不断发生变化，接触网供电系统要始终保持供电状态是该专业的最大特点。根据接触网与列车受电的形式与位置，供电又可分为悬挂式和接触轨式供电两种。

综上所述，城市轨道交通系统因其封闭、独立和自成体系的运营方式，使安全、准点、快捷地运送乘客的目标得以实现；多专业、多工种的联动和新设备、新技术的应用是城市轨道交通系统的最大技术特点。以下介绍与城市轨道交通列车有关的接口专业。

第二节 线路工程与列车的关系

一、轨道线路的组成和功能

轨道是线路的上部结构，由钢轨、轨枕、道床及道岔等组成，是行车的基础技术设备，它直接支承和引导列车运行，并直接承受着竖向、横向、纵向的作用力，承受由车轮传来的巨大压力，并把它传给路基或桥隧建筑物。轨道必须坚固稳定，并具有正确的几何形状、相对位置和基本尺寸，以确保车辆的安全运行。轨道线路基本结构图如图 8-1 所示。

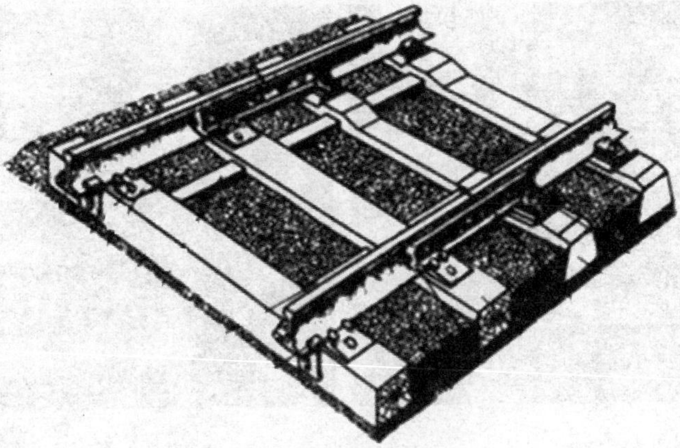

图 8-1　轨道线路基本结构图

1. 钢　轨

钢轨是轨道的最重要的组成部件，它直接承受列车的载荷，依靠钢轨头部内侧面和机车车辆轮缘的相互作用，引导列车运行，依靠它本身的刚度和弹性把机车车辆载荷分布开来，传递给轨枕。

（1）钢轨的作用：引导车轮，承受列车载荷；作为供电接触网的回流线；作为信号的轨道电路。

（2）钢轨的结构。钢轨分轨头、轨腰和轨底三部分，截面为工字形。钢轨截面示意图如图 8-2 所示。

（3）钢轨接头。钢轨接头是在普通线路上用夹板将钢轨与钢轨之间进行连接的装置。其作用是将两根钢轨的端部连接，使其共同承受载荷；控制钢轨接头处的间隙，使轨缝在一定范围内，如图 8-3 所示。

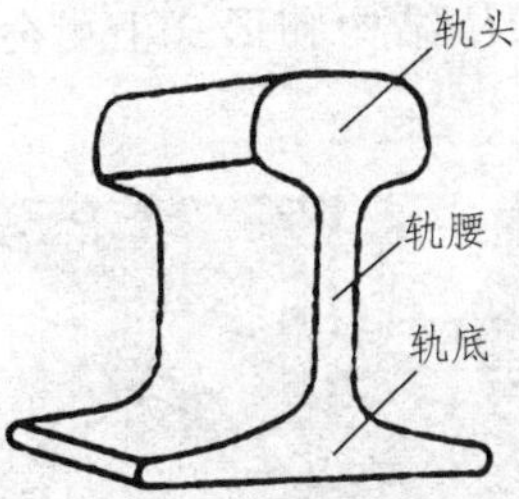

图 8-2　钢轨截面示意图

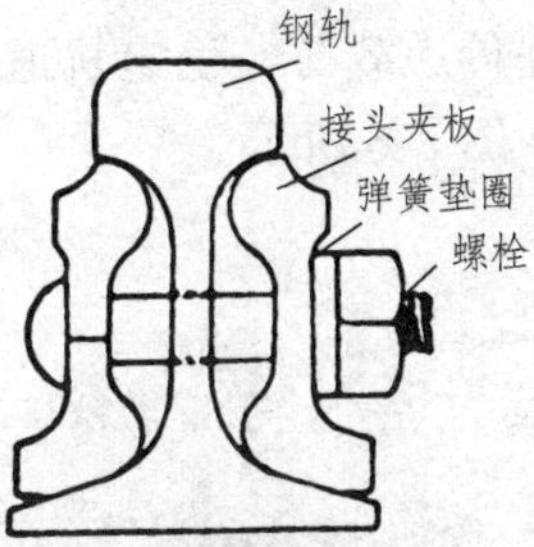

图 8-3　钢轨接头

2. 轨　枕

轨枕承受来自钢轨传下的竖向垂直力、横向和纵向的水平力，并弹性地传布于道床，有效地保持轨道钢轨方向、轨距和位置等几何形位。因此，轨枕应具有一定的坚固性、弹性和耐久性。

（1）轨枕的作用：支承钢轨、保持轨距和方向、将各种载荷传递到道床。

（2）轨枕的种类：有木枕、钢筋混凝土枕两大类，如图 8-4 所示。

（a）木枕

（b）钢筋混凝土枕

图 8-4 轨枕

（3）扣件（见图 8-5）。扣件是钢轨与轨枕或其他轨下基础连接的重要连接零件，它的作用是固定钢轨，阻止钢轨纵向和横向位移，防止钢轨倾斜，并能提供适当的弹性，将钢轨承受的力传递给轨枕或道床。

一般扣件都由钢轨扣压件和轨下垫层两部分组成。扣压件的作用主要是固定钢轨，限制钢轨前后、左右、上下的移动，保持轨道的几何尺寸。轨下垫层的作用主要是为轨道提供足够的弹性，同时辅助扣压件固定钢轨。

图 8-5 扣件

3. 道 床

道床是铺设在路基之上、轨枕之下的结构层，它主要有承受并传递载荷、稳定轨道结构的作用。道床从结构和形式上可分为碎石道床和整体道床两种，如图 8-6 所示。

（a）碎石道床

（b）整体道床

图 8-6 道床

4. 道　岔

道岔是引导车辆由一条线路转向另一条线路的过渡设备。道岔是轨道线路的重要组成部分。道岔构造复杂，也是线路的薄弱环节之一。

道岔按其用途和结构分为单式道岔（见图 8-7）、复式道岔、交分道岔、渡线等。

城市轨道交通中普遍采用普通单式道岔，一组普通单式道岔由转辙器、连接部分、辙叉部分组成。

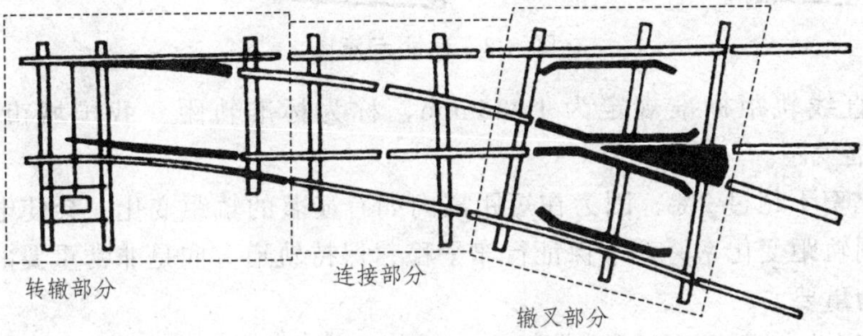

图 8-7　普通单式道岔

（1）转辙器。转辙器是引导车轮进入道岔不同方向的设备，其作用是将尖轨置于不同的位置时，使列车沿着直向或侧向运行。

（2）连接部分。转辙部分和辙叉部分的连接轨道为连接部分。它包括四股钢轨，即两股直线钢轨和两股曲线（道岔曲股接部分为导曲线）钢轨，重叠组成。

（3）辙叉部分。

① 辙叉。辙叉是道岔中两股线路相交处的设备。其作用是使列车能够按确定的行驶方向跨越线路正常地通过道岔。

② 护轨。护轨与辙叉的配合有以下两方面的作用：一方面是控制车轮的运行方向，使之正常通过"有害空间"而不错入轮缘槽；另一方面是保护辙叉尖端不被轮缘冲击撞伤。

二、轨道线路几何尺寸对车辆运行的影响

轨道几何尺寸是指轨道的几何形状、相对位置和基本尺寸。轨道几何尺寸的正确与否，对电动列车的安全运行、乘客的旅行舒适及设备的使用寿命和养护费用等起着决定性的作用。

轨道直接承受电动列车的轮重，并引导其运行，为确保列车的安全运行，轨道的两股钢轨之间，应保持一定的距离；两股钢轨的顶面应位于同一水平或保持一定的相对高差。轨道的轨向必须正确，直线上应保持顺直，曲线上应保持与半径相适应的圆顺度。为使钢轨顶面在锥形踏面的车轮载荷作用下受力均匀，轨道的两股钢轨均应向内侧倾斜，使之有适当的轨底坡。所以，轮与轨是一组相互作用、相互配合的不同结构体系。轨道结构的许多标准和几何尺寸，是根据电动列车的有关尺寸和性能确定的。

轨道线路关键参数有轨距、轨向、高低、水平等。

1. 轨　距

轨距（见图 8-8）是左右两股钢轨内侧作用边之间的水平距离。

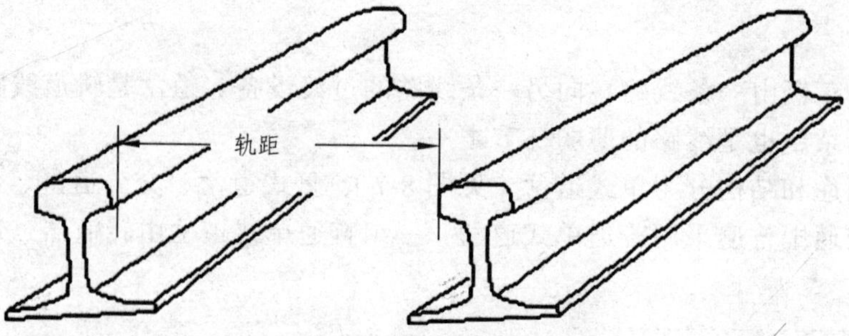

图 8-8　轨距示意图

我国铁路直线轨距标准规定为 1 435 mm，称为标准轨距。我国城市地铁也同样采 1 435 mm 为标准轨距。

轨距的变化率不超过 2‰，因为在短距离内如有显著的轨距变化，会使电动列车发生剧烈的摇摆。限制轨距变化率，对于保证行车平稳、保持轨道方向是非常重要的，特别是在高速行车地段尤为重要。

为了使列车在轨道上顺利运行，轨距应略大于轮对宽度，两者之间留有空隙，称为游间。游间大，可防止车轮被轨道楔住，减少行车阻力及轮轨磨耗，但游间必须有一个限度。如果游间过大，会有很多负作用，如车辆蛇行幅度大、横向加速度大、轮缘对钢轨冲击角大、钢轨所受的横向力大，同时还会带来钢轨侧面不均匀磨耗等。游间过小，轮对易被两股钢轨楔住，增加行车阻力和轮轨间的磨耗。

2. 轨　向

轨向（见图 8-9）就是轨道的前进方向。

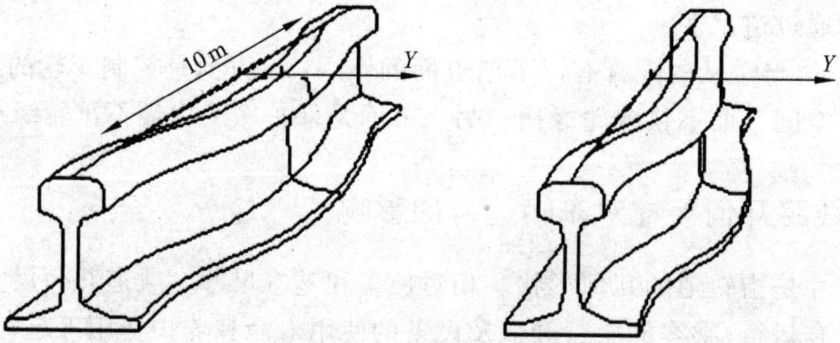

图 8-9　轨向示意图

轨向就是直线轨道是否直顺，曲线轨道是否圆顺。如有变形就称为轨向不好。轨向不好会引起列车蛇行运动。

如果直线不直，方向不良，势必引起列车的摇晃和蛇行运动。在行驶高速列车的轨道上，线路方向对行车的平稳性尤为重要。相对轨距来说，轨道方向则是主要的，只要方向保持在容许范围内，则轨距变化对车体振动的影响就不至很大。

在无缝线路地段，若轨道方向不良，则到了高温季节，在一定条件下，会引起胀轨跑道，严重威胁行车安全。

3. 高　低

轨道在前进方向上纵断面的平顺程度称为轨面前后高低，简称高低（见图 8-10）。

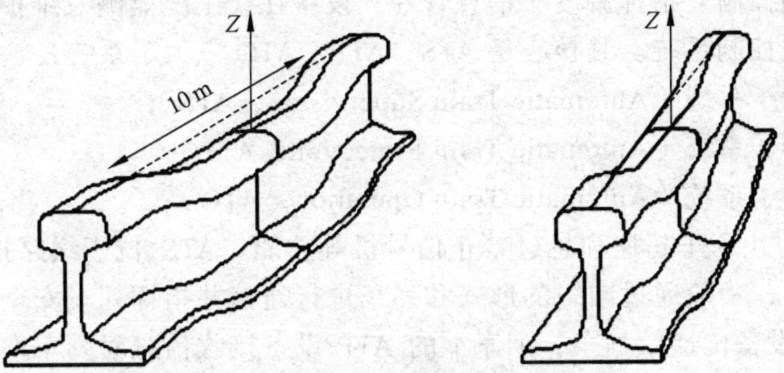

图 8-10　高低示意图

轨面的平顺程度，即轨道纵断面线形的优劣程度。前后不平顺时，列车通过这些地段，冲击动力增加，使变形加速，进一步扩大不平顺，同时增加列车对轨道的冲击破坏力。

4. 水　平

水平（见图 8-11）指的是轨道上两股钢轨顶面的相对高程差。线路上两股钢轨顶面在直线段应保持同一水平。

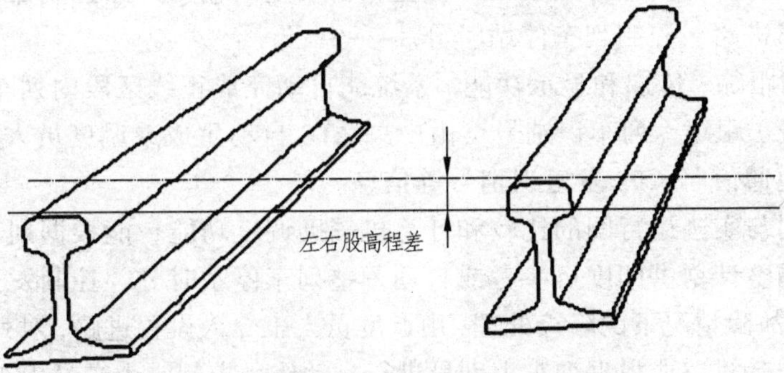

图 8-11　水平示意图

水平的变化率不得超过 1‰，即变化不得超过 1 mm，否则，即使两股钢轨的水平误差不超过容许范围，也将会引起列车的强烈振动。

第三节　信号系统与列车的关系

一、ATC 系统的组成及功能

城市轨道交通信号系统也称为列车自动控制（Automatic Train Control）系统，简称为 ATC 系统。它实现行车指挥和列车运行自动化，能最大限度地确保列车运行安全，提高运输效率，减轻运营人员的劳动强度，充分发挥城市轨道交通的运载能力。

ATC 系统是对列车全过程或一部分作业，实现自动控制的设备的总成，主要用于列车进路控制、列车间隔控制、指挥调度、信息管理、设备在线工况监测及维护管理，构成了一个高效的综合自动化控制系统。其核心是 ATS、ATP、ATO 三大子系统：

列车自动监控子系统（Automatic Train Supervision，ATS）；

列车自动防护子系统（Automatic Train Protection，ATP）；

列车自动运行子系统（Automatic Train Operation，ATO）。

ATP 主要是防止列车超速和越过禁止信号机等功能。ATS 位于线路控制中心（OCC），主要实行监督工作，一般通过网络的形式和列车进行通信并指挥列车安全运行。ATS 的信息通过轨旁的 ATP 设备传递给列车，列车上的 ATP 设备接收信息对列车发出限速或超速防护的指令。ATO 根据这些信息，控制列车的运行、对位停车、开关车门等控制。

1. 列车自动监控子系统（ATS）

ATS 系统由控制中心、车站、车场以及车载设备组成。ATS 系统在 ATP 系统的支持下完成对列车运行的自动监控，实现以下基本功能：

（1）通过 ATS 车站设备，能够采集轨旁及车载 ATP 提供的轨道占用状态、进路状态、列车运行状态以及信号设备故障等控制和监督列车运行的基础信息。

（2）根据联锁表、计划运行图及列车位置，自动生成输出进路控制命令，传送至车站联锁设备，设置列车进路、控制列车停站时分。

（3）列车识别跟踪、传递和显示功能。系统能自动完成正线区段内列车识别号（服务号、目的地号、车体号）跟踪，列车识别号可由中央 ATS 自动生成或调度员人工设定、修改，也可由列车经车—地通信向 ATS 发送识别号等信息。

（4）列车计划与实迹运行图的比较和计算机辅助调度功能，能根据列车运行实际的偏离情况，自动生成调整计划供调度员参考或自动调整列车停站时分，控制发车时间。

（5）ATS 中央故障情况下的降级处理，由调度员人工介入设置进路，对列车运行进行调整，由 ATS 车站完成自动进路或根据列车识别号进行自动信号控制，由车站人工进行进路控制。

（6）在计算机辅助下完成对列车基本运行图的编制及管理，并具有较强的人工介入能力。通过设在车辆段的终端，向车辆段管理及行车人员提供必要的信息，以便编制车辆运用计划和行车计划。

（7）列车运行显示屏及调度台显示器，能对轨道区段、道岔、信号机和在线运行列车等进行监视，能在行调工作站上给出设备故障报警及故障源提示。

（8）能在中央专用设备上提供模拟和演示功能，用于培训及参观；能自动进行运行报表统计，并根据要求进行显示打印。

（9）能在车站控制模式下与计算机联锁设备结合，将部分或所有信号机置于自动模式状态。

（10）向通信无线、广播、旅客向导系统提供必要的信息。

2. 列车自动防护子系统（ATP）

ATP 系统由地面设备、车载设备组成，监督列车在安全速度下运行，确保列车一旦超过规定速度，立即施行制动，主要实现以下功能：

（1）自动连续地对列车位置进行检测，并向列车发送必要的速度、距离、线路条件等信息，以确定列车运行的最大安全速度。提供列车速度保护，在列车超速时提供常用制动或紧急制动，保证前行与后续列车之间的安全间隔，满足正向行车时的设计行车间隔和折返间隔。对反向运行列车能进行 ATP 防护。

（2）确保列车进路正确及列车的运行安全。确保同一径路上的不同列车之间具有足够的安全距离，以及防止列车侧面冲撞。

（3）防止列车超速运行，保证列车速度不超过线路、道岔、车辆等规定的允许速度。

（4）为列车车门的开启提供安全、可靠的信息。

（5）根据联锁设备提供的进路上轨道区间运行方向，确定相应轨道电路发码方向。

（6）任何车—地通信中断以及列车的非预期移动（含退行）、任何列车完整性电路的中断、列车超速（含临时限速）、车载设备故障等均将产生安全性制动。

（7）实现与 ATS 的接口和有关的交换信息。

（8）系统的自诊断、故障报警、记录。

（9）列车的实际速度、推荐速度、目标速度、目标距离等信息的记录和显示。具有人工或自动轮径磨耗补偿功能。

3. 列车自动驾驶子系统（ATO）

ATO 子系统是控制列车自动运行的设备，由车载设备和地面设备组成，在 ATP 系统的保护下，根据 ATS 的指令实现列车运行的自动驾驶、速度的自动调整、列车车门控制。

（1）自动完成对列车的起动、牵引、巡航、惰行和制动的控制，以较高的速度进行追踪运行和折返作业，确保达到设计间隔及旅行速度。

（2）在 ATS 监控范围的入口及各站停车区域（含折返线、停车线）进行车—地通信，将列车有关信息传送至 ATS 系统，以便于 ATS 系统对在线列车进行监控。

（3）控制列车按照运行图进行运行，达到节能及自动调整列车运行的目的。

（4）ATO 自动驾驶时实现车站站台定点停车控制、舒适度控制及节省能源控制。

（5）能根据停车站台的位置及停车精度，自动地对车门进行控制。

（6）与 ATS 和 ATP 结合，实现列车自动驾驶、有人或无人驾驶。

二、车载 ATC 系统的组成及功能

车载 ATC 系统也包括三个子系统，即列车自动防护（ATP）、列车自动驾驶（ATO）、列车自动监控（ATS）。

1. 功能概述

ATP 子系统是由车载 ATP 子系统及轨旁 ATP 子系统构成，实现安全运行以及为保持安全的电动列车间隔和电动列车按结构限速运行而强制限速。相互联锁方式，轨旁 ATP 系统保证只在进路可以应用并且道岔锁在正确位置的，才能允许通过联锁区。与轨旁 ATC 系统连在一起运行，车载 ATP 子系统用于防护列车由于设备故障、列车司机对区段速度限制或者应用制动的适当比例的失误引起的非安全情况。车载 ATP 子系统正确地响应地面生成的 ATP 命令，保护电动列车，使电动列车避免由设备故障或电动列车驾驶员失误所引起的不安全状态。

车载 ATP 子系统提供的功能是机车信号的接收并译码、超速防护、制动保证、自动车门控制和无意识移动的保护。

ATO 子系统是由轨旁 ATO 子系统和车载 ATO 子系统构成。该系统执行由电动列车驾驶员所执行的典型功能。使电动列车平稳加速到已收到的速度命令规定的速度运行，调整并保持在该速度上运行。通过安装在站内的无源和有源线圈使电动列车平稳停靠在车站的正确位置。电动列车速度控制的限制由两个因素中的一个决定：ATP 速度命令（由 ATS 运行等级命令修改）或 ATO 车站停车曲线的速度。电动列车响应这两个速度中的最低速度。

ATS 子系统是由轨旁 ATS 子系统、车载 ATS 子系统、控制中心 ATS 子系统构成，该系统执行的功能是自动进路排列，调整运行时刻表，通过 TWC 系统作为控制中心与电动列车之间的通信链路，建立通信联系。

2. 车载设备安装

车载 ATC 系统是按列车编组数量来设计的，如 6 节编组列车与 8 节编组列车设计上会有所差异。车载设备安装位置如图 8-12 所示。

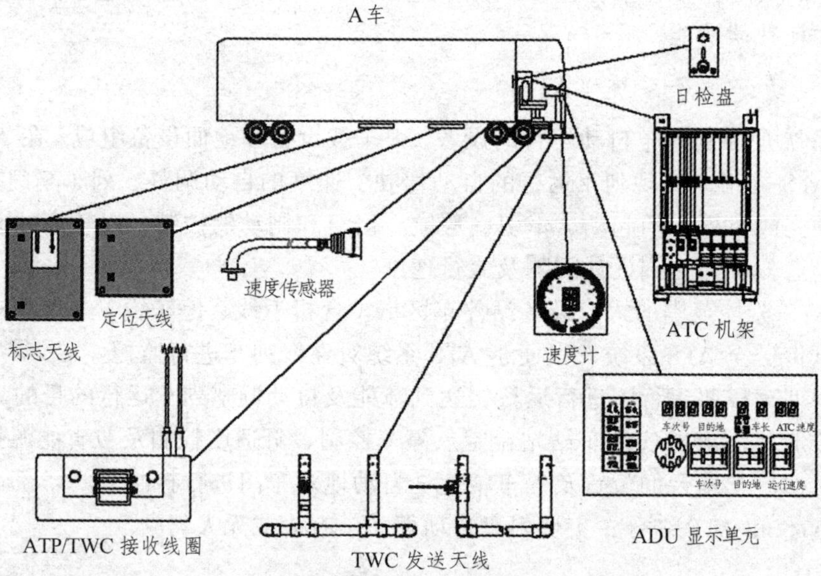

图 8-12　车载设备安装位置

ATC 机架、速度计、ADU 显示单元和机车信号测试面板都安装在 A 车驾驶室里。速度传感器、ATP/TWC 接收线圈、TWC 发送天线、定位天线和标志器检测天线都安装在 A 车车底。

第四节　供电系统与列车的关系

一、供电系统的组成及功能

城市轨道交通供电系统是确保城市轨道交通正常运营的重要设施，它不但为列车提供牵引动力，而且还为地铁运营服务的辅助设施，如照明、通风、空调、排水、通信、信号、防灾报警、自动扶梯等提供电力。

城市轨道交通供电系统主要由变配电系统和接触网系统两部分组成。

1. 变配电系统

变配电系统包括主变电站、牵引变电站、降压变电站、迷流防护系统和远动系统等，如图 8-13 所示。

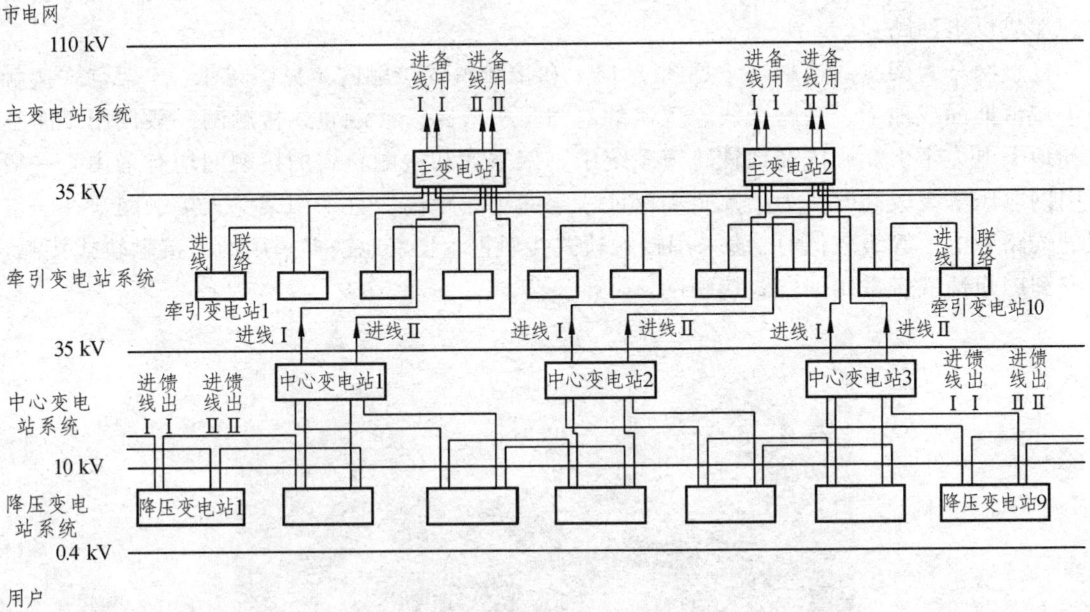

图 8-13　城市轨道交通供电网络示意图

牵引供电回路是电动列车获得牵引供电的重要来源。它的工作流程是：主变电站将城市电网提供的 110 kV 三相交流高压电源降压至 35 kV，输送给轨道交通沿线的牵引变电站和降压变电站。牵引变电站将交流电经降压整流后转换成适合于电动列车应用的直流牵引电源（上海地铁列车采用 DC 1 500 V 供电）。直流馈电线将牵引变电站输出的直流电输送到接触网上。接触网是沿电动列车行驶轨迹架设的特殊供电线路，电动列车通过其受电弓或集电靴与接触网的直接接触而获得电能。走行轨作为牵引供电回路的一部分，回流线将轨道回流引向牵引变电所。迷流防护系统是将经轨道流入大地的杂散电流通过迷流网收集起来，通过排流柜及其电缆将迷流送回整流器的负端，保护地下或地面建筑物的结构钢筋不被腐蚀。

除电动列车的牵引电源外，其他设备和设施所需的电源，均由中心降压站提供。中心降压站从主变电站引入两路电源，经动力变压器将电压降至 10 kV 后，再以两路电源配送到各个降压变电站。由于从中心降压站输出的 10 kV 电源，并不能直接提供给城市轨道交通系统内的设备使用，还必须经降压变电站进一步降压至 400 V 单相交流电后，再输出到不同的供电用户。

2. 接触网系统

接触网系统包括馈电线、接触网、走行轨、回流线等。

接触网是一种悬挂在轨道上方沿轨道敷设的，并和铁轨轨顶保持一定距离的输电网。通过电动列车的受电弓或集电靴和接触网的滑动接触，牵引电能就由接触网输送到电动列车，驱动牵引电动机使列车运行。

馈电线是连接牵引变电站和接触网的导线，它把经牵引变电站转换成适应牵引制式用的电能馈送给接触网。

轨道在非电牵引情形下只作为列车的导轨。在电力牵引时，轨道除仍具有导轨功能外，还需要完成导通回流的任务，因此，电力牵引的轨道，还需要具有畅通导电的性能。

回流线是连接轨道和牵引变电所的导线，通过回流线把轨道中的回路电流导入牵引变电站，形成供电回路。

接触网分为架空式接触网（见图 8-14）和接触轨式接触网（见图 8-15）。架空式接触网用于城市地面或地下、铁路干线、工矿的电力牵引线路。接触轨式接触网一般仅用于净空受限的地下电力牵引。我国在地铁轨道系统中，架空式和接触轨式的接触网均有采用。一般，牵引网电压等级较高时，为了安全和保证一定的绝缘距离，宜采用架空式接触网。在净空受限的线路和电压等级较低时，多采用接触轨式接触网。北京地铁多采用的是接触轨式接触网，上海和广州地铁多采用架空式接触网。

图 8-14　架空式接触网

图 8-15　接触轨式接触网

二、接触网对列车运行的影响

接触线与受电弓之间的可靠接触，是保证电动列车良好受流的重要条件。在运行中，接触悬挂的运行状况与受电弓的运行状况密切相关。在受流过程中，受电弓和接触线在机械方面和电气方面都是紧密地相互作用着的。这两个装置之一若发生不正常情况，都可能破坏它们之间的正常接触状态，甚至导致弓线间的脱离，即离线。

电动列车运行中，受电弓受流过程伴随一定压力，并与接触线接触摩擦动态取流。电动列车在运行中不可避免地会产生受电弓离线而引起电弧，承受气温、风、潮气及大气污染的影响，使接触网昼夜不停地处于振动、摩擦、电弧、污染、伸缩的动态运行状态之中。这些因素对接触网各种线索、零件都产生恶劣影响，使其发生故障的可能性增加。

为了保证对电动列车良好的供电，通常要求接触网在任何气象因素（冰、风、雨、雪等）和最大运行速度下能保证安全供电，因此，接触网应满足以下基本要求：

（1）在恶劣的气候条件下机械结构具有稳定性。

（2）设备及零件具有足够的耐磨性和抗腐蚀能力。

（3）设备结构简单，零部件互换性强，便于维护、抢修。

（4）电动列车受流器与接触网直接接触滑行面，保持平滑过渡无突变。

三、牵引供电系统与列车的关系

在地铁供电系统中，直流牵引站和列车运营有直接的供用电关系，供电系统采用高速直流开关来断开故障直流负荷。由于直流系统特有的电压和电流特性，在供电接触网发生短路故障的过程中，供电系统会产生持续的大电流，危及设备和人身的安全。

复习思考题

1. 城市轨道交通由哪些多工种联动组成？
2. 轨道线路由哪些部件组成？
3. 轨道线路影响列车运行安全的几何尺寸有哪些？
4. 信号 ATC 系统由哪些子系统组成？
5. 供电变配电系统由哪些设备组成？
6. 接触网有哪两种类型？

复习思考题答案

第一章　列车检修生产组织要求

1. 城市轨道交通列车检修工是负责轨道列车各系统的检测、检修、调试保养工作，负责列车故障处理的人员。

2. 城市轨道交通列车检修工应该具备的素质与技能如下。

（1）具有中等职业技术学校以上学历和机电一体化等相关专业技术背景。

（2）持有城市轨道交通列车检修工工种技能等级证书、上岗操作证和低压电工操作证等。

（3）掌握一定的计算机使用、操作技能。

（4）熟悉机电一体化的工作流程和设备维护规程。

（5）了解综合线路知识，熟悉城轨列车机电设备的性能、构造和作用等。

3. 检修生产安全应注意工作前的安全、车顶作业安全、车内作业安全和车底作业安全。

第二章　列车机械系统

1. T 车表示不带司机室的拖车；Tc 车表示带司机室的拖车；Mp 车表示带受电弓的动车；M 车表示不带受电弓的动车；Mc 车表示带司机室的动车；Mcp 车表示带司机室和受电弓的动车。

2. 列车客室侧门有内藏移门、外挂移门、塞拉门三种形式。客室侧门基本功能有开关门功能、紧急解锁功能、门隔离功能和障碍物检测功能。

3. 车钩缓冲装置的作用是用来连接列车中各车辆使之彼此保持一定的距离，并且传递和缓和列车在运行中或在调车时所产生的纵向力或冲击力。车钩的类型有三种：全自动车钩、半自动车钩和半永久车钩。车钩主要由钩头、缓冲器、对中装置、钩尾冲击座组成。

4. 列车转向架多按车辆类型区分，一般分为拖车转向架和动车转向架两大类。转向架基本结构主要由构架、弹性悬挂装置、中央牵引装置、轮对、轴箱、驱动装置和基础制动装置等组成。

5. 列车制动方式有踏面制动、盘形制动、电阻制动和再生制动四种。制动系统主要由供气设备、制动控制设备、转向架上的制动设备、防滑保护设备、空气悬挂设备、车门控制设备（仅气动门）、气动信号设备、受电弓气动设备（仅气动弓）、车钩操作设备等组成。

6. 空调的四大主要部件是压缩机、冷凝器、膨胀阀和蒸发器。列车空调系统可进行制冷控制、加热控制和通风控制。

第三章 列车牵引系统

1. 轨道交通车辆的受流装置一般有集电靴和受电弓两种受流形式。其中，集电靴按照和接触轨的接触方式又可以分为上磨式受流和下磨式受流；受电弓可以分为双臂式、单臂式、垂直式和石津式四类方式。

2. 避雷器是一种能吸收过电压能量、限制过电压幅值的保护设备，使用时将避雷器安装在被保护设备附近，与被保护设备并联，主要利用避雷器中电阻片优异的非线性伏安特性（低电压时呈高阻态，高电压时呈低阻态）来实现过电压保护。

3. 牵引逆变器的基本功能是将从受电弓接收到的 1 500 V 直流电逆变成变频变压的三相交流电，传送给牵引电动机，实现列车的启动、调速和制动功能。牵引逆变器主电路按功能可以分为供电电路、直流连接电路、电阻制动电路、逆变电路四个部分。

4. 主控制器实际上是一组转换开关，通过转动两根不同的轴，控制凸轮与之组合开关相应触点的分合发出相应的数字量信号，从而实现控制列车的运行方向、列车的驾驶模式、传递所需牵引制动力的大小以及列车牵引系统和制动系统的控制等功能。主控制器主要由主控制手柄、方式/方向手柄、组合开关、凸轮、转动轴、钥匙开关、电位器电阻等部件组成。

5. CCU 的全称为中央控制单元（Central Control Unit），对运行的列车和车载部件具有控制、监测功能。列车故障数据将通过总线送至 CCU 用于记录，包括记录 CCU 的内部故障。

6. 司机显示器用于显示列车上各种设备及与列车运行有关的各种信息，如列车速度、当前运行模式、电网电压、电网电流、列车车门状态、制动施加缓解状态、牵引逆变器和辅助逆变器工作状态等，并为操作者提供与各个设备交互信息与数据的接口。

第四章 列车辅助系统

1. 列车使用的供电网络形式有交叉供电、分段供电、并网供电。

2. 并网供电是列车未来发展的趋势。

3. 列车的供电等级共有 DC 1 500 V、AC 380 V、DC 110 V。

4. 关到位限位开关、锁到位限位开关、紧急解锁限位开关、切除限位开关。

第五章 列车的检修与维护

1. 轨道交通车辆的检修规程通常分为日检、月检、定修、架修和大修。

2. 根据日检作业要求，日检内容主要涉及车内电气、车下电气、转向架、车体车门和车钩、制动系统及气路、PIS 系统 6 个方面。而车顶电气采取故障修方式。

3. 根据架修作业要求，架修内容主要涉及列车预检、列车分解和运送、车顶电气、司机室电气、客室电气、电子设备、车下电气、转向架、车体、车门、车钩、制动系统及气路、空调、列车组装和运送、静态调试、动态调试 16 个方面。

4. 作业指导书的编制，应从检修作业的操作要求、可靠性角度出发，使列车检修工对有关该作业项的相关要求、具体作业内容能有全面的了解，对在该岗位上工作可能遇到的危害、风险和隐患有充分预测并做好防范措施。

第六章 跨座式单轨列车技术

1. 起动加速度：列车速度从 5 km/h 加速到 30 km/h 的平均起动加速度为 0.833 m/s^2；最高运行速度：75 km/h；反向退行最大速度：10 km/h；平均减速度为 1.1 m/s^2；紧急制动平均减速度为 1.25 m/s^2。

2. 车体的主要功能是运载乘客，承受和传递载荷，安装传动机构、电气设备和内部设施。

3. 跨座式单轨列车所使用的钩缓装置主要有两种类型：一种是密接式钩缓装置，另一种是棒式钩缓装置。密接式钩缓装置主要由钩头、风管连接器、锁定装置、十字节、十字节销、缓冲装置等组成；棒式钩缓装置主要由弹性体、缓冲器、连接环、金属关节轴承、中心轴、安装螺栓和橡胶套、带缓冲器牵引杆和无缓冲器牵引杆等组成。

4. 跨座式单轨车辆转向架主要由转向架构架、中央悬挂装置、受电弓（受流器）、基础制动装置、走行部分、驱动装置、主牵引电动机及速度传感器装置组成。

5. 重庆跨座式单轨交通车辆的检修采用预防性计划检修制度，按运营里程分为列检、均衡修、换轮、重检（重点检修）和全检（全面检修）。

列检即列车检查，是对车辆设备设施及各主要系统的基本功能进行的检查。

均衡修即间隔三个月检修，对车辆进行清洁，并对车辆系统部件按磨耗标准进行检查、测量和调试，对需更换的部件进行更换，并对车辆的功能状态进行确认。

换轮即将车辆扣停，并根据轮胎安全技术标准而进行的轮胎更换作业。

重检即车辆重要部位检修，对车辆进行解体，对车辆的关键重点设备和部件按相关工艺文件要求进行分解、清洗、检查、维修或更换、调整、试验、检验等，以恢复车辆的重要性能指标。

全检即车辆全面检修，是在重检的基础上对所有车辆部件进行全面检查和修理。

6. 跨座式单轨列车运行过程中发生走行轮轮轴不转动故障时，维修人员上车后的应急处理方案如下：

（1）到达现场后听从现场指导的安排。

（2）向列车司机了解具体情况；确定故障转向架位置，打开对应检查盖确认故障。

（3）再次确定为“走行轮轮轴不转动”故障，需要列车司机配合前后动车。观察人员需利用安全带保护自身安全，放气时系好安全带，防止操作时人员从检查孔摔下受伤，安全带另一端固定于客室内就近栏杆。

（4）在确认接触网停电后，验电接地。

（5）维修人员打开列车转向架地下检查盖，系上安全绳，在车内对故障转向架的走行轮进行放气，使走行轮辅助轮落到轨道梁上，代替走行轮。

（6）将走形轮完全放完气后，确认辅助轮已到位，再向列车司机确认可以恢复送电。

第七章 有轨电车列车技术

1. 有轨电车牵引系统包括受电弓、避雷器、高压箱、牵引变流器箱、制动电阻箱、牵引电机、接地回流装置。

2.（1）牵引电机为三相鼠笼式感应电机；（2）加速时将电能转化为机械能驱动轮轴；（3）

制动时将车辆机械能转化为电能反馈到电网或者消耗到制动电阻，起发电机作用；（4）标称功率 120 kW，水冷。

3.（1）缓和纵向方向的冲击和振动：牵引拉杆、车间阻尼器、旋转止挡。（2）缓和横向方向的冲击：横向减振器和横向止挡。（3）缓和垂向的冲击：垂向减振器、一系层状橡胶弹簧、二系沙漏弹簧。（4）此外，车轮采用弹性轮，能起到一定的减振缓冲效果。

4.（1）安全制动：电制动+磁轨制动。

（2）危害制动：电制动+机械制动+磁轨制动。

（3）强迫制动：电制动+机械制动。

（4）常用制动：电制动。

（5）保持制动：电制动（不断减少）+机械制动。

（6）停放制动：机械制动。

5. 将接触网 750 V 直流电压变换为交流 380 V 和直流 24 V 输出电压，给车辆上除牵引电机外所有交流和直流负载供电。

6. 承载驱动机构、承载部件、驱动机构、锁闭装置、门页、隔离装置、内部紧急解锁装置、运动导向。

7. S1：门已关闭且锁到位。S3：紧急操作，当乘客拉下紧急操作手柄，门页打开的同时触发此开关。S5：隔离锁闭，当单个门页故障，司机操作隔离锁触发此开关，同时门页机械锁闭。各限位开关的触头与触发装置的间隙通常为 1 ~ 2 mm。

8. 强制外界空气循环通过冷凝器，强化冷凝器换热。冷凝风机将空气从机组两侧吸入，吸入的空气吸收冷凝器管内制冷剂气体热量，使其冷凝，被加热的管外空气被冷凝风机从机组顶部排出。

9.（1）在损失 1/2 动力的情况下，车辆在空车情况下，能直接从发生故障点维持运行到车辆基地。

（2）车辆牵引系统故障时不会引起其他车辆部件及设备的故障和损坏。

（3）一辆空车能将另一辆停在 60‰坡道上故障空车牵引到车辆基地。

（4）一辆空车能将另一辆停在 60‰坡道上的超员故障车辆救援至最近的车站。

10. 受电弓主要由底架、绝缘子、铰链系统、平衡系统、执行系统、阻尼器、手动降弓装置、弓头、车顶连接、自动锁定装置和手动锁定装置组成。

第八章　列车接口专业技术

1. 城市轨道交通由车辆、信号系统、线路工程、通信工程、变配电系统和接触网组成。

2. 轨道线路由钢轨、轨枕、道床及道岔等组成。

3. 轨道线路影响列车运行安全的尺寸有轨距、轨向、高低、水平等。

4. 信号 ATC 系统由 ATP、ATO 和 ATS 子系统组成。

5. 供电变配电系统包括主变电站、牵引变电站、降压变电站、迷流防护系统和远动系统。

6. 接触网有架空式接触网和接触轨式接触网两种类型。

参考文献

[1] 刁心宏，李明华. 城市轨道交通概论[M]. 北京：中国铁道出版社，2009.

[2] 上海申通地铁集团有限公司轨道交通培训中心. 城市轨道交通车辆技术[M]. 北京：中国铁道出版社，2011.

[3] 上海申通地铁集团有限公司轨道交通培训中心，等. 城轨电动列车检修工（四级）[M]. 北京：中国劳动社会保障出版社，2015.

[4] 上海申通地铁集团有限公司轨道交通培训中心，等. 城轨电动列车检修工（五级）[M]. 北京：中国劳动社会保障出版社，2018.

[5] 上海申通地铁集团有限公司轨道交通培训中心，等. 城轨电动列车检修工（二、一级）[M]. 北京：中国劳动社会保障出版社，2018.